하나님의 음성인 꿈과 환상을 믿는다

제임스 라일 지음
예 영 수 옮김

A DREAM COME TRUE
by James Ryle
Korean translation copyright © 1998 by
Jerusalem Publishing Co.

Copyright ©1995 By Creation House
All rights reserved
Printed in Seoul Korea

이 책의 한국어판 저작권은 Creation House와의
계약으로 도서출판 예루살렘에 있습니다.
신 저작권법에 의해 한국내에서 보호를 받는
저작물이므로 무단전재와 무단 복제를 금합니다.

A DREAM

COME TRUE

JAMES RYLE

감사의 글

벨린다, 당신은 나의 가장 소중한 꿈입니다. 안나, 데이비드, 조나단, 그리고 레이첼 -- 너희들의 꿈이 이 아빠의 꿈보다 훨씬 크기를 바라며 또한 너희들이 말에나 행동에서 그리스도와 그분의 왕국에 보다 큰 영광을 돌려드릴 수 있기를 바라는 마음 간절하단다.

나를 목사님이라고 부르는 사랑하는 친구 여러분들, 여러분들이 갖고 있는 예수님을 향한 사랑, 말씀에 대한 믿음, 예배를 위한 열정, 그리스도의 몸된 교회에 대한 애정, 영혼을 구원하고 삶을 구속하려는 열정 등을 세상이 다 알게 될 것입니다. 여러분들이야말로 세계 어느 곳에서도 자랑할만한 모범적인 교인들입니다.

빌 스넬, 월트 로버트손, 그렉 피치, 부름에 충실한 철두철미한 동역자들, 나는 당신들을 사랑합니다.

빌과 린디, 렌디와 홀리, 게리와 케리, 데일과 리즈―그대들은 나에게는 소중한 인물들임을 아시는지요? 그대들이 바로 내가 희망하는 인물들입니다. 나는 독수리보다 높이 나를 수 있습니다. 왜냐하면, 그대들이 나의 두 날개 밑에 바람이기 때문입니다.

크리에이션 하우스 출판사의 재능 있는 직원들에게 감사를 드립니다. 정말! 당신들의 노력이 있었기에 이렇게 좋은 결과를 갖게 되었습니다.

독자 여러분들, "여러분의 꿈은 이루어지는 일"이 되도록 제가 도와드릴 수 있는 기회를 주시니 감사를 드립니다. 저는 여러분들을 하늘 나라에서 만나 뵙기를 희망합니다.

제임스 라일

역자의 글

이 책을 번역하게 된 동기와 목적

1995~1996년에 각종 집회 참석 차, 미국의 시애틀, 로스엔젤러스, 뉴욕과 캐나다의 토론토 등의 지역을 방문하면서 많은 기독교 서점에 가보았습니다. 각 서점마다 그 많은 책들과 신간 서적들 가운데서 베스트 셀러 「A Dream Come True」라는 책만은 30~40권씩 책장에 올려놓은 것을 보았습니다. 그리고 월간지 「Charisma」에서도 이 책에 관하여 소개한 것을 읽어보았습니다.

성경을 읽을 때마다 꿈과 환상에 관한 이야기가 많이 나오는 것을 보았습니다. 그럼에도, 교회에서 어느 목사님도 "꿈과 환상"이란 주제로 설교하는 것을—물론 설교 중에 잠깐 언급은 하지만—들은 적은 없었습니다. 뿐만 아니라, 신학교에서도 이 주제에 관한 강의를 들어보지 못했습니다. 그 이유는 아마도 한국에서 이 문제만 나오면 '직통계시'니, 'sola scriptura'(성서만이)란 교리에 위배된다느니, 또한 성경 이외에 무엇인가를 가미하려 한다느니 하여 송사해버리기 때문일 것입니다. 때문에 목사들이나 신학교 교수들이 "꿈과 환상"의 주제를 다루기를 꺼려하는 것 같습니다.

이러한 한국적인 상황이 역자로 하여금 "꿈과 환상"(dream and vision)의 주제에 관한 호기심을 더욱 갖게 하였습니다. 이 책과 꿈과 환상의 주제에 관한 다른 책들도 읽은 결과 이때까지 보지 못했던 진실을 발견하게 되었습니다. 그 진실이란 다음과 같은 질문에 해답을 얻는 것을 의미합니다.

- 왜 하나님께서 꿈과 환상을 통해 우리에게 말씀하시는가?
- 하나님은 오늘날에도 우리에게 꿈과 환상을 통해 말씀하시는가?
- 하나님은 나에게도 꿈과 환상을 통해 말씀하셨으며, 말씀하실 것인가?
- 성서적으로나 신학적으로 꿈과 환상의 문제를 어떻게 설명할 것인가?

역자는 이 책의 내용을 요약하고 "꿈과 환상"의 주제에 관한 다른 책들을 참고로 하여 몇몇 목회자들의 집회에 강의를 해 본 결과 상상외로 목사님들의 관심이 큰 것을 발견하게 되었으며, 이 책을 번역하라는 권유를 받게 되었습니다.

이 책을 번역함으로써 한국 교회가 "꿈과 환상"의 주제에 대해 성서적, 신학적, 학문적 입장에서 새로운 이해와 관심을 갖게 되고, "꿈과 환상"의 주제를 보다 심도 있게 연구하는 계기가 되기를 바라는 마음 간절합니다.

마지막으로 이 번역서를 내는 데 있어서, 박명기 선생님과 김용선 선생님이 많은 시간을 내어 도와 준 사실을 밝히고 진심으로 감사하여 마지 않으며, 이 책이 번역되도록 많이 격려해주신 목양세계선교회와 여러 영성원들의 동역자 여러분들과 그리고 이 책이 출판되기까지 정성을 다해준 예루살렘 출판사의 모든 분께 감사를 드립니다.

예영수

추천의 글

축구 코치로서의 나의 꿈은 이루어지다

제임스 라일(James Ryle) 목사를 위해서 간단히 소개의 말을 하게 된 것을 기쁘게 생각합니다. 하나님의 사람인 이 분은 나의 가족과 우리 지역사회에 많은 축복이 되었습니다. 나는 이 분을 목사로서, 밀담을 나눌 수 있는 가까운 분으로, 성실한 조언자로, 그리고 친구로서 잘 알고 있습니다.

우리의 친분 관계가 발전하게 된 것은, 내가 콜로라도 대학교에서 풋볼(미식 축구) 수석 코치로 있을 때, 1989년 대학 풋볼 시즌이 시작되기 전에 필자가 나에게 얘기해 준 희한한 꿈 이야기의 결과였습니다. 꿈에서 우리 팀인 〈콜로라도 버팔로스〉가 그 해에 골든 시즌을 맞이하게 되어 전국에서 우승하게 되고 나는 수석 코치로서 시즌이 끝날 때 "그 해의 코치"라는 영예가 주어질 것이라는 것이 예언되었던 것입니다. 라일 목사님은 대학 풋볼은 잘 알지 못하고, 그리고 그러한 예언을 할 수 있을 정도로 상황을 잘 파악하고 있지 못하기 때문에 나는 개인적으로 그러한 예언에 대해 적잖게 의심을 갖고 있었습니다. 하지만, 라일 목사님의 철철 넘치는 순진성과 굽힐 줄 모르는 신앙심 때문에, 나는 그러한 일이 일어났으면 좋겠다는 희망을 남몰래 간직하게 되어 더욱 마음이 들뜨게 되었던 것입니다. 사실, 그러한 꿈이 실현되기를 바라지 않는 풋볼 코치가 어디 있겠습니까?

그런데 놀랍게도 그 꿈이 실현되었던 것입니다! 시즌의 첫 게임에서 우리가 〈텍사스 롱혼즈〉(Longhorns)를 이기자, 「덴버 포스트」신문은 "콜로라도 대학교 버팔로스 팀이 골든 시즌 데뷔하다"란 제목으로 기사를 실었습니다. 라일 목사님과 나는 라일 목사님이 꿈에서 본 단어들이 실제로 신문에 인쇄되어 있는 것을 읽고는 깜짝 놀랐던 것입니다. 우리는 하나님께서 무엇을 예비하고 계시는지 전혀 알지 못했습니다.

풋볼 시즌이 진행되고 각 경기가 승리로 끝날 때마다, 우리는 하나님께서 꿈이 실제로 이루어진다는 것을 증명해 주시는 것을 경이의 마음으로 보면서 아찔한 스릴을 맛보았습니다. 주님의 손이 우리를 축복하시는 것을 보게 되는 데서 오는 기쁨이 충만한 순간 순간에서 라일 목사님과 나와의 사이에는 끈끈한 동지애와 같은 우정이 조성되었던 것입니다. 그 경이로운 시즌을 보내면서 가졌던 우리의 심정을 다음과 같은 성경 구절로 간단히 요약할 수 있게 되었습니다. "주께서 우리 모든 일을 우리를 위하여 이루심이니이다"(사 26:12). 그 시즌은 아이오와 주립대학교와의 대전에서 큰 승리로 막을 내렸고, 이어 〈골든 시즌〉이라는 제목의 신문 특별호까지 인쇄되어 나왔습니다. 우리 팀은 우승하게 되었고, 나는 NCAA(미국대학교 체육연합회)가 선정한 〈그 해의 코치〉라는 영예를 얻게 되었습니다.

그러한 잊지 못할 시즌은 나로 하여금 하나님의 목소리를 듣는 일에 더욱 큰 민감성을 갖고 나의 마음을 하나님에게로 향하도록 했습니다. 하나님께서 풋볼 시즌에 관해서 꿈속에서 말씀하셨다면, 우리가 경청하기만 한다면 하나님께서는 어떤 다른 중요한 일에 대해서도 말씀하실 것이 아닐까요? 하나님께서 우리의 삶 속에 오셔서 주시는 사고(思考)와 관념을 주목할 줄 알게 됨에 따라, 나는 〈약속을 지키시는 분〉에 대한 비전을 더욱 믿을 수 있게 되었습니다. 나는 하나님께서 나의 삶을 축복해 주시고 계신다는 것과, 이 축복은 풋볼보다는 훨씬 더 중요한 그 무엇을 주시기 위한 것임을 깨달았습니다. 하나님께서는 내가 온전한 사람이 되어 하나님과 동행하며, 내 가족과 내 교회와 동행하기를 원하시며, 다른 사람들도 그렇게 되도록 장려하기를 바라시는 것이었습니다.

1989년이래, 나는 우리 목사님에게 주신 하나님의 은총에 대해 감탄해 마지않습니다. 목사님은 진정으로 비범한 전달자이십니다. 주일 아침에 설교하실 때든지, 원정 시합 차 가는 비행기 안의 옆 좌석에서든지, 시합하기 전에 아침 식사할 때든지, 예배 중에 코치들과 선수들에게 말씀을 전하실 때든지, 기도하면서 나란히 꿇어 엎드려 있을 때든지, 언제나 틀림없이, 제임스 라일 목사님은 경이로운 통찰력을 가지고 주님의 말씀을 전해주었으며, 그 말씀은 예수님에 대한 보다 더 큰 사랑으로 우리의 마음을 사로잡았던 것입니다. 여러분께서 라일 목사님이 쓰신 이 책을 읽어감에 따라, 여러분의 가슴은 감동을 받아 하나님을 향한 보다 깊은 헌신의 마음을 갖게될 것입니다.

아무리 어려운 상황에 처했을지라도, 제임스 라일 목사님은 그 상황에 아주 적절한 영적 원칙과 성경 구절의 예를 정확하게 인용할 수 있었던 것입니다. 그의 충고를 따름으로 나는 보다 더 좋은 하나님의 사람이 되었습니다.

바로 이런 점 때문에 나는 여러분이 이 책을 읽기를 간절히 바라는 바입니다. 라일 목사님은 하나님께서 주신 독특한 능력을 동원하여 진리를 설명하고, 그 진리를 신비롭고 흔히 잘못 이해되고 있는 소재인 꿈과 환상에 적용하고 있습니다. 전능하신 하나님께서 여러분의 마음에 믿어지는 믿음으로 감동을 주셔서, 여러분이 예수 그리스도에 초점이 맞추어져 있을 때는 언제나 여러분의 꿈이 실제로 이루어질 수 있다는 것을 믿게 되리라는 것을 확신하면서 이 책을 추천합니다.

빌 맥카트니

목 차

- 감사의 글/5
- 역자의 글 / 이 책을 번역하게 된 동기와 목적/6
- 추천의 글 / 축구 코치로서의 나의 꿈은 이루어지다/8
- 시작하는 글 / 이 책을 쓰게된 목적과 나의 기도/15

제 1 장 한밤중의 목수 집 ································23
선지자가 몰랐던 것/ 꿈과 예수의 탄생/ 그리하여 신약전서가 시작되다/ 주님의 천사/ 그 꿈이 진실이라는 것을 어떻게 아는가?/ 어거스틴과 꿈의 문제/ 경시된 하나님의 선물/ 강력한 영향/ 회교도가 꿈속에서 예수에 의해 구원받다/ 복음전도를 위한 하나의 전략/ 불붙는 가슴의 친구들/ 예수 그리스도의 종/ 피할 수 없는 꿈과 환상의 현상/ 우리가 물어야만할 질문/ 결론

제 2 장 왜 꿈과 환상에 관심을 갖는가? ···············48
속삭이는 천사/ 진리의 투사
\# 하나님께서 주신 꿈이나 환상이 우리의 삶에 주는 일곱 가지
1. 꿈은 우리의 질문에 대한 하나님의 대답을 제공한다
2. 꿈은 우리에게 하나님의 일을 가르쳐 줄 수 있다.
3. 하나님은 보이지 않는 위험을 경고해주기 위해서 꿈을 사용할 수 있다.
4. 꿈은 나쁜짓을 하지 못하도록 경고한다.
5. 하나님은 우리가 교만하지 않도록 꿈을 이용하신다.
6. 꿈은 우리의 영혼을 지옥에 빠지지 않도록 지켜준다.
7. 꿈은 문자 그대로 우리의 생명을 구할 수 있다.

제 3 장 몽상과 기타 부질없는 상상 ······················78

성경으로 돌아가자/ 성경을 믿는 네가지 이유/ 성경은 무엇을 말해주고 있는가?/ 좋은 경찰, 나쁜 경찰/ 거짓 선지자들의 마음속에서 나온 환상/ 빛으로 오라/ 소년과 반딧불/ 우리는 구별해야 한다/ 꿈이 가짜라는 것을 분간하는 방법/ 가짜를 발견하기/ 대답해야 할 여섯가지 질문

가짜 꿈과 환상을 인식하는 여섯가지 방법
1. 유혹적이다.
2. 부패시킨다.
3. 모순되게 한다.
4. 실망적이다.
5. 비생산적이다.
6. 파괴적이다.

제 4 장 돌 베개 ·································100

족장들의 꿈/ 아브라함/ 약속의 땅/ 믿음의 언약/ 피로서 한 언약/ 아브라함의 꿈의 다섯가지 특이한 사실/ 언약의 표징/ 이삭의 탄생/ 야곱/ 얼룩진 양들/ 하나님의 사자/ 너의 이름은 이스라엘이니라/ 야곱의 마지막 환상/ 요셉/ 침례교목사가 꿈을 꿀 때/ 요셉의 위대한 꿈/ 꿈꾸는 자를 죽여라/ 애굽의 요셉/ 술맡은 자와 떡 굽는 자/ 사용하기 전에 잘 흔드시오/ 바로의 두 꿈

요셉의 생애로부터 꿈꾸는 사람들을 위한 교훈
1. 진로를 지켜라
2. 주님을 섬기라
3. 사악함을 피하라
4. 진리를 나누어 가져라
5. 하나님과 함께 성공하라.

제 5 장 모든 것을 보시는 눈 ························131

하나님의 사람 모세/ 불붙은 떨기나무/ 우화 이상의 것/ 사무엘과 선지자들/ 선견자 사무엘/ 그 시대에는 공개된 환상은 없었다./ 선지자 이사야/ 나는 주님을 보았다/ 일곱 가지 유명한 이상/ 예레미야는 개구리가 아니었다/ 나는 내 말씀을 보고 있다/ 모든 사람에게

하신 영속적인 약속/ 카리스마적인 사람 에스겔/ 내가 여호와인줄 알리라/ 독보적인 다니엘/ 선지자 아닌 선지자 아모스/ 교회에 대한 다섯가지 큰 약속/ 비전의 힘/ 꿈꾸는 선지자 스가랴/ 상호작용하는 환상/ 빙산의 일각

제 6 장 왕들의 고백 · 159

기억할 꿈/ 앞으로 올 사건의 예고편/ 눈의 아들 여호수아/ 군대장관/ 다윗왕의 목자/ 비전이 있는 지도자 다윗/ 여호와의 칼/ 하늘로부터의 청사진/ 솔로몬왕의 금광/ 국왕 만세/ 수룹바벨의 폐허/ 역사상 두드러진 사건들/ 예루살렘을 구한 두 꿈/ 콘스탄티누스의 불타는 십자가/ 십자군은 어떤가/ 황제냐 교회냐/ 미라의 주교 니콜라스/ 에이브라함 링컨/ 링컨은 자신의 암살을 꿈꾸다

제 7 장 오래간만에 보여 주신 꿈과 환상 · · · · · · · · · · · · · · · 189

불꽃에 너무 가까이 서서/ 당신이 주님이십니까?/ 마음의 눈/ 표적을 향해, 준비, 잠깐!/ 산위에 우뚝 솟은 멋진 전도여행자/ 다른 모든 땅은 가라앉는 모래로다/ 변론/ 신선한 공기를 한번 맡고/ 고넬료? 이건 유대인의 이름이 아니다/ 한편, 목장에서는/ 대 탈주/ 꿈꾸는 사람들처럼/ 베드로의 마지막 말/

제 8 장 꿈과 환상의 2천년 · 213

스데반의 환상/ 안디옥의 이그나티우스/ 스미르나의 주교 폴리캅/ 테르툴리안의 증언/ 제롬의 놀라운 증언/ 히포의 어거스틴/ 어거스틴의 어머니의 꿈/ 단지 공상의 산물이라고/ 성 패트릭의 참된 고백/ 토마스 아퀴나스/ 존 번연/ 존뉴톤의 놀라운 은총/ 윌리엄부스 대장/ 찰스 스펄전/

제 9 장 꿈은 계속된다 · 243

사랑/ 관계/ 환상/ 교인들/ 리더십/ 동기/ 지혜/ 바람/ 결과/ 약간의 조립이 필요하다/ 비유의 명수/ 늙은 잿빛 노새가 예전 같지 않아/ 새로운 직책/ 고리타분한 늙은 사제/ 맨아래층의 기독교/ 악마의 모자/ 열광적인 반응/ 당신의 비전은 무엇인가?/ 예수님에게 "예"하라/

제 10 장 실제적이 됩시다 ·····························271
꿈꾸려는 사람들을 위한 8가지 실천 단계들
1. 당신의 마음을 주님에게 고정시켜라.
2. 잘못된 태도를 회개하라.
3. 성경을 충실하게 연구하라.
4. 당신의 교회와 목사에게 의탁하라.
5. 믿음으로 구하라.
6. 자면서도 민첩하라.
7. 깨어나서 그 꿈을 적어라.
8. 마음을 지혜로움에 맞추어라.
꿈의 해석을 위한 힌트
1. 꿈의 근원을 생각하라/
   음식물, 활동, 기억, 감정, 생리적인 원인들, 은밀한 죄/ 훈련용 필름/ 사탄적인 꿈/ 하나님으로부터 오는 꿈
2. 꿈의 범주
3. 피해야 할 네 가지 함정
   자만심/무책임함/ 억측/ 불안

제 11 장 이제 나는 잠을 자야겠다 ·····························302
똑, 똑 거기 누구 있어요?/ 주님을 기다려라/ 영혼을 정화하는 힘/ 하나님이 선택하시는 사람/ 하나님의 음성을 듣기위한 다섯 개의 열쇠/ 수단과 사명/ 이 사명은 한 사람이 다루기 힘든 것이다/ 보라색/ 영적인 환상으로 가는 다섯 가지 실천적인 단계/ 너의 눈이 왕을 보리라/ 주님께서 문앞에 계시다

시작하는 말

때는 아침 3시경이었다. 나는 침대에 잠시 누워서 방금 꾼 꿈을 생각하고 있었다. 그 꿈은 잊기에는 너무도 희한하고 아무것도 아니라고 하기에는 너무도 사실적이었다. 나는 침대에서 조용히 일어나 서재로 가서 주님에게 해답을 달라고 기도를 했다. 그 이른 새벽 시간에 내가 성경을 읽고 있을 때, 성령은 내 가슴을 내가 발견한 것에 대한 흥분으로 부풀게 했다. 나는 바로 이것이 예수님과 함께 꿈과 환상의 세계 속으로 가는 놀라운 여행의 시작이 될 줄은 몰랐다.

내가 믿는 성경을 손에 꼭 쥐고 삶의 자취마다 성령의 인도하심을 받아, 이제 상당 기간 꿈의 경이로운 영역을 드나들었기 때문에, 나는 독자들도 영감을 받아 이전에 전혀 경험해 보지 못한 꿈을 꾸게 될 것이라는 차분한 확신을 갖고 내가 발견한 것을 여러분에게 소개하려고 한다. 필자가 분명히 확신하는 것은, 주님께서 도와주셔서 여러분의 잠자리를 어리둥절하게 하고, 깨어 있는 시간에도 생각나게 하는 그 신비로운 꿈을 여러분은 이해하게 될 것이다.

내가 자신감을 갖게된 것은 자생적인 것도 아니며 또한 단순히 체험에 기초를 둔 것도 아니다. 내가 담대하게 확신을 갖게 된것은 성경 말씀에 약속되어 있기 때문이다. 주님은 신실하시기 때문에 많은 사람들이 믿음을 두고 있는 그 말씀을 이행하실 것이다.

"하나님이 말씀하시기를 말세에 내가 내 영을 모든 육체에게 부어 주리니 너희의 자녀들은 예언할 것이요 너희의 젊은이들은 환상을 보고 너희의 늙은이들은 꿈을 꾸리라" (행 2:17).

이 말씀은 심오한 뜻이 있는 구절이다. "하나님이 말씀하시기를"라는 짤막한 두 마디에 논의의 여지가 없는 단호함이 있다. 베드로는 오순절 날 성령의 감동으로 말하면서, 하나님께서 우리가 유의하기를 바라는 점을 강조하기 위해서 요엘의 예언에 그 두 마디를 덧붙였던 것이다. 이로서 이 문제가 멋대로 떠들어대는 사람들의 논란의 대상이 되지 않도록 한 것이다. 꿈과 환상은, 하나님이 말씀하시기를, 성령 안에서 우리의 삶의 꾸러미의 일부가 되리라는 것이다. 꿈과 환상은, 하나님이 말씀하시기를, 예언과 더불어 말세에 교회에 충만하게 될 것이라는 것이다. 노인과 젊은이, 남자와 여자, 부자와 가난한 자, 비대한 자와 여윈 자, 큰 자와 작은 자, 개인과 단체 모두가, 하나님이 말씀하시기를, 하나님의 거룩한 말씀을 확신하고 그리고 하나님의 독생자 예수 그리스도를 찬양할 목적으로 성령의 인도하심으로 꿈을 꾸고 환상을 보게 될 것이라는 것이다. 그래서 나는 꿈과 환상의 문제는 심오한 뜻이 있다고 한 것이다.

성서 주석서의 의견 일치

정평있는 성서 주석학자인 휘돈(D. D. Whedon)은 그의 재능을 사도행전 2장 17절에 쏟아 부어 이렇게 썼다: "기적과 표적이 장기간 철회된 후에, 세례자 요한의 탄생이 사가랴의 꿈을 통해 포고되었다. 우리 구세주의 탄생은 요셉의 꿈, 마리아의 환상, 그리고 양치기들의 환상에 의해 예고되었다. 시므온, 아가보(행 11:28), 묵시론자와 기타 여러 사람들이 예언을 했다. 이 모든 것은 본질적으로 오순절에 주어진 성령의 권능에 집중되어 있었다." [1]

이 권능에 대해서 매튜 헨리(Matthew Henry)는 말했다: '너희 젊은 사람이나 늙은 사람이나 환상을 볼 것이요, 꿈을 꿀 것이며, 꿈속에서 하나님의 계시를 받을 것이며, 이러한 일이 교회로 전달될 것이

다." [2]

"예언할 것이라"고 번역된 희랍어 동사는 단순히 미래의 일을 예언할 뿐만 아니라, 성령의 감동으로 일반적인 진리를 전달하는 것을 의미한다.

사이몬 키스터메이커(Simon J. Kistemaker)는 사도행전 해설에서 이렇게 말했다.

> 성경이 반복적으로 증언하듯이, 하나님은 예언 가운데서, 환상 속에서, 그리고 꿈속에서 자신을 계시하신다. 성령을 부어주심에 따라, 모든 믿는 자들은 성별, 연령, 그리고 사회적 지위에 불문하고 하나님을 아는 지혜와 능력을 받게된다.[3]

또 어떤 학자는 이렇게 썼다.

> 예언, 환상, 그리고 꿈, 이 세 가지 중요한 형태는 옛 언약 아래서 성령의 영향에 의하여 형성되었는데, 새 언약 아래서 성령이 마음속에 임재하셔서 그 안에 거하실 때, 이 세 가지 중요한 형태는 인격으로 승화되어 하나의 완전체로서 통일된다.[4]

저 유명한 마틴 루터(Martin Luther)는 요엘서에서 인용한 베드로의 말을 논평하면서, 꿈과 환상에 대한 자신의 견해를 웅변적으로 유창하게 표현하고 있다.

> 영원하신 하나님의 성령이 우리의 마음속에, 우리의 몸 속에 임재하셔서, 우리 안에 거하시고, 우리를 다스리시고, 안내하시고, 인도하신다면, 이 은사에 비교하여, 다른 모든 은사들이 그 수가 아무리 많다 하더라도 무엇이겠는가? 선지자의 이러한 선언에 비추어 보면 예언, 환상, 그리고 꿈은 진실로 하나의 귀중한 선물(은사)이다. 다시 말하면, 그리스도를 통한 하나님에 대한 지식이다. 성령은 복음의 말씀을 통하여 이 은사에 불을 붙여 불꽃으로

타오르게 하시는 것이다.[5]

끝으로, 에버렛 퍼거슨(Everett Ferguson)은 이렇게 말했다.

> 비록 초기 기독교는 꿈으로 예언하는 것을 마술로 영계에 개입하는 것이라고 거부했지만, 꿈에 잠재되어 있는 깊은 의미는 성경에서도 개인적인 체험에서도 인정되고 있다. 초기 기독교인들은 꿈에 대한 널리 보급된 문화적인 태도와 의견을 같이하고 있었다. 이러한 태도는 먼 옛날부터 뿌리가 내려져 있었으며, 사실상 백년 동안 아무런 변화 없이 그대로 남아 있었다. 꿈에다 의미를 부여하는 것을 비웃거나, 혹은 꿈속에서 마귀가 역사하고 있다고 생각하는 사람이 소수 있음에도 불구하고, 가까운 옛날에 있었던 작가들의 대부분은 꿈(과 환상)은 신(神)의 세계에 대한 통찰력의 주요한 근원이라고 하는 터툴리아누스(Tertullian)의 유명한 생각과 의견을 같이 하고 있다.[6]

이 책의 목적

꿈이나 환상에는 모든 사람들을 매혹시키는 특이한 그 무엇이 있다. 독자들이 이 책을 손에 들고 이 책의 페이지 속에 있는 내용을 탐구해 보려고 하고 있다는 사실 자체가 꿈의 문제에 대한 호기심이 있다는 것을 나타내고 있는 것이다. 호기심을 가진 사람은 독자들 뿐만은 아니다. 사실상, 거의 모든 사람들이 아주 생생하게 상기해 낼 수 있는 꿈이나 환상을 적어도 한번은 가져 봤던 것이다. 이 호기심은 풀리기를 기다리고 있는 수수께끼일수도, 실현되기를 기다리고 있는 약속일 수도, 아니면 일어나기를 기다리고 있는 예감일 수도 있다. 꿈과 환상이란 보편적으로 누구에게나 있는 일이기도 하지만, 동시에 너무나 이상한 것이라는 사실 때문에 우리가 꿈과 환상에 대해 너무나 알고 싶어하는 이유가 될것이다.

몰톤 켈지(Morton Kelsey)는 자신의 인생을 바꾸어 논 꿈과 환상에 대해 10년간에 걸친 연구를 했다.

> 나는 내 꿈이 나의 잘 훈련된 합리적인 마음보다 현명하다는 것과, 꿈은 내가 위험에 처했을 때 나에게 경고를 해준다는 것을 발견했다. 꿈은 또한 내가 처해 있는 위험한 상황을 상징을 사용하여 말해 주었다. 이 이상한 밤의 사자는 내가 곤경에서 어떻게 빠져 나올 것인지에 대한 방법도 암시해 주었다.
> 내가 이러한 상징적 암시를 따랐을 때, 어둠의 대부분은 걷혀지고, 나의 상황은 더 이상 희망이 없는 것 같지 않게 보였다. 그 많은 나의 심신(心身)의 고통의 증상이 사라졌다. 이 모든 것에 더하여, 현실의 삶의 중심부에 나를 돌보아 주시는 아주 인격적인 한 분의 존재가 계심을 발견했으며, 그 결과 신학적으로 바짝 마른 나의 뼈는 심줄과 살로 덮여지게 되었다. 그 다음에는, 계속 나의 꿈에 귀를 기울임에 따라, 나는 전에는 가능하다고 생각되지 않았던 방식으로 부활하신 그리스도를 체험했던 것이다.[7]

물론 꿈이나 환상을 자기 자신이 유발시킨 환각에 불과하다고 무시해버리는 사람도 있다. 이러한 태도는 그렇게 생각하고 있는 사람의 오만과 무지를 드러내는 것이다. 꿈과 환상이 아무런 의미나 관련성이 없다고 생각하는 것은 성서적으로나 교회사에 비추어 보면 불손한 마음 가짐인 것이다.

여러 시대를 통해 오면서

하나님께서 환상 속에서 아브라함에게 나타나신 때부터 예수 그리스도가 밧모섬의 요한에게 계시하실 때까지, 꿈과 환상은 우리의 신앙의 발전에 중요한 요인으로 작용해 왔다. 이것이 사실인 이상, 하나님의 말씀을 진지하게 연구하는 사람은, 가끔 소홀히 취급된 이러한 영적 축복 위에 주어진 성경적 통찰력의 풍요로움을 다시 찾기 위해 열심히 노력해야 할 것이다. 이 책의 목적은 꿈과 환상의 주제에 대한 성경의 가르침을 알려 줌으로써 소홀히 취급된 하나님의 선물(은사)의 가치를 모든 믿는 자들의 가슴속에 회복시킬 수 있도록 하려는 것이다.

성경, 초기 교회의 체험, 여러 시대에 걸친 유명한 그리스도인들의 보다 깊은 체험들, 그리고 오늘날 꿈과 환상에 대한 거의 보편적인 관심—이 모든 것들이 결합하여 우리의 가슴과 마음에 강하게 호소해 온다. 꿈과 환상에는 우리가 생각했던 것보다 더 많은 것이 있다. 이제 우리는 마땅히 꿈과 환상의 가치를 공정하게 생각해야 하며, 그리고 하나님께서 꿈과 환상을 통해서 우리에게 다가오고 계시는지를 보기 위해 귀를 기우려야 할 때가 되었다.

보다 개인적인 메모

윈스톤 처칠(Winston Churchill)은 말했다: "책을 쓴다는 것은 하나의 모험이다. 책을 쓰기 시작할 때는 즐겁고 재미있다. 그러다가는 그 책이 주인이 되고 다음에는 폭군이 된다. 책을 쓰는 고역을 감수하게 되었을 때쯤에는, 그 괴물을 끝장내어 대중을 향해 던져 버린다!" 이러한 비유를 통해서, 이 책을 여러분의 손에 놓이게 할 때까지의 어려움을 이해하리라고 본다. 이 책을 여러분이 갖고 있다는 것에 황홀감을 느낀다!

이 책은 연구, 체험, 그리고 기획의 산물이다. 필자가 연구라고 한 것은, 나 자신이 부끄럽지 않은 일꾼으로서 하나님에게 인정받는 영적인 탐구에 내 인생의 여러 해를 바쳐왔다는 것을 말한다. 즉 진리의 말씀을 올바르게 취급하는 일꾼임을 말한다. 체험이라고 한 것은, 나 자신이 주님께서 주신 많은 중요한 꿈과 환상을 체험했으며, 이들 꿈과 환상은 여러 해를 거쳐 오면서 나에게 도움이 되었으며 진실임이 증명되었음을 말한다. 그리고 기획이라고 한 것은, 지금이야말로 그 어느 때보다 이런 주제를 다룬 책이, 말세에 우리가 주님의 위대한 최후의 날로 점점 다가감에 따라, 교회에 커다란 혜택이 될 수 있다고 생각함을 말한다.

따라서 필자는 겸허하고도 즐거운 마음으로 꿈과 환상의 주제에 대한 연구 결과를 역사의 위대한 도서관에 제공하는 바이다. 아마도 이 책은 나와 같은 위치에 있는 사람들뿐만 아니라 다가오는 미래에 내 뒤를 따를 사람들의 손에서 좋은 자료가 될 것이다. 왜냐 하면, 만일 주님의 오심이 지연된다면, 지나간 날이나 현재보다도 앞으로 올 날들은 더 많은 표적과 기사(奇事)로 충만하게 될 것이 분명하기 때문이다. 아들과 딸들은 그 어느 때보다 꿈을 많이 꿀 것이고, 환상을 보는 사람들은 이것들을 하나님의 계시라고 말할 것이다. 그리고 무오(無誤)한 하나님의 말씀은 성령의 권능에 의해 확장되어 갈 것이다.

나의 기도

오 하나님, 당신의 음성을 알아 듣고 당신의 말씀을 사랑하는 사람들로 말하게 하옵소서, 그리고 이 책이 기독교계로부터 모든 권능과 계시의 표적을 제거해버리려고 떼지어 모이는 사악한 무리들로부터 우리의 믿음을 지킬 수 있는 보루가 되게 하옵소서! 당신이 은총으로 이 책에 내리셨던 단순한 지혜로 말미암아 반대자들이 침묵하게 된다는 것을 알게하옵소서. 이 책의 빛에 의해 점쟁이들이 노출되어 버리게 하시고, 이 책이 성공함으로써 반대자들이 할말이 없게 하옵소서. 그리고 긍정적인 사람들은 이 책의 영감에 의하여 권능으로 충만되게 하옵소서!

오 주님, 성령의 기름부으심이 이 책 위에 임하셔서, 이 책을 읽는 사람이 읽는 동안 단순한 흥미를 느낄 뿐만 아니라, 생활하고 있는 낮이나 잠자고 있는 밤에 믿음의 영감으로 충만되게 하옵소서. 당신이 기뻐하시면, 이 책을 사용하시어, 당신의 왕국에서 꿈꾸는 사람들을,

그 어느 때보다도 당신의 거룩한 말씀에 대한 더 높은 비전과 더 진실한 통찰력으로 축복하여 주옵소서. 이 책을 읽는 모든 사람들을 성경으로 인도하시고, 성경은 모든 사람들을 우리 주 예수 그리스도를 통하여 당신에게로 인도하기를 기도합니다.

이 책이 마귀를 떨게 하고, 반항자를 망연케 하며, 세계를 신비롭게 하고, 비판자를 침묵시키며, 언약을 확증하며, 교회에 덕을 세우며, 하나님의 말씀을 확장하며, 주님에게 영광을 돌리게 하옵소서! 아멘.

제 1 장

한밤중의 목수 집

　마리아는 별나게 밝은 표정을 하고 요셉에게로 걸어갔다. 요셉은 앞으로 자신의 신부가 될 사람을 보자 가슴이 뛰었다. 그녀는 그 어느 때보다 발랄해 보였다. 마리아는 "사랑하는 요셉, 드릴 말이 있어요"라고 말했다. 요셉은 환하게 웃으며 그녀의 눈빛에 매료되어 그녀를 주목했다. 그 다음의 짧은 순간 사랑하는 그녀의 말을 주의 깊게 듣고 있던 요셉은 자신의 세계가 여리고의 성벽들처럼 와르르 무너지는 것 같았다. 마리아가 임신을 했는데, 요셉은 그 아버지가 아니었던 것이다!

　요셉의 가슴은 찢어졌고, 그의 마음속은 수백 가지의 의문들이 줄달음쳤다. '그 아기의 아버지는 누구인가? 마리아가 어떻게 그런 일을 할 수 있었을까? 내 친구들에게 무어라고 하지? 가족들은 무슨 말을 할 것인가? 우리의 결혼 계획은 어떻게 되는 건가?' 마리아가 천사인가 뭔가 라고 말한 것은 사실이지만, 요셉은 그녀가 아이를 가졌다고 한 다음의 말은 귀에 제대로 들어오지도 않았다. 그 순간 모든 것이 안개처럼 막막해졌다.

　요셉은 마리아를 떠나서 밤의 정적 속을 헤매면서 생각을 가다듬으려고 애를 썼다. 가혹한 선택으로서, 율법에 따라 부정한 죄로 마리아를 돌로 치게 하거나, 최소한도 그녀를 간부(姦婦)라고 비난하여 그녀의 가족과 친구들 앞에 창피를 줄 수가 있었다. 마리아에 대한 사랑이 그토록 강하지 않았었더라면 요셉은 화가 난 나머지 그렇게 할 수도 있었을 것이다.

요셉은 의로운 사람인지라, 이 일을 사람들의 눈에 띄지않게 조용하게 해결하여 마리아를 나쁜 추문으로부터 막아야겠다고 생각했다. 하지만 곰곰이 생각해보면 볼수록 그를 누르는 절망감은 더욱 커지는 것이었다. 그날 밤은 영원히 끝나지 않는 밤처럼 생각되었다.

많은 남자들이 고민거리가 생기면 그러하듯이, 요셉도 그의 작업장으로 가서 하던 일을 해보려고 노력했다. 두어 개의 각재, 망치, 그리고 세 개의 큰못을 만지작거려 보았지만, 이것들을 가지고 무엇을 해야 할지 생각이 나질 않아서 나중에 하기로 하고 제쳐놓았다. 목수 집을 뚜렷한 목적 없이 서성거리며 시간을 보내면서 슬픔과 분노 사이에서 마음이 찢어져 있었다. 작업장에는 촛불이 낮게 타고 있었고, 작업장 모퉁이에 있는 간이침대가 그의 눈에 들어왔다. 요셉은 담요를 뒤집어 쓰고 몸을 웅크리고 두어 번 한숨을 쉰 다음 눈을 감았다. 두 눈은 울어서 퉁퉁 부어 있어서 거의 감긴 상태였음으로 감고 자시고 할 것도 없는 지경이었다.

그날의 고된 일로 인한 피로 때문이었는지, 그런 나쁜 소식을 들어서 감정의 충격이 심해서 그랬는지, 아니면 그 두 가지가 복합적으로 얽혀서 그랬는지, 하여튼 간에, 요셉은 잠 들기가 힘들었다. 잠깐 졸다가는 사람 사는 집이면 있는 밤중의 소음, 즉 삐걱거리는 벽, 물이 떨어지는 소리, 나뭇가지가 스치는 소리, 끊임없이 쟁그랑거리는 풍경 소리, 이웃의 개가 바보 같이 짖는 소리 등에 놀라서 다시 깨곤 하였다.

새벽의 어느 땐가, 으스스한 적막이 도시에 내려앉았을 때쯤에, 요셉은 마침내 깊은 잠에 들게 되었다. 바로 그 때 주님의 사자가 꿈속에서 나타나 말했다. "다윗의 자손 요셉아 네 아내 마리아 데려오기를 무서워하지 말라 그에게 잉태된 자는 성령으로 된 것이라. 아들을 낳으리니 이름을 예수라 하라 이는 그가 자기 백성을 그들의 죄에서 구원할 자이심이라"(마 1:20-21).

요셉은 꿈에서 깨고서부터 역사 속으로 걸어 들어갔다. 그는 사자의 지시를 확실하게 따랐고, 마리아를 진정으로 사랑했기에 기꺼이 그렇게 했던 것이다. 그리고 모든 사람들 중에서 가장 큰 특권을 부여받은 사람이 된 그는 축복 받은 이름 예수를 최초로 말한 사람이 되었다.

예수, 그의 이름은 꿈에서 계시 되었으며, 그 분을 안다는 것은 꿈이 실제로 이루어진 것이다.

선지자가 몰랐던 것

이 사실이 얼마나 놀라운 일인지를 알고 있는가? 가지고 있던 모든 영적 통찰력을 동원하여, 구세주의 이름을 알아내기 위하여 미래를 들여다보기를 노력했던 그 모든 선지자들을 생각해 보라(벧전 1:10-12). 그들은 그 분에 대한 여러 중요한 사실들—그분이 속할 특정한 부족(유다), 그분이 태어날 가문(다윗), 그분이 태어날 실질적인 장소(베들레헴)—을 정확히 예언할 수 있었다. 그들은 또한 그 분이 일단 오시면 무엇을 하실 것인지에 대해서도 상당히 감을 잡고 있었다(가난한 사람들에게 복음을 전한다는 등). 그러나 그들 중의 아무도 그분의 이름을 아는 사람은 없었다.

이사야는 모든 선지자들 중에서 가장 가까이 알아맞혔다. "이는 한 아기가 우리에게 났고 한 아들을 우리에게 주신 바 되었는데 그 어깨에는 정사(政事)를 메었고 그 이름은 기묘자(奇妙者)라, 모사(謀士)라, 전능하신 하나님이라, 영존(永存)하시는 아버지라, 평강의 왕이라 할 것임이라"(사 9:6). 가깝게, 정말로 가깝게 알았지만, 정확히 알아맞히지는 못했다. 이사야는 구세주가 동정녀에게서 태어날 것을 알았지만, 그도 그분의 이름을 알 수가 없었다.

한 사람의 유대인의 목수가 어느 날 꿈에서 깨어나 "그의 이름은 예수이리라" 라고 말했으니 얼마나 희한한 일인가. 요셉은 선지자로서의 자격을 갖출만한 아무런 근거가 없었다. 우리가 아는 한, 요셉은 어떤 책을 쓴 일도 없고, 설교를 한 일도 없고, 우리가 그저 지나가는 생각 이상의 관심을 그에게 보낼 만큼 어떤 중요한 공헌을 한 일도 없는데, 2천년 동안 전 세계의 사람들은 한 마음으로 꿈속에서 요셉에게 계시된 이름을 찬양해 왔다. 그 이름 예수! 그의 이름을 말할 때마다, 우리는 하나님께서 꿈속에서 말씀하셨다는 사실을 확인하는 것이다.

꿈과 예수의 탄생

성경에 나타난 그대로, 요셉은 결국 꿈꾸는 사람이었다. 요셉이 꿈을 꾸었다는 것이 무려 네 번이나 된다는 것을 우리는 알고 있다.

- 마리아를 데려오고 아기를 예수라 이름하라(마 1:20-21).
- 마리아와 아기를 데리고 애굽으로 피하라(마 2:13-15).
- 이스라엘 땅으로 돌아 오라(마 2:19-21).
- 나사렛이란 동네에서 살라(마 2:22-23).

요셉은 각각의 꿈에서 천사가 그에게 준 지시를 따랐다. 그렇게 함으로써 그는 아기 예수의 생명을 보존했을 뿐만 아니라, 그리스도에 관한 오랫동안에 걸친 예언을 실현한 것이다.

요셉에게 준 네 가지 꿈 이외에, 마태복음은 또한 하나님께서 꿈에 동방박사들에게 경고하시기를 헤롯으로 돌아가지 말라고 하셨다고 우리에게 말해 주고 있다(마 2:12). 동방 박사들은 요셉처럼 꿈의 지시를 따랐고, 그래서 예수님은 사악한 지배자로부터 보호된 것이다. 천만다행으로 요셉과 동방 박사들은 그들의 꿈을 별것 아닌 것으로 간주하지 않았던 것이다!

그리하여 신약전서가 시작되다

성경을 공부하는 사람에게 꿈과 환상의 주제에 대한 관심을 불러일으키는 것은 신약성경의 첫 페이지에서부터 시작한다. 마태복음은 하나님께서 사람들에게 주신 다섯 가지의 초자연적인 꿈을 기록하고 있는데, 이 꿈은 사람들을 하나님의 뜻 안으로 인도해 주고 있다. 이러한 사실은 흔히 주석서에서 간과되는 사실이기도 하다.

복음서의 서두에 꿈 이야기가 나오고, 예수님이 십자가에 못 박혔을 당시, 빌라도의 아내가 꿈에서 된 이야기를 한 것은 성경을 가르치는 사람이나 배우는 사람들 모두에게 수수께끼 같은 신비스러움으로 남는다. 신약성경은 그 외에 다른 곳에서 꿈이나 환상의 주제가 권위 있게 언급된 곳은 없다. 예수님이나 그의 제자들이 우리에게 꿈이나 환상에 관한 어떤 특별한 가르침을 준 것도 없다.

그럼에도 불구하고, 신약성경이나 구약성경의 역사적인 기록에서 똑같이 하나님께서 사람들을 꿈과 환상을 통해 인도하신다는 뚜렷한 예가 몇 차례 나온다. 의문점은 이렇다. 성경은 꿈과 환상에 대해서 체계적으로 가르쳐 주지는 않지만, 많은 중요한 예들을 보여 줌으로서, 하나님께서 사람에게 의사를 전달하시는 하나의 수단으로서 꿈과 환상을 사용하시며 그 존재 가치를 우리에게 확인해 주고 있다.

J. M. 로우어(Lower)는 이렇게 말했다. "성경에서 꿈과 환상을

사용하는 것은 하나님이 자신을 들어내시려는 본연의 모습과 일치하는 것같다. 성경의 전반에 걸쳐서, 하나님은 선택된 사람들을 통하여 자신을 계시하시고 자신의 방식을 알리시는 분임을 분명히 하고 있다."[1] 그러나, 꿈 일반에 대해서 성경은 이를 특별히 신성시 한다던가 어떤 중요성을 부여하지는 않는다는 것을 깨닫지 않으면 안된다. 성경은 우리가 어떤 해석 방법을 통해서든지 꿈을 면밀히 분석함으로써 우리의 삶의 지침을 삼게하는 그런 종류의 꿈은 전연 보여주지 않고 있다.

하지만 이렇게 묻는 사람이 있을 것이다. "꿈과 환상이 그렇게 중요하다면, 성경은 꿈과 환상에 대해 더 많은 언급을 했어야 할 것이 아닌가?" 제임스 헤이스팅즈(James Hastings)는 이 질문에 대해 아주 훌륭한 대답을 해 주고 있다.

> 모든 이교도 세계의 특징인 미신적인 태도는 어떤 것이던 간에 성경 기자들로부터 아무런 지지를 받지 못한다. 왜냐하면 모든 꿈을 일종의 징조로 간주하여 점을 치는 목적으로 사용하기 때문이다. 그러나, 꿈은 하나님과의 의사소통의 한 방법으로 인식되고 있고, 따라서 비록 실제로 기록된 것은 비교적 거의 없다고 하더라도, 꿈을 통한 계시는 계시의 전 역사를 통해서 이루어져 왔음을 추정할 수 있겠다.[2]

성경이 단순히 확인해 주는 것은, 하나님께서 어떤 특정한 경우에 자신의 뜻을 사람에게 알리시기 위해서, 꿈이란 매체를 통하여 위험을 경고하시고, 잘못하는 일을 일깨워 주시고, 자신의 뜻을 전달하시고, 자신의 의도를 알려오셨다는 사실이다. 그래서 우리가 들은 것은, 아무런 적절한 설명도 없이, 주님의 사자가 꿈속에 요셉에게 나타나서 일어날 사실을 단도직입(單刀直入)적으로 말한 내용인 것이다. 그런데 그대로 일어났던 것이다.

주님의 천사

예수 탄생의 이야기를 다시 읽어보면 주님의 사자가 무려 네 번이나 놀랍게 나타난다는 것을 발견할 것이다. 첫 번째는 성전 안에 향단 앞에 서 있는 사가랴에게, 두 번째는 누추한 집에 있는 마리아에게, 세 번째는 꿈속에서 요셉에게, 그리고 마지막으로는 밤에 양떼를 지키면서 들판에 있는 목자들에게 이다. 이렇게 네 번 나타난 중에서 한 번만이 꿈속에서 일어났다. 왜 그랬을까?

왜 천사가 다른 사람들에게 나타난 것처럼 요셉에게는 그렇게 나타나지 않았는가? 요셉은 약간은 속은 것이 아니었을까 하는 느낌이 우리에게 들 수도 있을지 모른다. 무슨 뜻이냐 하면, 단지 꿈을 꾸기 보다는 실제로 천사가 바로 우리 앞에 나타나서 하나님이 무엇을 원하시는가를 우리가 알기 쉽게 전해주는 것을 보는 것이 더 좋을 것이 아니겠는가? 꿈이란 것은 의심스러울 수도 있고 별 것 아니라고 무시해 버릴 수도 있는 것이지만, 천사가 우리 앞에 서서 천국의 위엄을 지니고 얼굴에서 빛을 발하면서 그의 입술에서 하나님의 권위의 말씀이 나오는 것을 본다면, 그렇다면 아마 우리는 몸을 돌려 누워서 다시 잠을 청하지는 않을 것이다!

왜 주님의 사자가 꿈속에서 요셉을 방문 했을까? 우리들 대부분은 꿈에서 깨면, 머리를 긁적거리고, 어깨를 한번 움츠리고는, "어, 그 꿈 참 이상하다."라고 말하고는, 계획했던 대로 하루 일과를 계속한다. 성경 시대에서나 오늘날이나 정상적인 양식(良識)을 갖고 있는 사람들은 남자나 여자나 일반적으로 꿈이란 순간적이고 믿을 수 없는 것으로 여긴다. 성경에도 "그는 꿈같이 지나가니 다시 찾을 수 없을 것이요 밤에 보이던 환상처럼 쫓겨가리니"(욥 20:8)라는 말씀이 있고, 그리고 "주여 사람이 깬 후에는 꿈을 무시함 같이 주께서 깨신 후에 저희 형상을 멸시하시리이다!"(시 73:20)라는 말씀이 있다.

꿈의 허황됨과 믿을 수 없음은 격언에도 있다. 솔로몬은 "꿈이 많으면 헛된 것이 많고 말이 많아도 그러하니 오직 너는 하나님을 경외할지니라"(전 5:7)라고 말했다. 이사야는 "주린 자가 꿈에 먹었을지라도 깨면 그 속은 여전히 비고 목마른 자가 꿈에 마셨을지라도 깨면 곤비하며 그 속은 갈증이 있는 것같이"(사 29:8)라고 했다. 외경(外經)에서 인용한 다음의 구절이 꿈에 대한 현대의 견해를 단적으로 말해 주고 있다. "꿈을 꾸는 사람은 마치 그림자를 잡으려는 사람과 같고 바람을 따라가는 사람과 같다."[3]

사실 많은 사람들이 꿈을 좇다가 결코 잡지 못하고 일생을 보냈다. 그리하여 시인 윌리엄 워즈워스(1770-1850, 영국 낭만주의의 계관 시인)는 묻는다. "그 환상적인 빛은 어디로 도망갔나? 그 영광과 그 꿈은 지금 어디 있는고?"[4]

꿈이란 것이 너무나 믿을 수 없는 것이니까, 천사가 요셉에게 직접 나타나서 소식을 전했으면 더 좋았을 것이 아니었던가? 왜 꿈속에서 알렸나? 천사가 실제로 나타났던 세 경우를 검토해 보면 답이 나올 수 있을 것이다.

그 꿈이 진실이라는 것을 어떻게 아는가?

성전에서 사가랴는 깜짝 놀라고 의심으로 가득찬 나머지 심한 불신으로 가브리엘 천사를 화나게 했다. "내가 이것을 어떻게 알리요?"

천사는 언명했다. "나는 하나님 앞에 서 있는 가브리엘이라 이 좋은 소식을 전하여 네게 말하라고 보내심을 받았노라!"(눅 1:19).

사가랴는 과연 가브리엘이 실제로 성스러운 자리에 서 있으면서 거짓말을 할 것이라고 생각했나? 가브리엘은 경악했던 것이다! 천사들은 죄 많은 사람의 엄청난 둔감함에 흔히 놀라게 된다.

집에 있던 마리아는 놀라서 당황했고, 그래서 천사는 마리아에게 하나님은 불가능한 일을 할 수 있다는 것을 차근차근 설명해야만 했다. 이 경우는 사가랴의 경우와는 상당히 달랐다. 사가랴와 그의 아내 엘리사벳은 오랫동안 아이를 갖기를 간청했는데 그들의 기도에 대한 응답이 주어지고 있는 것이었지만, 그러나 마리아는 동정녀였던 것이다. 마리아는 천사의 선포에 솔직한 의구심을 품은 것이고 당연히 설명을 들을 자격이 있었다. 천사는 대답했다, "성령이 네게 임하시고 지극히 높으신 이의 능력이 너를 덮으시리니 이러므로 나실 바 거룩한 이는 하나님의 아들이라 일컬어지리라"(눅 1:35).

들에 있던 목자들은 무서움과 놀라움으로 가득차 있었기 때문에, 베들레헴에 있는 아기를 찾으러 가라는 지시를 받기 전에 위로를 받지 않으면 안되었다. "무서워하지 말라 보라 내가 온 백성에게 미칠 큰 기쁨의 좋은 소식을 너희에게 전하노라. 오늘 다윗의 동네에 너희를 위하여 구주가 나셨으니 곧 그리스도 주시니라. 너희가 가서 강보에 싸여 구유에 뉘어 있는 아기를 보리니 이것이 너희에게 표적이니라"(눅 2:10-12).

각 경우마다 인간이 불신, 당황, 또는 공포를 통하여 나타내는 천사의 존재에 대한 인간의 저항감을 극복해야 했기 때문에 천사는 처음에는 임무 수행에 어려움이 있었다. 그러나 천사가 꿈속에서 요셉에게로 왔을 때는 요셉은 아무런 반응이 없었다! 꿈에서는 우리는 그 꿈을 그대로 받아들이는 것 이외에 할 수 있는 일은 별로 없는 것이다. 천사는 꿈속에 나타나서 소식을 전하고는 아무런 어려움 없이 떠났던 것이다. 요셉으로부터 아무런 소동이나 공포나 의심이나 말대꾸가 없었던 것이다. 흐음. 주님께서 꿈과 환상 속에서 우리에게 말씀하시는 것은 하나님의 일을 왈가왈부하려는 우리의 자연적인 습성을 피하기 위한 것인지도 모른다!

요셉에게 전한 천사의 소식에 대해서 에델샤임(Edersheim)은 다음과 같이 썼다.

> 그러한 선포가 꿈속에서 요셉에게 있었다는 사실은 요셉으로 하여금 그 사실을 더욱 잘 받아들이는 마음 상태로 만들었을 것이다. 유대인들 사이에 하나님의 은혜의 표적이라고 통속적으로 생각했던 것이 세 가지가 있었는데, 그 세가지는 '좋은 왕, 좋은 한 해, 좋은 꿈'이었다. 사실, 꿈의 중요성에 대한 믿음이 너무도 보편적이어서, 이런 말이 생겨났다. "칠일 동안 꿈이 없이 (또는 해석할 꿈이 생각나지 않고) 잔다면, 그런 사람은 하나님이 기억하고 있지 않은 사람이니까, 나쁜 사람이라고 하라." [5]

어거스틴과 꿈의 문제

어거스틴(아우구스티누스, 354-430, 고대 기독교의 위대한 지도자요 신학자)의 가까운 친구인 네브리디우스(Nebridius)가 어거스틴에게 잠자는 동안 꿈을 통하여 천상의 권능이 어떤 일을 계시하실 때 어떤 수단을 사용하느냐 하는 질문을 했다. 어거스틴은 다음과 같이 대답했다.

> 그 질문은 중요한 질문이네, 그대도 신중하니 틀림없이 알겠지만, 만족스러운 답변을 하기 위해서는, 단지 편지 한 장 정도가 아니라, 충분하게 말로 토론을 하거나 한 편의 논문이 필요할 것이네. 그러나, 그대의 재능을 잘 알고 있는 나로서는, 이 문제에 빛을 던져 줄 수 있는 몇 개의 핵심적인 생각을 전달하도록 노력해 볼 것이네. 그대 자신의 노력으로 그대가 이 문제를 철저하게 다루어 볼 수 있도록, 또는 최소

한도 이 중요한 문제가 연구 조사되어 만족스러운 결과를 가져올 수 있도록 말이네. [6]

분명히 어거스틴은 꿈과 환상은 중요하지 않은 것, 즉 믿음과 성화된 삶과는 아무런 관련이 없는 것으로 무시해 버려도 되는 정신적인 공상에 불과한 것으로는 생각하지 않았다. 오히려, 그는 꿈과 환상을 상당한 존경심을 갖고 대했으며, 이들을 인내와 지혜와 관심을 가지고 토론하는 것이 중요하다고 강조했다. 우리도 그를 본받아서 그와 같은 태도로 행동해야 되지 않을까?
찰스 스펄전(Charles Spurgeon, 1834-1892, 영국의 유명한 침례교 목사)은 자신이 꾼 꿈에 관한 설교에서 이렇게 말했다.

> 몽상가라고 취급받을까 봐 겁이 나서 천상의 경고들 통한시하시 않도록 주의해야 합니다. 말하자면, 광신자다 혹은 정신 나갔다라는 소리를 들을까봐 겁이 나서 주저해서도 안되겠습니다. 왜냐하면 하나님으로부터 온 생각을 감추는 것은 적은 죄가 아니기 때문입니다. [7]

경시된 하나님의 선물

꿈과 환상은 성경의 여러 페이지를 채우고 있고, 교회사의 여기 저기에 광범위하게 산재해 있다. 그러나 과거 이삼백년 동안 이 문제는 심각한 관심의 대상으로 주목을 끌어 본 적이 없다. 꿈과 환상은 경시된 하나님의 선물이 되어버린 것 같다! 1968년에 노트르 담 대학의 교수였었고 성공회 목사인 모튼 T. 켈시(Morton Kelsey)는『하나님, 꿈, 그리고 계시』라는 제목으로 된 꿈에 관한 개척자적인 책을 써냈다. 그 책에서 그는 말했다. "오늘날 꿈에 주의를 기울이는 그리스도인을 발견한다는 것은 드문 일이다." [8]

켈시 교수가 한 말은 거의 30년 전의 일이었는데 지금까지도 그 때와 달라진 것은 거의 없다. 신앙 생활에 그렇게도 중요하고 풍요로움을 더 해주는 것에 대해 왜 이렇게도 언급된 것이 거의 없는 것인가?

서양 세계관은 과학과 이성의 영역 밖에서 일어나는 많은 부분에 대해서 금기시하고 있다. 그러나 꿈과 환상이 실제로 일어나고 있는 것은 사실이므로, 과학은 이 문제에 대해 어떻게 보고 있는가에 대한 의견을 제시하지 않으면 안되는 입장에 처하게 되었다. 과학은 아직도 잠이 무엇인가에 대해서도 정확히 모르고 있는 사실을 고려해 볼 때 꿈과 환상의 문제는 다소 놀라운 일이다. 그렇다면 과학은 꿈을 어떻게 설명하고 있는가?

꿈이란 잠자는 동안에 일어나는 심리적, 정서적, 스트레스에 관련된 마음의 활동이라고 일반적으로 여겨지고 있다. 꿈이란 신경 계통이 육체적 자극에 반응하는 여러 가지 방식 중의 하나에 불과하다. 꿈은 지난날의 잊고 있었던 경험의 재탕이다. 꿈을 꾼다는 것은 아무 의미가 없는 사건이라고 말하는 사람이 있는가 하면, 꿈은 인간 성격의 비밀을 풀어주는 열쇠라고 하는 사람도 있다. 하여튼 간에 꿈에 대해서는 의견이 구구하다.

이렇듯 위에서 말한 견해들이 꿈의 존재에 대한 여러 가지 잡다한 과학적 설명 중에서 우리가 찾아볼 수 있는 전형적인 의견들이다. 그러나 과학적인 견해에서는 꿈은 결코 영적인 것이라고 보지는 않는다. 과학은 절대로 하나님이 꿈의 주체자라고 인정하지 않는다. 또한 우리가 꾸고 있는 꿈에 대해 종교적인 의미를 찾기 위해 우리는 과학과 이성을 동원하려 하지도 않는다.

과학은 영적인 일과는 너무나 거리가 멀다고 예상할 수 있겠지만, 교회에서도 아주 많은 사람들이 꿈과 환상에서 나타나는 하나님의 뜻에 대해서 무관심하다는 것은 극히 놀라운 일이다. 오늘날의 많은 기독교인들은 하나님께서 꿈속에서 그들에게 말씀해 주신다고 하는 생각이 우스꽝스러운 것이라고 생각하는 것같다. 우리는 이런 생각에 너무 익숙해 있어서, 신앙보다는 이성을, 영적 지혜보다는 정신력을, 성경의 가르침보다는 인간의 의견을 더 선호하고 있는 것은 아닌지? 맙소사!

우리의 신앙을 우리 자신의 능력과 지각의 경계 안으로 제한한다는 것이 얼마나 비극적이고 부조리한 일인가. 비극적이라고 한 것은 꿈을 통하여 이루어진 하나님의 영적 역사를 거부함으로서 우리가 포기해 버려야 하는 일이 있기 때문이며, 부조리하다고 한 것은 성경에서는 물론이고 역사상 정말로 위대한 남자와 여자의 생애에서 꿈과 환상의 역할이 얼마나 중요했는가를 증명하는 증거가 너무나도 많이 있기 때문이다.

강력한 영향

어떤 꿈은 터무니 없는 것이기 때문에 당연히 신경을 쓰지 말아야 한다. 그렇지만, 주님으로부터의 중요한 통찰력을 담고 있을지도 모르는 꿈을 무지하게 무시해 버릴 때 우리는 우리 자신과 다른 많은 사람들로부터 하나님의 축복을 빼앗게 된다. 많은 남녀들이 꿈을 꾸는 동안 이따금식 그들의 생애에 강력한 많은 영향을 주게 되는데, 이 꿈이 그들의 행동과 운명에 영향을 미치게 된 것은 부인할 수 없는 역사적인 사실이다.

찰스 스펄전은 "한 젊은 남자의 환상"을 설교하면서 말했다. "만일 훌륭한 사람들이 꿈과 환상 속에 잠깐 스쳐지나갔기에 처음에는 반쯤 영글었던 생각을 묵살해버렸더라면, 얼마나 많은 좋은 일이 이 세상에서 상실되었을 것이었나!" [9]

제임스 헤이스팅즈(James Hastings)는, 평범한 사람들이 비범한 꿈을 꾸었기 때문에 그들의 생애에서 일어났던 일들을 포괄적이고도 흥미진진하게 소개하고 있다.

    변호사들은 변론요지를 꿈속에서 초안하여 잠을 깬 후 그 초안을 참고하여 변론을 했기에 승소한 아주 기쁜 사례가 있었고, 정치가들은 꿈속에서 얻은 최고의 통찰력을 정책에 반영했고, 교수들은 강의 내용을 잘 다듬었고, 수학자들은 가장 어려웠던 문제를 풀었고, 저자들은 가장 잘된 작품을 창작해 냈고, 예술가들은 가장 영감이 풍부한 모티브를 착상하게 되었다.

    라인홀드(Reinhold)가 그의 범주의 도식을 만들어낸 것도 꿈 속에서였다. 꽁도르세(Condorcet, 1743-94, 프랑스 수학자, 사상가, 정치가)는 불완전한 계산을 꿈속에서 완성한 일이 종종 있었다고 우리에게 알려주고 있다. 코울리지(Coleridge 1772-1834 영국의 낭만주의 시인, 비평가)의 『쿠블라 칸』(Kubla Khan)의 기원에 관한 이야기는 잘 알려진 사실이다. 존 번연(John Bunyan, 1628-88, 영국의 종교 문학자로 〔천로역정〕의 저자)과 존 뉴톤(John Newton, 찬송가 405장의 작사자)(8장에서 자세히 설명)의 개종 때 꿈이 한 역할은 모든 시대의 교회 체험에서 풍부하게 예시되어 있는 현상들 중 널리 알려진 예이다. [10]

회교도가 예수에 의해 구원받다. 꿈속에서!

    예수 그리스도에 관한 꿈과 환상을 통하여 하나님께서 회교도들 사이에서 강력하게 역사하고 있다는 보고들이 중동에서 많이 나오고 있다.

    1995년 2월, 필자가 목회하는 교회는 선교활동 강조의 밤을 개최했는데, 레바논 남부의 시아파 회교도들 사이에서 하나님이 역사하고 계신다는 감동적인 이야기를 들었다. 칼 메데라스(Carl

Mederas) 목사는 우리가 다른 몇몇 교회와 함께 지원하고 있는 선교사인데, 그는 보고하기를 주님께서 복음의 문을 열어 주셨을 뿐 아니라 많은 남자들과 여자들의 가슴을 열어 주셨다고 보고했다.

한 남자가 길거리에서 무릎을 꿇고 예수님이 자기를 구원했다고 크게 울기 시작했다. 메데라스 목사는 그 남자 얘기하면서 그의 놀라운 이야기를 들었다. 한 주일 전에 꿈속에서 그 남자는 미라처럼 묶여져서 깊은 구덩이 밑바닥에 던져졌다. 그가 위를 쳐다보니, 어떤 사람이 두 손으로 그를 구덩이에서 끌어올리는 것을 보았다는 것이다.

그 남자는 그 꿈의 의미가 무엇인가 하고 혼자 속으로 기이하게 생각하고 있던 차에, 예수님이 죄악의 구덩이에서 우리를 끌어내시고 속박의 사슬을 끊으러 오셨다는 메데라스 목사의 설교를 들었던 것이다.

그 순간 그 남자는 무릎을 꿇고 마을 사람들이 지켜보는 가운데 공개적으로 그리스도를 찬양하기 시작한 것이다. 예수님은 꿈속에서 이 사람에게 자신이 그의 구세주이며, 하나님이시란 것을 보여주었던 것이다. [11]

역사를 통하여 무수한 제자들에게와 마찬가지로 바로 이 소중한 사람에게도, 예수님을 아는 것이 꿈이 실재로 이루어지는 것임을 알게 하신 것이다!

복음 전도를 위한 하나의 전략

국제 학원선교운동(CCC=Campus Crusade for Christ International)의 창설자인 빌 브라이트(Bill Bright) 박사는 언젠가 말했다.

그리스도를 위해 헌신하는 것이 유순하고, 평범하고, 은신하는 단조로움이 아니라, 인간 정신이 여태까지 경험했던 것 중에 최대의 모험이라는 것을 우리가 세계에 보여 줄 수만 있다면, 지금 기독교 밖에서 기독교에 대해 곁눈질해 보고 서 있기만 하는 세상 사람들이 그리스도에게 몸을 바치기 위해 몰려 들어올 것입니다. 그러면 우리는 오순절 이후 최대의 부흥운동을 기대할 수 있을 것입니다. [12]

지난 30년간을 되돌아보건대, 위의 말은 한 사람의 젊은 열성적인 기독교인의 패기만만한 큰 소리가 아니라 신앙심이 깊은 비전을 가진 사람의 선지자적인 예언이었다는 것이 증명되고 있다. 브라이트 박사는 자신의 조직체에 예수 그리스도에 대한 굽히지 않는 헌신의 정신을 불어넣었고, 자신의 목회를 주님을 위해 적극적으로 증거할 수 있는 남녀들로 차고 넘치게 했다. 하늘의 생명책에 이들 그리스도의 투사들이 하나님의 왕국을 위해 이룩한 업적이 기록될 것은 분명하다!

빌 브라이트 박사는 겸손한 마음씨와 평범한 외모를 가진 얌전한 사람이다. 그는 보통 사람이라는 것을 솔직하게 자인한다. 그런데 아마도 누군가가, 어떻게 해서 전세계의 대학 캠퍼스를 그리스도의 선교의 터전으로 사용하는 그 엄청난 일을 감당할 수 있는 그러한 비범한 신앙심과 용기를 갖게 된 것이었나 하고 의아스럽게 생각할지도 모른다. 그의 가슴에 불을 지른 것은 과연 무엇이었나?

불붙는 가슴의 친구들

1947년 빌 브라이트 박사는, 빌리 그레헴(Billy Graham) 목사가 20세기에서 가장 위대한 여성 크리스천이라고 일컬은 헨리에타

마이어즈(Henrietta Mears) 박사와 함께 포리스트 홈 기독교부흥센터 집회에 참석했다. 그들과 한동안 막사를 같이 쓴 사람은 윌리엄 에반스 2세(William Evans, Jr.)였다. 이들 세 사람의 친구들이 예수님에 대한 사랑을 얘기하고 있을 때 하나님께서 이제 바야흐로 그들에게 하시려고 하는 일을 아는 사람은 아무도 없었다. 필자는 이 이야기를 쓰기 위해 브라이트 박사와 인터뷰할 수 있는 특권을 누렸는데, 여러 해 전에 그 때 일어난 일을 브라이트 박사 자신의 말로 여기 독자에게 알리고자 한다.

  그 모임은 동역자들끼리 같이 보낸 멋들어진 시간이었습니다. 우리는 그저 함께 대화를 나누고 있었는데 갑자기 성령이 주권적인 행동으로 우리에게 임재하신 것입니다. 나는 성령이 누구인지조차도 몰랐으나, 나 자신은 다만 성령의 현존하심에 압도되어 있음을 깨달았을 뿐이었습니다. 우리는 무릎을 꿇어 그를 경배하고 찬양했습니다. 그 순간에, 갈등하는 젊은 장로교 목사 한 분이 방안으로 들어왔습니다. 아무도 그에게 말을 걸지 않았지만, 하나님께서 그에게 임재하시니까, 그도 성령의 권능으로 변화를 체험하게 되었습니다. [13]
  바로 거기 그 방안에서 우리 모두는 성령 충만한 체험을 했습니다. 우리는 황홀감에 사로잡혀 실제로 깡충깡충 뛰었습니다. 그 체험은 우리 모두에게 삶이 변화되는 체험이었습니다. 그날 밤 하나님은 우리에게 "주님을 위해 몸 바쳐 일하는 비전"을 주셨습니다. 말하자면, 우리 각자는 주님을 위해 우리의 여생을 바쳐 일하리라고 결심했습니다. 그래서 우리는 〈불붙는 가슴의 친구들〉이라는 글을 써서, 모든 남녀들에게 예수 그리스도를 위해 몸바쳐 일하도록 하자고 촉구했습니다.

그리하여 믿음의 씨는 빌 브라이트 박사의 가슴에 심어졌다. 그 믿음의 씨가 전세계적인 사역으로 발전할 것이라는 것을 그가 어떻게 알 수 있었겠는가? 그 다음 날 밤, 빌 브라이트 박사는 할리우드 장로교회에 모인 수백명의 대학생들에게 설교를 했다. 그 교회는 그 자신이 3년 전에 그리스도를 영접했던 곳이다. 그가 학생들에게 '그리스도를 위해 몸바쳐 일할 수 있는 사람이 되자'고 말하면서 학생들을 초청했을 때, 학생들은 모두 벌떡 일어섰다. 브라이트 박사는 산디에고에서 시애틀까지 해안을 따라 왔다 갔다 하면서 학생들에게 설교를 했는데, 학생들의 반응은 항상 마찬가지였다. 하나님은 이전의 모든 인간의 노력을 능가하는 권능으로 브라이트 박사의 복음 사역에 역사하고 계셨다. 얼마 후 주님은 하늘나라의 환상 가운데서 또 한 번 빌 브라이트에게 말씀하신 것이다.

예수 그리스도의 종

우리가 계속 얘기를 주고받는 동안 브라이트 박사는 이런 이야기를 해 주었다.

1951년 봄 어느 일요일 오후, 하나님은 나에게 깊은 감동을 주셔서 예수의 종이 되는 계약을 체결하라고 하셨습니다. 며칠 밤이 지난 다음 내가 신학교에서 졸업 시험을 위해 공부하고 있는데, 성령이 포리스트 홈 집회에서처럼 나에게 다시 임재하셨습니다. 내 방에는 한 젊은이가 있었는데, 그는 나에게 무슨 일이 일어나고 있는지를 모르고 있었습니다. 이는 바울이 예수님을 만났을 때 주위에 있던 사람들은 무슨 일이 일어나고 있는지를 몰랐던 것과 같은 경우라고 생각되어 집니다.

나는 그 친구에게 설명하려고 노력했지만, 그는 내가 무엇을 체험하고 있는지를 전연 이해하지 못했습니다. 지금 생각해보니까 하나님께서는 그를 위해 임재하신 것이 아니라 나를 위해 임재하신 것이라는 것을 알 수 있습니다. 나는 하나님의 현존하심과 하나님께서 이 세상을 위해 나에게 주신 비전(환상)으로 완전히 압도되어 있었습니다. 나는 너무도 힘에 충전되어서 한밤중이 지난 시간임에도 어리둥절해 있는 나의 친구에게 같이 나가서 뛰자고 제안했던 것입니다! 되돌아보면 웃음이 나오지만 사실 그 때는 제정신이 아니었습니다. 그러나 나는 너무나 성령의 권능으로 충만되어 있어서 힘을 좀 빼내지 않으면 안되겠다는 생각을 했습니다.

나는 브라이트 박사에게 하나님께서 주신 환상을 좀더 구체적으로 말해 달라고 했다. 그의 다음과 같은 대답을 들었을 때, 이 하나님의 사람에 대한 나의 사랑과 존경은 더욱 치솟아 올랐다. 그는 말하기를 "솔직히 말해서, 여러 해 동안 그 일에 관해 얘기도 못했습니다. 지금도 때로는 그 일에 대해 얘기를 할 수가 없습니다."라고 했다. 우리가 대화하는 이 순간에도 주님께서 브라이트 박사위에 임재하고 계심이 분명했으며, 그의 목소리는 말을 계속하는 중에도 떨렸다.

하나님이 나에게 주신 환상은 나의 영 속 깊은 곳에 있어서 어떻게 설명할 수가 없어요. 말씀드릴 수 있는 것은, 현재 국제학원선교운동(CCC)에는 13,000여명의 전임 직원이 근무하고 있고, 10만 여명의 훈련받은 자원봉사자들이 있으며, 전 세계에 걸쳐 5억 여명의 사람들에게 복음을 전했다는 것입니다. 아직도 멀었다는 생각입니다! 그날 밤 하나님께서 나에게 보여주신 그 일을 아직도 완성하지 못하고 있습니다.

어떤 의미에서, 하나님께서 나에게 말씀하신 것은 화가의 큰 캔버스에 그린 넓은 붓 자국들과 같아서—산들, 언덕들, 개천과 나무들이 한 눈에 보였습니다. 우리가 여러 해에 걸쳐 하나님의 지시하심을 따름으로써 하나님께서는 그림의 세부 사항을 채워 가심에 따라 나는, 예를 들어, 날아다니는 새들의 깃털 같은 것도 볼 수 있게 된 것입니다.

브라이트 박사에게 하나님께서 꿈속에서 그에게 말씀하신 적이 있느냐고 물었더니 그는 이렇게 대답했다.

주님과 함께 걷기 시작한 지 이제 거의 50년이 되었는데 그런 꿈을 꾸었는지 기억이 안 납니다. 그러나 꿈이란 밤이나 낮이나 주님으로부터 오는 것이고 여러 가지 다른 방식으로, 자는 동안에, 어떤 때는 눈을 크게 뜨고 깨어 있는 동안에, 경험할 수 있다는 것을 발견했습니다.
나는 주님의 음성을 들어왔지만, 특별하게 꿈속에서가 아닙니다. 그러나 주님은 아주 분명하게 나에게 말씀하십니다. 주님의 목소리를 귀로 들어 본 적은 없지만, 그러나 주님께서 나에게 말씀하신 성스러운 순간들은 무수하게 많이 있었습니다. 나를 신앙이 아주 깊은 사람이라고 하지만 나는 아주 평범한 사람, 예수님의 종에 불과합니다. 그 분은 하늘과 땅을 창조하셨고, 그 분에게는 너무 크다는 것이 없습니다. 그 분은 누구든지 자신을 전적으로, 변함없이 복종하는 사람은 누구에게나, 그 분이 믿을 수 있는 사람은 누구에게나, 그 분은 위대한 것을 주실 것입니다. [14]

브라이트 박사는 40일간의 금식이 끝날 무렵 주님께서 그에게 하신 말씀을 증거 하면서 우리의 대화를 끝냈다.

미국과 세계의 많은 지역에서 2000년이 끝나기 전에 위대한 영적 각성을 체험하게 될 것입니다. 하늘로부터 성령이 임재하심으로 교회 역사상 가장 위대한 영적 수확을 거두게 하는 불을 붙이게 될 것입니다. [15]

꿈과 환상은 앞으로의 부흥운동에 일역을 담당할 것이다.

피할 수 없는 꿈과 환상의 현상

어느 학자는 이렇게 썼다.

꿈은 모든 국민의 문학과 종교에서 언제나 중요한 역할을 담당해 왔다. 꿈은 신화의 소재가 되었고, 무술(巫術) 체계의 근원이 되었으며, 달리 설명하기 어려운 신의 섭리 사건의 근원이면서 동시에 그 섭리 사건을 설명해 주기도 했다. 악몽의 이론이나 귀신론도 꿈에서 파생한 것이다. 꿈은 성경에서나 이교 신앙에서나 예언자가 이용하는 재료가 되었다. 중세 문명에서 꿈은 지속적인 영향을 미쳤고, 현대 문명도 여전히 꿈의 풀리지 않은 어떤 신비로움에 일종의 경외심을 갖고 있다.

우리가 꿈에 대한 미신적 신앙을 맹목적으로 추구하는 일에서는 벗어났다 할지라도, 아직도 꿈은 꿈을 꾸는 사람에게 깊은 의미를 지닌 인상을 남길 가능성이 있음을 우리는 인정하지 않으면 안된다. 꿈이 사람의 사고와 경력을 형성하는데 중요한 수단이 되어왔고 현재도 그러하다는 것을 부인할 수 없다. 그렇다면, 꿈은 개인과 사회의 사회적 도덕적 생활에 중요한 역할을 담당해온 것이다. [16]

존 파라(John Farrar) 목사는 1889년에 이렇게 썼다.

꿈은 널리 보편화되어 있기 때문에, 모든 계층의 사람들에게 많은 흥미를 불러일으켜 왔다. 그리고 아마도 이러한 경험을 많거나 적거나 해 보지 않은 사람을 찾는다는 것은 불가능하거나 어려울 것이다. [17]

아리스토텔레스조차도 다음과 같이 시인하지 않을 수 없었다. "모든 사람들 아니면 대부분의 사람들이 꿈에는 어떤 의미가 있다고 생각하는 사실 자체가 자신들의 생각은 실제 경험에 근거를 두고 있다고 믿고 있는 이유가 되고 있다."[18]

꿈을 피할 수는 없다. 꿈은 꾸기 마련이고, 그리고 때때로 하나님은 꿈꾸는 현상을 통하여 사람들에게 자신의 의도를 알리시기를 좋아하신다.

우리가 물어야만 할 질문

왜 하나님은 꿈을 통하여 사람에게 말씀하고 싶어하시는가? 인간은 하나님의 최고의 창조물로서, 우리의 창조주는 우리 인간에게 지능을 주셨고, 우리의 지고(至高)하신 하나님은 우리를 모든 들 가운데 짐승들과 다른 하등 동물들 보다 고귀하게 만드셨다. 하나님은 당신의 뜻을 밤의 환상이라는 수수께끼 속에 감추시고, 당신의 거룩한 목적을 우리의 꿈에서 일어났다 사라지는 그러한 변덕스런 환상적 이미지에 맡긴다는 것은 하나님답지 않은 것같이 보인다. 왜 하나님은 그런 일을 하실까?

그런데 사실은 하나님께서 사람에게 보여주시는 계시는 어떤 계시에서든지 간에, 하나님은 무한히 자신을 낮추신다는 것이다. 하나님의 생각은 우리의 생각이 아니며, 하나님의 방식은 우리 방식이 아니다. 하늘이 지구 위에 높이 있는 것처럼, 하나님의 생각은 우리의 생각 위에 높이 있는 것이다. 하나님의 메시지에 인간의 개념과 언어의 형태란 옷을 입히기 때문에 그 메시지가 어떤 형태로든지 인간에게 도달하게 하려면, 하나님 쪽에서 엄청나게 몸을 낮추어야 될 것이다. 그래서 우리가 항상 해야 할 질문은, "왜 하나님은 꿈과 환상을 통하여 인간에게 말씀하시려는가?"라기 보다는, "사람이 무엇이관대 주께서 저를 생각하시며 인자(人子)가 무엇이관대 주께서 저를 권고(眷顧, 돌보심)하시나이까?"(시 8:4)라고 해야한다.

하나님이 인간을 방문하신다! 이 말을 다시 반복해서 말해보자. 얼마나 경이로운 일인가! 하나님을 찬양하면, 우리는 비록 타락한 피조물이지만 버림받지 않을 것이다. 하나님이 우리에게 기꺼이 주시고자 하는 믿음만 있으면 다른 아무 것도 필요 없이 우리는 구원을 받는다는 것이니, 얼마나 하나님이 고마우신 분인가! 하나님께서 우리를 방문하시고, 우리에게 말씀하시고, 우리를 사랑하신다! 따라서 우리는 천사들이나 동물들이 부러워하는 존재인 것이다. 우리는 단순히 지상의 피조물도 아니요, 하늘 나라의 영역의 피조물도 아니다. 우리는 우리 주 예수 그리스도를 통하여 전능하신 하나님의 아들과 딸들이며, 그럼으로써 우리는 꿈을 꾸고 환상을 보게 되는 것이다! 롱펠로우(Henry Wadsworth Longfellow, 1807-82, 미국의 시인)는 그의 『생의 찬가』(Psalm of Life)에서 이 점을 포착한 것이다.

> 인생이란 덧없는 꿈에 지나지 않는다고
> 우울하게 나에게 말하지 말아요!
> 잠자는 영혼은 죽은 것이며,
> 모든 것은 보기 보단 다르니까요.
>
> 인생은 진실이다! 인생은 진지하다!
> 무덤은 목표가 아니니
> 그대는 흙이니, 흙으로 돌아가리란,
> 영혼에게 한 말은 아니잖아요. [19)]

결론

그리스도가 탄생할 때 꿈은 너무나 분명했으니까, 꿈은 그가 탄생한 후에도 계속 있을 것이라는 것이 타당하지 않을까? 꿈과 환상이 초기 교회 생활에서는 중요한 요소로 작용했음을 우리는 사실로 알고 있다. 사도행전은 이 사실을 확인해 주는 예가 최소한 아홉 가지가 있는데, 뒤에서 이를 더 자세히 설명하기로 하겠다. 우리는 또한 니케아 회의(325년 콘스탄틴 로마 황제가 소집한 기독교 공의회, 지금의 터키) 전과 후의 몇몇 교회의 교부들이 꿈과 환상을 통하여 하나님과 깊은 체험을 가졌음을 알고 있다. 우리가 충분히 밝히겠지만, 이러한 일들이 있었음을 역사는 변함없이 증거해 주고 있다.

우리가 또한 알고 있는 것은, 오늘날 교회의 많은 중요한 남자와 여자들이 꿈과 환상을 통하여 하나님으로부터 인도하심을 받는 체험을 하고 있다는 사실이다. 이러한 체험은 사실임이 증명되어졌다. 이 모든 것은 다음과 같은 질문을 하게 한다. 왜 오늘날에는 꿈과 환상이 우리에게 아무것도 보여주지 않는 것으로 쉽게 무시되어 버리는가? 우리는 왜 꿈을 꾸는 사람을 망상에 사로잡힌 사람, 심지어는 악마에 홀린 사람으로 간주하는가? 하나님이 인간에게 관심을 보여주시는 풍요로운 역사를 통해서 그렇게도 중요한 역할을 담당했던 것을 우리는 어떤 연유로 해서 등한시하게 되었는가?

윌리엄 알렉산더(William Alexander)는 이를 아주 간결하게 다음과 같이 요약하고 있다.

> 인간의 마음이 골똘히 생각했던 모든 주제 중에서 꿈의 주제보다 더 당혹스럽게 하는 것은 아마도 없을 것이다. 그러나 이 문제에 수반

되는 애로점이 무엇이든지 간에, 꿈은 주님께서 예전에 자신의 품성과 섭리를 자기 백성들에게 계시하시는 통로로 기꺼이 사용되었다는 것을 우리는 알고 있다. [20]

그러면 이제 우리가 알아내야 할 것은 주님은 오늘날까지 계속해서 그렇게 하시고 계시느냐 하는 것이다. 그렇다면, 꿈과 환상에 대한 우리의 태도는 어떠해야 하는가? 꿈과 환상에서 보였다는 그런 것들을 우리는 어떻게 취급해야 하는가? 꿈이 정말로 하나님의 음성인지, 아니면 그저 간밤의 헛된 꿈이었는지를 판단하는 수단으로는 어떤 방법이 있는가?

그리고 워즈워스의 시적인 질문에 우리는 어떻게 답해야 하는가? "환상의 빛은 어디로 도망갔는가? 영광과 꿈은 지금 어디 있는가?" 그런데 요셉의 경우에는 꿈은 생생하게 살아있고 그리고 주님의 영광은 세대가 이어감에 따라 더욱더 밝게 빛나고 있다! 그리고 여러 시대를 통해서, 예수 그리스도를 찾았던 남녀들은 예수님이야말로 꿈은 실재로 이루어진 것임을 발견하게 되었던 것이다.

제 2 장
왜 꿈과 환상에 관심을 갖는가?

　신학교를 갓 나온 젊은 복음전도자는 한 노인을 열성적으로 개종시키려 했다. 여러 해 동안 아무도 그 노인의 마음에 감동을 줄 수가 없었다. 그의 사랑하는 아내는 그가 죽기 전에 주님께서 그의 영혼을 구원하시리라는 희망을 버리지 않고 있었다. 여러 목사님들이 다녀 갔지만 마음이 굳어 있는 남편에게는 아무런 영향력을 행사하지 못했다. 이런 이야기는 어느 마을에서나, 어느 교회에서나 들을 수 있는 이야기이다. 그러나 이번 이야기는 달랐다.
　그 열렬한 젊은 전도자가 그 노인과 아직도 희망을 버리지 않고 있는 그의 아내를 방문하기로 약속한 전날 밤에, 그 전도자는 꿈을 꾸었다. 그 전도자는 꿈속에서 그들의 집을 방문해서 안방에 앉아 있는 자신을 보았다. 그는 물었다. "물 한 잔 주시겠습니까?"
　그 노인이 말했다. "그럼요, 제가 갖다 드리겠습니다."
　꿈속에서 젊은 전도자는 그 노인을 따라 부엌으로 가는 자신을 보았다. 두 사람이 서서 잡담을 하다가, 전도자는 말했다. "당신은 제가 본 중에 가장 아름다운 두 따님을 두고 계십니다. 당신은 따님들을 분명히 사랑하고 계시지요. 그들을 위해 무엇이든지 해 주시겠군요."

그 노인은 자랑스러운 마음으로 얼굴이 밝게 빛났다. "그렇습니다. 목사님, 잘 알아 맞추셨네요."

그 다음 순간 꿈속에서 그 젊은 하나님의 사람은 이렇게 말하는 자신을 보았다. "따님들에게 가장 필요한 것을 따님들에게 줄 수 없으니 참 유감입니다."

"그게 도대체 무엇이란 말이요?"라고 그 노인은 화난 목소리로 물었다.

전도자는 그 노인의 눈을 똑바로 바라보고 대답했다. "예수 믿는 아버지입니다!"

그 목사가 놀란 것은, 그 노인이 바로 부엌에서 예수를 믿겠다고 했던 것이다! 그리고 꿈은 끝났다.

다음 날 전도자는 그 집을 방문했다. 거실에서 가족들과 함께 앉아 있는 동안, 그는 그 꿈을 시험해 보기로 결심했다. "물 한 잔 주시겠습니까?"라고 물어 보니, 꿈속에서와 마찬가지로 그 남편은 자기가 갖다 주겠다고 나섰다. 노인을 따라 부엌으로 들어가는 젊은 목사의 가슴에는 믿음이 솟구쳐 오르는 것이었다. 극본을 따라 연기하는 배우처럼 젊은 전도자는 꿈에서 들은 그대로 대화를 이끌어 나갔다. 그 노인이 목사에게 자기 딸들이 가장 필요한 것이지만 자기가 줄 수 없는 것이 무엇이냐고 물었을 때 젊은 목사는 대답했다. "예수 믿는 아버지입니다"라고 대답했다. 이 말의 힘이 그 아버지를 흔들어 놓은 것이 눈에 보일 정도였다. 그 노인은 성령이 주시는 확신에서 벗어날 수 없었던 것이다. 바로 그 자리에서, 부엌에서 서 있는 상태에서, 그 노인은 회개하고 그의 마음을 예수 그리스도에게 바친 것이다. 바로 그 전날 밤에 꿈에서 본 것과 꼭 같은 일이 일어났던 것이다! [21]

이 이야기는, 성경에서나 역사에서, 하나님께서 꿈이나 환상을 이용하셔서 우리의 삶에서 하나님의 뜻을 이루시는 많은 극적인 예들 중의 하나에 불과하다. 욥기는 학자들이 성경에서 가장 오래된 책 중의 하나라고 생각하고 있는데, 이 욥기에 하나님께서 인간과 의사 소통하는 하나의 수단으로서 꿈을 사용했다는 내용이 처음 나온다.

속삭이는 천사

이야기가 전개됨에 따라, 욥은 가증스러운 악마의 공격을 받아 소중하게 간직했던 모든 것을 잃게 된다. 그의 자식들 모두가 무서운 비극 속에 죽임을 당했다. 그의 부동산은 완전히 파괴당하고, 그의 가축들은 모두 도적들에 의해 도난 당하고, 그의 부유했던 재산은 고갈되고, 그의 신용은 무자비하게 파괴됐다(욥 1:1-22). 더욱이, 욥의 건강과 행복은 무참히 짓밟혀서 소름끼치게 악화되어 더 이상 살고 싶은 생각이 없을 정도로 절망적이었다(욥 2:1-8).

가장 가혹한 상처는 그의 사랑하는 아내의 입술로부터 나온 것이다. 그녀는 비탄 감에 빠진 나머지 욥에게 이렇게 말했다. "당신이 그래도 자기의 순전(純全)을 굳게 지키느뇨 하나님을 욕하고 죽어라"(욥 2:9).

마침내, 이 모든 것도 아직 부족하다는 듯, 욥의 가장 가까운 세 친구가 그를 위로하려는 간절한 마음으로 현장에 나타나지만, 처음 7일간의 조문(弔問) 중 어떻게 된 영문인지 마음이 바뀌어서 그가 은밀한 죄를 지은 것이 분명하다고 생각하면서 그를 비난하는 것이었다(욥 2:11-13). 욥은 곤경에 처했을 때 그들이 위로해 줄 것은 전혀 의심하지 않았던 것이다. 그들이 독선적인 비난과 날카로운 공격으로 그를 매도했을 때 그가 받은 충격을 여러 독자들은 상상할 수 있겠는가?

먼저 엘리바스가 말한다. 그는 자신의 개인적인 의견만으로는 욥을 확신시킬 수 없다는 것을 잘 알기 때문에, 자신의 말의 권위를 의심할 수 없게 하는 문맥으로 내용을 구성하여 말한다. 그래서 그는 하나님께서 꿈속에서 욥의 상황에 대하여 자기에게 알려 주셨다고 말한다.

"한번은 조용한 가운데 어떤 소리가 들려 오는데, 너무나 조용하여 겨우 알아들었다. 그 소리가 악몽처럼 나를 괴롭혔다. 두려움과 떨림이 나를 엄습하여, 뼈들이 막 흔들렸다. 어떤 영이 내 앞을 지나가니, 온몸의 털이 곤두섰다. 영이 멈추어 서기는 했으나 그 모습은 알아볼 수 없고, 형체가 어렴풋이 눈에 들어왔는데, 죽은 듯 조용한 가운데서 나는 이런 소리를 덜었다. '인간이 하나님보다 의로울 수 있겠으며, 사람이 창조주보다 깨끗할 수 있겠느냐?'"(표준새번역) (욥 4:12-17).

이 구절에는 세 가지 중요한 사실이 들어 있다.

첫째, 하늘의 사자가 물은 질문은 거짓이거나 오도하는 질문이 아니다. 그 질문은 진정한 진리를 확증하고 있고 하나님을 지극히 높이려는 목적을 가지고 있다. 거기까지는 좋다.

둘째, 하나님으로부터의 메시지는 "사람이 깊이 잠들 때쯤 하여" 온다는 것을 아무도 이상하게 생각하지 않았다는 것은 분명하다. 엘리바스는 하나님께서 자기에게 꿈속에서 말씀했다고 말하는 것이 안전했던 것이다. 왜냐하면, 이런 일은 보통 있는 일이기에 사람들이 믿을 수 있는 일이기 때문이다. 이런 주장에 대해 욥이나 다른 어떤 사람도 이의를 제기하지 않았다.

셋째, 이러한 영적인 방문이 사실이라는 것을 뒷받침하기 위해서, 엘리바스는 하늘의 사자 앞에서 겁이 나고 몸이 떨렸다고 증언한다. 이러한 현상은 성경 전체에 걸쳐 일관되게 나타나는 증거이다. 아브라함, 이삭, 기드온, 다니엘, 밤에 양떼를 지키던 들판의 목자들, 시몬 베드로, 바울, 그리고 밧모섬의 요한 등이 계시의 무서운 순간을 경험한 사람들인데, 그 때 주의 천사는 언제나 "두려워 말라"라는 지속적인 말로 그들을 안심시켜야 했다. [22]

엘리바스가 그의 주장을 끝내자, 욥은 견딜 수 없는 고통을 당했는데도 불구하고 극히 맑은 정신으로 대답한다.

첫째, 그가 너무 비통한 나머지 경솔하게 말했다는 것을 자인한다. "나의 분한(憤恨)을 달아보며 나의 모든 재앙을 저울에 둘 수 있으면, 바다 모래보다도 무거울 것이라 그럼으로 하여 나의 말이 경솔하였구나"(욥 6:2-3).

둘째, 욥은 엘리바스가 온정이 없음을 탓했다. "피곤한 자 곧 전능자 경외하는 일을 폐한 자를 그 벗이 불쌍히 여길 것이어늘, 나의 형제는 내게 성실치 아니함이 시냇물의 마름 같고 개울의 잦음 같구나. 얼음이 녹으면 물이 검어지며 눈이 그 속에 감추었을지라도, 따뜻하면 마르고 더우면 그 자리에서 아주 없어지나니"(욥 6:14-17).

마지막으로, 욥은 엘리바스의 꿈에 대한 한 가지 문제를 제기한다. "혹시 내가 말하기를 내 자리가 나를 위로하고 내 침상이 내 수심을 풀리라 할 때에, 주께서 꿈으로 나를 놀래시고 이상으로 나를 두렵게 하시나이다"(욥 7:13-14).

여기서 유의할 것은, 욥은 꿈 자체나 꿈의 메시지를 반박하는 것이 아니라는 것이다. 다만, 욥이 이미 크나큰 고뇌 속에 빠져 있는데 꿈을 사용하여 그에게 겁을 주는 엘리바스의 무정함을 탓하고 있는 것이다. 욥의 요지는 이런 것이다. "고마워요, 친구! 내가 갖고 있는 유일한 위안은 잠 잘 때이네. 이제 그대는 나로 하여금 악몽에 시달리겠구나 하는 무서운 생각으로 가득차게 하여, 그것마저도 나에게서 빼앗아 가는구려!"

이 시점에서부터 욥과 그의 친구들 사이에는 말싸움이 격렬해진다. 수아 사람 빌닷은 욥에게 자신의 심정을 분명하게 토로한다. "네가 어느 때까지 이런 말을 하겠으며 어느 때까지 네 입의 말이 광풍과 같겠는가. 하나님이 어찌 심판을 굽게 하시겠으며 전능하신 이가 어찌 공의를 굽게 하시겠는가. 네 자녀들이 주께 득죄하였으므로 주께서 그들을 그 죄에 붙이셨나니!"(욥 8:1-6). 빌닷은 욥에게 이것을 인정하라고 다구친다.

나아마 사람 소발은 욥에게 즉각 공격의 화살을 퍼붓는다. "말이 많으니 어찌 대답이 없으랴 입이 부푼 사람이 어찌 의롭다 함을 얻겠느냐. 네 자랑하는 말이 어떻게 사람으로 잠잠하게 하겠으며 네가 비웃으면 어찌 너를 부끄럽게 할 사람이 없겠느냐. 네 말이 내 도는 정결하고 나는 주의 목전에 깨끗하다 하는구나. 하나님은 말씀을 내시며 너를 향하여 입을 여시고, 지혜의 오묘(奧妙)로 네게 보이시기를 원하노니 이는 그의 지식이 광대하심이라 너는 알라 하나님의 벌하심이 네 죄보다 경하니라!"(욥 11:1-6).

욥기에서 다음 몇 장에 걸쳐 드라마가 펼쳐지면서 긴박감이 더해 간다. 오고 가는 말은 사나워지고 불화를 일으키고 결국에는 공허해지고 마는데, 종교적 토론이란 것이 다 그런 것이다. 욥의 친구들의 주장은 궁극적으로는 실패하게 되고 대화는 교착상태에 빠지게 된다.

진리의 투사

마침내, 우리가 해답이 없는 것이 아닌가 하는 생각을 하지 말도록, 진리의 투사인 젊은 엘리후가 등장한다. 비록 그는 나이가 어렸지만, 나이 많은 사람들의 어색한 침묵 앞에서 차분하게 말했다. 그는 욥에게 해답을 주지 않고 먼저 욥을 비난한 욥의 친구들을 질책

했다(욥 32:1-5). 그들 친구들은 자신들이 무슨 말을 하고 있었는지도 모르는 것이 분명한 상황에서 자신들의 의견만 고집하는 것은 별볼일 없는 일이었다.

엘리후는 다음에 욥을 향해 말했다. 엘리후가 욥의 잘못을 시정해주어야할 문제들 중에 제일 우선적인 것은 꿈과 환상에 관한 것이었다.

"내가 욥 어른께 감히 말합니다. 어른은 잘못하셨습니다. 하나님은 어떤 사람보다도 크십니다. 그런데 어찌하여 어른께서는, 하나님께 불평을 하면서 대드시는 겁니까? 어른께서 하시는 모든 불평에 일일이 대답을 하지 않으신다고 해서, 하나님께 원망할 수 있습니까? 사실은 하나님이 말씀을 하시고 또 하신다고 하더라도, 사람이 그 말씀에 주의를 기울이지 못할 뿐입니다. 사람이 꿈을 꿀 때에, 밤의 환상을 볼 때에, 또는 깊은 잠에 빠질 때에, 침실에서 잠을 잘 때에, 바로 그 때에, 하나님은 사람들의 귀를 여시고, 말씀을 듣게 하십니다. 사람들은 거기에서 경고를 받고, 두려워합니다. 하나님은 사람들이 죄를 짓지 않도록 하십니다. 교만하지 않도록 하십니다. 하나님은 사람의 생명을 파멸에 빠지지 않도록 지켜 주시며, 사람의 목숨을 사망에서 건져 주십니다" (욥 33:12-18) (표준새번역).

위의 성경 구절에서, 엘리후는 하나님께서 주신 꿈이나 환상이 우리의 삶에서 성취할 수 있는 것들을 적어도 일곱 가지를 다루고 있다.

1. 꿈은 우리의 질문에 대한 하나님의 대답을 제공한다.

기드온의 이야기에서 우리는 꿈속에서 하나님께서 사람에게 대답하시는 한가지 예를 보게된다. 하나님께서 역사하심으로, 기드온은 그의 군대가 3만 명에서 겨우 3백 명으로 놀랍게 줄어드는 것을 경험했다. 한편, 미디안의 군대는 5만8천명 이상의 잘 훈련된 군인들이었다. 줄잡아 말하더라도, 기드온은 의심이 많은 사람이었다.

어느 날 밤, 여호와는 기드온에게 말했다. "일어나 내려가서 적진을 치라 내가 그것을 네 손에 붙였느니라. 만일 네가 내려가기를 두려워하거든 네 부하 부라를 데리고 그 진으로 내려가서, 그들의 하는 말을 들어라 그 후에 네 손이 강하여져서 능히 내려가서 그 진을 치리라"(삿 7:9-11).

기드온은 겁이 났다. 그래서 그와 그의 부하 부라는 전초 기지로 내려갔다. 그들이 도착하니까 마침 한 남자가 친구에게 그의 꿈 얘기를 하고 있는 중이었다. "내가 꿈을 꾸었는데 꿈에 보리떡 한 덩어리가 미디안 진으로 굴러 들어와서 한 장막에 이르러 그것을 쳐서 무너뜨려 엎드러뜨리니 곧 쓰러지더라." 그러니까 그 친구가 대답했다, "이는 다른 것이 아니라 이스라엘 사람 요아스의 아들 기드온의 칼날이라 하나님이 미디안과 그 모든 군대를 그의 손에 붙이셨느니라."

성경은 그 다음에 이렇게 쓰여 있다. "기드온이 그 꿈과 해몽하는 말을 듣고 경배하고 이스라엘 진중에 돌아와서 이르되 일어나라 여호와께서 미디안 군대를 너희 손에 붙이셨느니라"(삿 7:13-15). 이 구절은 몇 가지 이유에서 주목할 만하다.

첫째, 기도온에게 그가 찾고 있던 대답을 분명히 주었다. 여호와께서 과연 미디안을 그의 손에 붙이신 것이다.

둘째, 하나님께서 기드온으로 하여금 두 미디안 군인들이 꿈 얘기를 하는 것을 엿듣게 한 사실은 기드온에게 큰 영향을 주었다. 기드온 자신이 그 꿈을 꾸었다면, 불가능한 상황에 처하여 이겨낼 수 없는 스트레스 때문에 자신의 희망 사항이 그런 꿈을 꾸게 한 것이라고 기드온은 가볍게 그 꿈을 무시해버리고 말았을지도 모른다.

그러나 기드온이 그 꿈을 꾼 것이 아니고, 한 미디안 군인이 꾼 것이었다. 그 꿈이 기드온에게 보여준 것은, 기드온이 정당한 이유도 없이 미디안 사람들을 두려워했다는 것이다. 여호와는 기드온의 두려움을 오히려 미디안 사람들의 가슴속에 집어넣어 버린 것이다. 그 꿈과 그 꿈의 해몽은 기드온에게 그 사실을 증명해 보여 주시는 하나님의 방법이었다.

마지막으로, 하나님은 기드온에게 이 모든 것을 그냥 알려 줄 수도 있었을 것인데도, 그 대신에 꿈과 그 해몽을 통하여 계시하기로 하신 것이다. 왜? 왜냐 하면 한 장의 그림이 천 마디의 말보다 더 가치가 있는 것이고 또 훨씬 더 잘 확신시켜 주는 수가 많기 때문이다. 기드온은 확실한 답이 필요한 사람이었고, 하나님은 놀라운 꿈을 통해서 그 해답을 주신 것이었다.

그 후 일세기 이후에 곤경에 빠진 이스라엘 왕 사울은 그의 왕국이 망하는 절망적인 시간에 마녀를 이용해서 사무엘을 무덤에서 불러내려고 했다. 놀랍게도, 사무엘이 실제로 나타나서(그럼으로써 마녀를 소스라치게 놀라게 했다), 사울에게 따졌다. "네가 왜 나를 불러올려 귀찮게 하느냐?" 사울이 대답하되, "제가 매우 궁지에 몰려 있습니다. 블레셋 사람이 지금 나를 치고 있는데, 하나님이 이미 저에게서 떠나셨고, 예언자로도, 꿈으로도, 더 이상 나에게 응답을 하지 않으십니다. 그래서 내가 무엇을 어떻게 해야 하는지 알고 싶어서, 이처럼 어른을 뵙도록 해 달라고 부탁하였습니다." (삼상 28:15) (표준새번역).

이 구절은 불가사의한 점이 많으나 그냥 그대로 두기로 한다. 그러나 한가지 분명한 점을 말해 두고자 한다. 당시에는 하나님은 꿈을 통하여 사람에게 대답할 것으로 기대되었었고 그렇지 않았다면 큰 걱정거리가 되었다는 것이다.

잃어버린 원고

하나님께서 꿈속에서 어떤 사람에게 응답해 주신 예가 별로 심각하지 않는 아주 최근의 사건에서 나타났다. 수개월 동안 집필했던 원고를 잃어버려 크게 낭패를 당한 내 가까운 친구의 얘기를 할까 한다. 출판사에 보내기 전에 한 번 더 읽어보려고 최종 원고를 집으로 가지고 왔다. 그런데 대경실색하게도, 그날 밤 가방 속을 찾아보니 그 원고가 없는 것이었다.

그는 그의 집, 사무실, 차 안, 그리고 가방 속을 미친 듯이 샅샅이 뒤져봤지만 모든 노력이 허사였다. 원고는 사라졌고 어느 곳에서도 찾을 수가 없었다. 그런데 이것은 그가 이 원고를 집필하고 있는 동안 겪어야 했던 여러 가지 사악한 훼방받은 일 중의 하나에 불과했다. 그가 이 책을 탈고하는 것을 누군가가 바라지 않는 것이 분명한 것처럼 그에게는 느껴졌다.

그날 밤 꿈속에서 그는 고속도로를 따라 드라이브를 하고 있었는데 길가에 한 꾸러미가 있는 것을 보았다. 다음 날 아침 잠이 깨었을 때, 그는 자기 집 가까이에 있는 고속도로를 따라 드라이브해 봐야겠다는 느낌이 아주 강하게 들었다. 그는 실제로 드라이브를 해 보니까 꿈에서 본 그대로 길가에 한 꾸러미가 과연 있는 것이 보였다.

그가 자동차를 멈추고 자세히 조사해 보니, 대경실색하게도, 잃어버렸던 바로 그 원고가 꾸러미 속에 있는 것이었다! 나중에 알고 보니, 그 전날 그가 사무실에서 집으로 차를 몰고 오는 동안 그 꾸러미가 그의 차 꼭대기에서 날아가 버렸던 것이다. 차를 타기 전에 그 꾸러미를 차 꼭대기 위에 잠시 놔두었던 것을 깜빡 잊었던 것이다. 놀랍게도, 원고지는 아무런 손상이 없었고, 그는 그 책을 출판할 수 있게 되었다. [23] 하나님은 꿈을 통하여 잃어버린 원고가 있는 곳으로 그를 인도했던 것이다.

"이티 스웨 레이요 유우레?"

1989년 여름 벨린다(Belinda)와 나는 중요한 결정을 하지 않으면 안되는 상황에 처했었다. 우리가 보울더에 있는 교회에 남아 있어야 하느냐, 아니면 다른 주에 있는 한 성장하고 있는 교회에서 시무해 달라는 초청을 받아 들여야 하는가? 우리는 보울더에 8년 동안 있었고 주님께서 우리의 목회에 큰 축복을 해 주셨다. 교회를 사임하는 가장 좋은 때는 목회가 최고로 잘 될 때라고들 말한다. 그럼으로써 교회의 사정이 어려워서 도망친다는 말은 분명히 듣지 않을 것이다. 실제로, 떠나기 가장 좋은 때는 주님이 지시할 때이다. 그럼으로써, 자만심이나 반항심에서 행동하는 것이 아닌 것이다.

그러나 나는 주님께서 내가 어떻게 하기를 바라시는지를 몰랐다. 나의 마음속은 멀리 있는 도시에 열려 있는 자리를 은근히 바랬지만, 나는 또한 이곳 보울더에서 할 일이 아직 안 끝났다는 느낌도 있었던 것이다. 나의 마음은 두 갈래였기 때문에, 내 개인적 의견이 개입되지 않을 때처럼 분명하게 하나님의 음성을 분별할 수가 없었다.

이런 때 어느 날 밤 나는 한 동굴에서 법궤를 찾고 있는 꿈을 꾸었다. 꿈에서 나는 동굴 속 깊은 곳에서 하나의 큰방으로 들어갔는데, 내가 그 법궤 가까이 있다는 것을 느꼈다. 나는 그 상자가 현존하는 것을 실감할 수 있었다.

위를 쳐다보니 동굴의 천장에 콜로라도 주의 자동차 번호 판이 붙여 있는 것이 보였다. 번호가 있어야 할 자리에 이상한 글씨가 새겨져 있는 것이었다. 그 글씨는 ITI SWHE REYO UARE였다. 그기에 무슨 뜻이 있는가 하고 그 말을 발음해 보려고 노력했다. "이티 스웨 레이요 유우레."

무슨 잡소리야? 무슨 수수께끼인지 나는 전혀 감을 못 잡았다. 그렇지만 나는 그 이상한 글자를 자꾸 반복해서 큰 소리로 "이티스

웨어유우레"을 발음해 보았다. 여기서 무슨 뜻을 찾아내기를 기대하면서. 갑자기 나는 앞에서는 보지 못했던 것을 보았다. 그 메시지는 "It is where you are!"(그것은 네가 있는 바로 그 곳이다) 였다. 그 말의 글자는 모두 거기 있었지만, 글자 사이의 간격이 잘못 띄어져 있었던 것이다.

나는 번호판이 보물지도에서 그 유명한 "X자가 보물이 있는 지점을 표시한다"는 것과 같은 것임을 깨달았다. 그 법궤는 동굴 내 바로 위의 둥근 천장에, 번호판 바로 뒤에 있었다. 나는 흥분해서 손을 위로 뻗어 번호판을 움직여 보았더니 위에서 물줄기가 내 위로 솟아져 내리는 것이었다. 그 순간 꿈은 끝났다.

이 이상한 꿈은 주님으로부터 나에게 응답을 주신 것인데, 그것은 깊은 의미를 갖고 있음이 판명되었다. 자세히 설명하면, 첫째, 법궤는 분명히 주님의 된존하심을 상징했다. 콜로리도의 사동차 번호판은 내가 있어야 할 곳을 의미했다. 암호처럼 써 있었던 "그것은 네가 있는 바로 그 곳이다"(It is where you are.)는 다른 목회지로 가기 위해 콜로라도를 떠나지 말라고 하는 것이었다. 왜냐하면 주님의 현존하심과 주님의 축복이 나와 함께 여기에 있기 때문이다.

나는 이 수수께끼 같은 꿈에 깊은 영향을 받아서 콜로라도에 남아 있었던 것이다. 그러기를 얼마나 잘했던 것인가! 이 꿈이 있은 후 얼마 안되어 나는 콜로라도 대학교 풋볼 팀의 교목이 되었고 빌 맥카트니(Bill McCartney)와 가까운 친구가 된 것이다. 그 후 몇 년 동안 주님으로부터 엄청난 축복을 받은 결과, 하나님께서 미국 전역에 걸쳐 역사하시어 수십만 명의 사람들과 그의 가족들의 삶에 영향을 미쳤던 것이다.

꿈에 주의를 기울임으로써—"그것은 네가 있는 바로 그 곳이다"—나는 크나큰 실수를 예방했던 것이다. 그 때 내가 콜로라도를 떠났더라면, 나는 그 엄청난 하나님의 역사를 멀리서 보면서 떠난 것을 후회하고 있을 것이다. 그처럼 이상한 방식, 즉 한밤중의 수수께 끼로서 나에게 응답해 주신 하나님을 나는 얼마나 찬양해야 할 것인가.

2. 꿈은 우리에게 하나님의 일을 가르쳐 줄 수 있다.

하나님께서 꿈을 통해 한 남자에게 지시하신 한 가지 예는 우리 모두가 잘 알고 있는 이야기이다. 이는 예수 탄생 전에 일어난 것이다. 이 책의 제1장에서 본 것처럼, 요셉은 마리아가 임신한 것을 알았을 때 대중에게 알려져 망신당하기를 바라지 않았다. 그의 의도는 추문을 막기 위해 조용히 헤어지는 것이었다.

이렇게 생각하고 있는데 주님의 사자가 그의 꿈속에 나타나 말했다. "다윗의 자손 요셉아 네 아내 마리아 데려오기를 무서워 말라 저에게 잉태된 자는 성령으로 된 것이라. 아들을 낳으리니 이름을 예수라 하라 이는 그가 자기 백성을 저희 죄에서 구원할 자이심이라"(마 1:20-21).

주님께서 사람의 귀를 여시고 인 치듯 교훈하신 것은 꿈에서이다 (욥 33:16). 하나님은 우리의 청각에 장애물을 제거하시고 우리의 영에 진리를 계시해 주시는데, 꿈속에서 그러시는 것이다. 그리고 엘리후의 말에 의하면, 인 치듯 교훈하신다 (즉, 집어넣고 봉하시는 것이다). 꿈은 우리가 실제로 경험한 사건인 것처럼 우리의 기억 속에 남아 있는 놀라운 능력을 갖고 있다.

쓰레기 통 꿈

언젠가 나는 좁은 길을 따라 드라이브하는 꿈을 꾼 적이 있다. 길 위에 큰 쓰레기통 하나가 넘어져 있는 것을 보게 되었는데, 쓰레기가 길 위에 흩어져 있었다. 길이 너무 좁아 쓰레기를 돌아서 갈 수 없었기 때문에, 차를 세우고 지저분한 쓰레기를 치워야만 했다. 내가 가까이 가서 보니 한 남자의 얼굴이 쓰레기통의 표면에 나타나는 것을 보았다. 그래서 꿈은 만화 같은 성질을 띠게 됐다. 쓰레기통은 길 위에 누워있는 사람의 머리통 같이 보였고, 쓰레기가 그 머리통 위에서 나오고 있었다. 나는 너무도 놀라서 뒤로 껑충 뛰어 물러났다. 그 때에 내 머리 위에서, "네 머리를 쓰레기로 채우는 짓을 그만두어라!"고 말하는 목소리를 들었다. 그 때에 꿈을 깼다.

이 꿈은 내가 개인적으로 주님과 함께 걸어가야 할 길을 수정하고 조정하도록 하는 동기를 부여하는데 매우 유익한 것으로 판명되었다. 이 꿈이 있은 다음, 나는 "내 머리를 쓰레기로 채웠던" 몇 가지 예를 식별해내었다.

사탄의 거짓말을 믿는 것, 불건전한 자기 얘기만 하는 것, 다른 사람에 대한 험담을 받아들이는 것, 잘못된 인간의 전통을 고수하는 것, 텔레비전이나 극장에서 왜곡되고 부정한 것을 보는 것, 나의 생각 속에 암울한 것을 감추어 두는 것, 계속적으로 불순종하는 작은 일들을 함으로써 주님으로부터 자꾸 멀어지는 것, 기도에 불충실한 것. 이 모든 것들이 쓰레기인 것이다.

히스기야 왕이 이스라엘의 제사장들에게 말했다. "레위 사람들아 내 말을 들어라 이제 너희는 성결케 하고 또 너희 열조의 하나님 여호와의 전을 성결케 하여 그 더러운 것[즉, 쓰레기]를 성소에서 없이 하라"(대하 29:5). 이 구절은 나에게 확신을 주었고, 나는 주님을 진정으로 따르기 시작했다. 나는 나의 일상 생활에서 히스기야 왕의 훈계를 실천에 옮기기로 결심했다. 하나씩 하나씩 나는 "쓰레기를 꺼내 버리기" 시작했다.

그러니까 그때 성령은 나의 마음속에 다음과 같은 기쁜 생각을 불어넣어 주셨다. "네가 너의 머리를 쓰레기로 채우는 것을 중지하면, 나는 너의 가슴을 보물로 채우기 시작하리라." 와아! 얼마나 좋은 거래인가! 쓰레기냐 보물이냐! 진실로, 선택은 여러분이나 나나 우리 모두에게 달려 있는 것이다.

파멸까지의 여섯 개의 경고판

나의 가까운 개인적인 친구이기도 하며 동료 목회자이기도 한 사람이 교회의 재정에 부정이 있었다는 의심을 받게 되었다. 상황이 더욱 악화된 것은, 이 목사의 공작적이고 군림하는 운영 태도에 크게 상처를 받았던 사람들로부터 몇몇 불리한 보고서가 나왔기 때문이다.

이 사람이 속해 있는 교회협의회가 그 목사의 의혹을 해소하기 위하여 노력하고 있는데 나에게 협조해 달라고 요청해 왔다. 그 협의회는 그 사람의 누명을 벗겨주고(그 사람이 아무런 죄가 없음을 증명할 것이라고 믿고), 그를 헐뜯는 소문이 퍼지는 것을 막으려는 것이었다.

나는 그 친구를 만나서 그가 자기 교단의 지도자들에게 협조할 것을 촉구하고, 그가 모든 일을 정말 성실하게 처리했음을 증명할 수 있는 필요한 모든 정보를 교단 지도자들에게 주라고 했다. 나는 그에게 "좋은 명예가 큰 부자보다는 더 바람직한 일이지요"라고 말했다.

그런데 내가 깜짝 놀란 것은 그 친구가 협조하기를 완강히 거부하는 것이었다. 그에 대한 비난이 타당한 것인지 아닌지는 두고 봐야 하는 상황이 되었다. 그런데 그의 고집스런 행동은 그에 대한 의혹을 한층 더 고조시켰으며, 그 결과 문제를 더욱 악화시켜 교회협의회에서는 그의 회원 자격을 박탈해 버리고 말았다. 그는 나의 호소에 대한 자신의 고집을 굽히지 않고 협의회의 권위에 강력히 도전한 것이다.

이 친구와 만나서 제기된 문제점들을 상의했으나 실망적인 결과만 얻은 나에게 주님은 환상을 보여 주셨다. 이 사람이 도로 표지판을 모두 무시하고 난폭하게 고속도로를 과속으로 달리는 모습이 보였다. 그는 큰길을 벗어나서 폐쇄된 옆길로 들어갔다. 그의 앞에는 여섯 개의 바리케이드(경고 판)가 설치되어 있었는데, 각 바리케이드는 그 앞에 다리가 무너져 있다는 것을 경고하고 있었다.

그 사람은 첫 번째 바리케이드를 그대로 통과하면서 소리쳤다, "어떤 바보가 길에 이걸 놔두었어?" 그는 바리케이드를 이런 식으로 모두 통과해서 마침내 벼랑 쪽으로 달려갔는데, 벼랑 위로 떨어질 것은 분명했다.

이 환상의 뜻을 알기위해 기도를 했을 때 주님이 나에게 보여주신 것은 주님께서 우리의 인생 행로에 세워둔 바리케이드는 우리가 무모하게 우리 자신을 파괴하려는 것을 방지하기 위한 것이라는 것이다. 우리의 신용, 우리의 효율성, 그리고 심지어는 우리의 생명까지도 궁극적으로 위태롭게 하는 것은 우리가 권위에 대해 불복종하기 때문이라는 것이다.

우리가 행동을 잘못 할 때 우리를 막기 위하여 하나님이 사용하시는 적어도 여섯 개의 바리케이드를 나는 식별할 수 있었다. 그것은 ① 성경, ② 우리의 양심에 말씀하시는 성령, ③ 우리의 잘못을 사랑으로 충고하는 친구들, ④ 교회, ⑤ 그 나라의 법, ⑥ 그리고 악마 그 자신을 말한다. 이를 간단히 설명해 보자.

성경은 불복종에 대한 첫번째 방어선이다. 성경은 그 의로움에 있어서 객관적이며 단호하다. 우리가 올바로 가고 있지 않을 때 성령은 주관적으로 우리의 양심에 진리를 적용하여 주심으로써 우리가 가책을 받도록 하신다. 만일 우리가 성령의 경고를 저버리고 불순종의 길에 머물러 있으면 하나님은 우리의 가까운 친구를 시켜서 우리에게 깨우침을 주시려 하신다.

그래도 우리의 마음을 돌리지 않으면, 교회 전체가 단합해서 우리의 행동에 반대하는 결정을 하게 된다. 이러한 사회적 추방(즉, 출교)은 우리의 반항심에 경고를 가하여 우리로 하여금 겸허하게 참회하여 주님에게 돌아오도록 하려는 것이다. 이는 때때로 효력이 있지만 없을 때도 있다.

우리가 교회의 권고를 무시하고 고집을 부리면 그 때는 나라의 법이 우리에게 다가온다. 그리고 법적인 문제가 야기되고 조사가 뒤따르게 된다. 이러한 법적인 조치는 우리의 잘못을 바로잡고 우리가 완고함으로 치닫지 못하도록 하려는 것이다. 그러나 일부 사람들은 약아서 법망 주위를 맴돌면서 법률 조문에 생긴 뒷구멍을 통하여 빠져나가는 사람도 있다. 그래서 법도 효과가 없는 것이다.

마침내, 주님은 악마로 하여금 우리에게 대항하도록 허락하는 것이다. 바울이 이런 제재 조치를 취하여 "후메네오와 알렉산더를 사단에게 내어준 것은 그들이 징계를 받아 훼방하지 말게 하려고"했던 것이다(딤전 1:20). 또 다른 성경 구절에서 바울은 고린도 교회에게 명령하여, "이런 사람을 교회에서 추방하여 사단에게 내어 주었으니 이는 육신은 멸하고 영은 주 예수의 날에 구원 얻게 하려 함이라"고 했다(고전 5:5).

이렇게 그 사람이 도로의 경고판을 뚫고 차를 달리는 단순한 환상은, 나에게는 하나님의 일을 하는데 주님께서 지시해 주시도록 간구하는 기회를 제공해 주었던 것이다. 주님은 나의 이해력을 열어주셔서, 우리가 잘 되도록 우리 앞에는 실질적이며 중대한 경고판이 있다는 것을 보여주셨던 것이다. 만약 누구든지 이러한 하나님의 뜻으로 놓아둔 경고판을 모두 뚫고 가버리면 그리스도가 없는 영원의 나락 속으로 떨어질 것이라는 것은 분명하다.

3. 하나님은 보이지 않는 위험을 경고해 주기 위해서 꿈을 사용할 수 있다.

별을 따라 예수님을 찾은 동방박사들은 그 분이 그의 어머니와 함께 한 집에 있는 것을 발견했다. 그들은 엎드려 아기께 경배하고 보배함을 열어 황금과 유향(乳香)과 몰약(沒藥)을 예물로 드렸다. 성경은 그들이 "꿈에 헤롯에게로 돌아가지 말라 지시하심을 받아" (마 2:12) 다른 길로 고국에 돌아갔다고 우리에게 말해 주고 있다.

그들이 떠나자마자 주의 사자가 요셉에게 꿈에 나타나 말했다. "헤롯이 아기를 찾아 죽이려 하니 일어나 아기와 그의 모친을 데리고 애굽으로 피하여 내가 네게 이르기까지 거기 있어라"(마 2:13).

헤롯이 죽은 후, 하나님은 또 다른 꿈에서 요셉에게 이스라엘 땅으로 돌아가라고 하셨는데, 구체적으로 갈릴리 지방으로 가라고 하셨다. 요셉은 그 꿈을 순종하여, 예수를 나사렛으로 데리고 왔다. 그럼으로써 옛날 선지자가 하신 말씀, "나사렛 사람이라 칭하리라" (마 2:23)는 말씀을 이루신 것이다. 그 꿈들은 하나님으로부터의 경고였다. 그 내용에 주의를 기울임으로서 재난을 피했던 것이다.

집안에 있는 방울뱀들!

나는 우리 집안에서 방울뱀들의 보금자리를 본 꿈을 꾼 적이 있다. 우리 집에는 애들이 있었기 때문에 방울뱀들을 보고 겁이 났다. 나는 뱀을 피할 수 있겠으나 우리 애들은 그 위험을 모를 것이었다. 뱀들이 어떻게 우리 집에 들어올 수 있는지를 알아보니까, 그들이 텔레비전을 통해서 들어왔다는 것을 발견했다. 그 때 꿈은 끝났다.

잠에서 깬 나는 그 꿈이 어른의 감독 없이 애들에게 텔레비전을 보게 하는 것에 대한 하나의 경고라고 생각했다. 오늘날의 텔레비전 프로의 대부분이 방울뱀처럼 똬리를 틀고 있다가 의심하지 않고 그에 가까이 빨려 들어가는 사람들을 물어버릴 태세를 갖추고 있다.

방울뱀의 독이 일단 몸에 들어가면 치명적인 것이다! 어른이나 어린이나 모두 물릴 수 있는 것이며, 그 독에 대한 처방은 거의 없는 형편이다. 정신 바짝 차리고 조심해야 할 것이다.

쥐의 소굴

어느 날 밤 아주 특이한 방식으로 꿈속에서 나와 나의 아내 벨린다에게 한가지 경고가 왔다. 우리는 따로 똑같은 꿈을 꾼 것이었다! 물론 다음날 아침 식사 때까지 우리는 그런 사실을 몰랐다. 서로 얘기를 하다가 아내가 간밤에 꾼 꿈 얘기를 했다. 나는 내 귀를 믿을 수가 없었다. 아내는 내가 꾼 꿈 얘기를 하는 것이었다. 나도 꿈을 꾼 얘기를 아내에게 하고 나서, 우리 둘은 두려움에 가득 찼다.

우리는 그 꿈을 심각하게 생각해야 되겠다는 느낌이 들었다. 그 꿈은 우리 교회에 관한 것이었다. 우리가 꾼 꿈은 교회 건물 속에 쥐의 소굴이 감춰져 있었는데, 그 소굴을 찾아내어 처리해 버린 꿈이었다. 그 꿈은 그 후 며칠 동안 우리를 긴장시켰는데, 그 이유는 우리가 여태까지 모르고 있었던 어떤 사건을 하나님께서 노출시켜 주실 지도 모른다고 생각되었기 때문이다. 과연 하나님께서 어떤 사건을 알려주셨고, 그래서 우리 교회는 하나님께서 꿈속에서 주신 경고 때문에 잠재적인 분열의 위기를 면하게 되었다.

4. 꿈은 나쁜 짓을 하지 못하도록 경고한다.

어떤 장인이 사위에게 속은 것을 알게 되었다. 그는 격분해서 복수를 다짐했다. 그런데 여기서 아이러니컬한 것은 그가 사위를 여러 번 속였기 때문에 그런 상황을 자초했다는 것이다. 사위는 자꾸 당하다 보니 화가 나서 복수하기로 마음먹었던 것이다. 이제 상황이 반전되고 보니 사태는 별로 재미없게 된 것이다.

장인은 친구 몇몇을 규합해 가지고 이 어리석은 사위를 혼내 주어야겠다고 작정하고 밤중에 사위를 찾아 나섰다. 이 이야기는 창세기에 나오는 라반과 야곱의 이야기다(창 29-31참조).

라반이 야곱을 부리나케 뒤쫓아갔더니, "밤에 하나님이 아람 사람 라반에게 현몽(現夢)하여 가라사대 너는 삼가 야곱에게 선악간 말하지 말라 하셨더라"(창 31:24) 고 성경은 말한다. 이 꿈은 그야말로 라반의 생명을 구한 것이다.

야곱은 장인 라반이 하려고 했던 일은 무슨 일이든지 하지 못하게 할 수 있는 힘이 있었던 것은 아니었다. 라반이 야곱에게 손을 대면 하나님께서 반드시 개입하셔서 라반에게 그 행동의 결과를 책임지게 하신다는 것이다. 라반이 해야할 최선의 유일한 선택은 상황을 그대로 내버려두는 것이었다. 그래서 주님은 꿈에 그에게 나타나 일을 잘못 저지르지 못하도록 경고하신 것이다.

하나님께서 블레셋 왕을 제지하시다

창세기에 나오는 또 다른 이야기에서, 블레셋 왕 아비멜렉이 사정을 알지 못하고 아브라함의 아내 사라를 취했다. 물론 아브라함은 자신의 목숨을 부지하기 위하여 사라를 자기의 누이라고 아비멜렉에게 거짓말을 함으로써 죄를 범하게 되었다. 사라는 아름다웠고 호감이 가는 여인이었기 때문에, 그날 밤 왕이 침실로 들어갔을 때 왕의 의도가 무엇인지는 분명했다. 그러나 뜻밖의 일이 일어나서 왕으로하여금 죄를 범하지 못하게 했다.

"그 밤에 하나님이 아비멜렉에게 현몽하시고 그에게 이르시되 네가 취한 이 여인을 인하여 네가 죽으리니 그가 남의 아내임이니라"(창 20:3). 아비멜렉은 사정을 모르고 그렇게 한 것이니 잘못이 없다고 주장했다.

하나님은 꿈에서 그의 애원을 들어 주셨다. "네가 온전한 마음으로 이렇게 한 줄을 나도 알았으므로 너를 막아 내게 범죄하지 않게 하였나니 여인에게 가까이 못하게 함이 이 까닭이니라. 이제 그 사람의 아내를 돌려보내라 그는 선지자라 그가 너를 위하여 기도하리니 네가 살려니와 네가 돌려보내지 않으면 너와 네게 속한 자가 다 정녕 죽을 줄 알지니라"(창 20:7-8).

아비멜렉은 아마 그날 밤 제대로 잠을 자지 못했을 것이다. 성경에 의하면 그는 "그 아침에 일찍이 일어나" 모든 신복(臣僕)을 불러 그 일을 다 말하여 들려주니까 그 사람들이 모두 공포에 떨었다는 것이다.

아비멜렉 왕은 사라를 아브라함에게 돌려주면서 따졌다. "네가 어찌하여 우리에게 이리하느냐 내가 무슨 죄를 네게 범하였관데 네가 나와 내 나라로 큰 죄에 빠질 뻔하게 하였느냐 네가 합당치 않은 일을 내게 행하였도다"(창 20:9).

본디오 빌라도의 불길한 곤경

꿈에서 경고를 주는 또 한 예가 생각난다. 본디오 빌라도는 별로 중요치 않은 유대 나라에 임명된 거만한 로마 총독으로서, 로마에 대한 모반이라는 날조된 혐의로 나사렛 예수에게 선고를 내리는 책임을 지게 되었다.

빌라도가 재판석에 앉아 있을 때에 그의 아내는 그에게 급한 전갈을 보냈다. "저 옳은 사람에게 아무 상관도 하지 마옵소서 오늘 꿈에 내가 그 사람을 인하여 애를 많이 썼나이다"(마 27:19). 이 말을 듣자 빌라도는 로마인의 관용을 보여주려는 전시효과를 위해 죄수 한 사람을 석방할 것을 제안했다. 그는 유대인들에게 예수와 바라바 중 한 사람을 선택하도록 했다. 그는 예수를 재판으로부터 교묘하게 풀어줄 수 있는 방안을 짜낸 것이라고 확신했다. 유대인들이 바라바를 선택할 것이라곤 결코 상상할 수 조차 없었다.

유대인들이 바라바를 선택하자, 빌라도는 로마법을 따르지 않을 수 없었으며, 예수에게 사형 선고를 내릴 수밖에 없었다. 어쨌던, 이 일에 관해서 자신은 죄가 없다는 것을 나타내기 위해 절망적인 노력으로 빌라도는 대야 물에 두 손을 씻고 모두 들으라고 말했다. "이 사람의 피에 대하여 나는 무죄하니 너희가 당하라!"(마 27:24).

언제나 정치가인 빌라도는 그 나라의 백성들을 무마하면서 꿈속의 경고를 따르려고 애썼다. 두 갈래로 갈라진 그의 마음은 모든 일에서 그를 불안정하게 했다. 예수는 십자가에 못 박혔고, 빌라도는 역사에 의하면, 로마로 소환되어 이 사건에 관련된 그의 역할로 처형되었다. [24]

줄리어스 시저와 3월 15일

3월 14일의 한밤중에 줄리어스 시저(Caesar)는 그의 아내 켈퍼니아(Calpurnia)가 자면서 신음하는 소리에 잠이 깼다. 날이 밝자, 아내는 시저가 피를 흘리면서 자기의 두 팔에 안겨서 죽어 가는 꿈을 꾸었다고 말했다. 그녀의 마음은 꿈 때문에 너무나 초조해져서 남편에게 집을 떠나지 말고 3월 15일로 예정된 상원의회 회의를 연기할 것을 간청했다.

시저는 켈퍼니아의 간청에 마음이 움직여서 그녀의 소원을 들어 주었다. 시저를 암살할 계획이 좌절된 것을 깨달은 음모자들은 시저의 심복 브루터스(Brutus)를 시저에게 보내 그 결정을 재고할 것을 간청했다. 브루터스는 로마의 지배자가 감정적인 한 여인의 허망한 꿈에 마음이 움직인다는 것이 얼마나 어리석은 일이란 것을 설득시킴으로서 시저의 마음을 바꾸는데 성공했다.

파멸에는 언제나 오만이 앞선다. 너무 늦기 전에 믿는 통치자란 거의 없다는 것이 인생의 사실이다. 시저는 제 정신을 다시 차리고, 기분 나쁜 그 꿈을 마음속에서 쫓아 버리고, 거드름 피우는 걸음걸이로 배신에 찬 암살자들의 차가운 강철 칼날들 속으로 곧바로 걸어 들어갔던 것이다! 그는 상원의 마루바닥 위에서 켈퍼니아의 팔에 안겨 피를 흘리며 죽어갔다. [26]

이는 주전 50년이 안된 때에 일어났다. 이 이야기는 로마 시민들의 마음속에 비교적 생생하게 남아 있으며, 그들의 통치자들에게는 더더욱 생생하게 남아 있다. 확실히 본디오 빌라도도 시저의 사건을 알고 있었을 것이다. 바로 이 때문에 빌라도가 그의 아내의 심상치 않은 꿈을 듣고 예수를 사형선고에서 구해보려고 애썼던 것은 아니었을까?

5. 하나님은 우리가 교만하지 않도록 꿈을 이용하신다.

바빌론 왕 느부갓네살은 꿈을 꾸었다. "한 꿈을 꾸고 그로 인하여 두려워하였으되 곧 내 침상에서 생각하는 것과 뇌 속으로 받은 이상(異像)을 인하여 번민하였었노라"(단 4:5). 그는 신하들, 박사들, 마술사들을 불러 그 꿈의 신비를 해석해 보라고 했다. 그러나 그들이 아무리 해도 왕의 꿈의 의미를 해석할 수 없었다.

선지자 다니엘이 왕 앞에 불려 나가 꿈 얘기를 들었다. 그 꿈 이야기를 듣자마자, 다니엘은 그 꿈의 의미에 크게 놀라 한 시간 동안 아무말도 하지 못하고 앉아 있었다. 느부갓네살은 다니엘에게 말을 해보라고 다그쳤다.

다니엘은 대답했다. "그 꿈은 왕을 미워하는 자에게 응하기를 원하며 그 해석은 왕의 대적에게 응하기를 원하나이다!"(단 4:19). 그 꿈은 하나님이 느부갓네살의 자만심을 꺾어주려고 의도했던 것으로 판명되었고, 꿈에서 미리 말한 꼭 그대로 일어났다. 느부갓네살은 미쳐서 왕궁에서 쫓겨났고, 소처럼 풀을 뜯으면서 들판의 짐승들과 섞여 살았다. 이런 미친 상태가 7년동안 계속되었다.

"그 기한이 차매 나 느부갓네살이 하늘을 우러러 보았더니 내 총명이 다시 내게로 돌아온지라 이에 내가 지극히 높으신 자에게 감사하며 영생하시는 자를 찬양하고 존경하였노니 그 권세는 영원한 권세요 그 나라는 대대에 이르리로다"(단 4:34).

교만이 꺾인 왕의 말을 들어보자. "그러므로 지금 나 느부갓네살이 하늘의 왕을 찬양하며 칭송하며 존경하노니 그의 일이 다 진실하고 그의 행하심이 의로우시므로 무릇 교만하게 행하는 자를 그가 능히 낮추심이니라"(단 4:37).

꿈이 예시한 대로 하나님은 그 사람의 교만심을 꺾었다. 느부갓네살이 꿈을 믿고 자신의 교만을 참회함으로써 꿈이 실현되는 것을 면할 수 있었을 것인가? 분명히 그렇다. 하나님은 우리의 체면을 손상시키는 것을 좋아하시지 않는다. 그러나 잊지 말아야 할 것은, 하나님은 우리의 자만심은 더욱 좋아하시지 않는다는 것이다. 하나님은 교만한 자는 저항하시고 겸손한 자에게는 은총을 베푸시는 것이다.

웃는 악마

여러 해 전에 나는 심하게 분열된 어느 교회와 관련된 적이 있었다. 교인들은 완전히 대립되어 분규에 대한 해결의 실마리가 보이지 않았다. 성경은 "교만에서는 다툼만 일어날 뿐이라"고 했다(잠 13:10). 나는 교만이 문제의 핵심에 있었고, 그리고 양측이 모두 잘못이라는 것을 알고 있었다. 이를 양측에게 어떻게 납득시켜서 문제를 해결할까를 고심하고 있었다.

그 날 밤 나는 불에 타 버린 한 교회 옆에 서 있는 꿈을 꾸었다. 연기나는 잿더미밖에 아무것도 남은 것이 없었다. 사람들은 잿더미 양측에 서서 서로를 향해 소리지르고 있었다. 한 쪽에 있는 사람들이 다른 쪽에 있는 사람들에게 "당신들이 이렇게 했다!"고 소리지르니까, 그 쪽에 있는 사람들이, "우리가 그르치지 않았다. 당신들이 그랬다!"고 대답하는 것이었다. 말다툼은 학교 어린이들처럼 계속되었다.

그러자 꿈속에서 나는 사탄이 혼자서 멀찌감치 떨어져 서 있으면서 너무도 심하게 웃느라고 말을 잘 못하고 있는 것을 보았다. 사탄은 악마적인 즐거움으로 호령하면서 일어나더니, 희망 없는 교회를 조롱하면서 "너희들은 둘 다 틀렸어. 내가 그랬단 말이야!"라고 말했다. 사탄은 "내가"라는 말에 특별한 자부심을 갖고 말했다. 그리고 사탄은 너무도 심하게 웃은 나머지 옆구리를 쥐면서 땅바닥으로 넘어졌다. 그리고 꿈은 끝났다.

나는 이 꿈을 교인들에게 얘기했다. 하나님은 이 꿈을 이용하셔서 상황을 반전시키셨다. 사람들은 그들이 서로 적이 아니라 형제요, 자매라는 것을 깨달을 수 있었다. 그들의 싸움은 육(肉)과 혈(血)이 있는 인간에 대한 것이 아니라, 악마에 대한 것이라는 것을 깨달았다. 그들은 분쟁을 그치고 모두가 승리자가 되었으며 교회를 분열로부터 보전했다. 하나님은 꿈을 이용해서 자기 백성을 교만하지 못하게 지켜주셨으며, 그리고 교만에서 오는 파멸로부터 지켜주셨던 것이다.

6. 꿈은 우리의 영혼을 지옥에 빠지지 않도록 지켜준다.

포로, 투옥, 노예신분. 이런 것들이 인간에게 가해진 가장 억압적인 상황에 속한다. 속박의 구덩이처럼 깊은 구덩이는 없다. 그러나 코리 붐(Corrie Boom)이 말했다시피, "아무리 구덩이가 깊다 해도 하나님의 사랑은 그 보다 더 깊은 곳에 이르게 된다."

선지자 에스겔이 그발 강 옆에서 바벨론의 포로가 되어 있을 때 하늘이 열리고 하나님의 이상(異像)을 보게 되었다(겔 1:1). 이 이상들은 에스겔의 가슴을 믿음으로 충만시켰고 그에게 사기가 꺾인 유다의 잔존자들을 바벨론의 속박에서 해방시킨다는 희망의 메시지를 주었던 것이다. 그들의 해방은 많은 노래의 주제가 되었다.

"여호와께서 시온의 포로를 돌리실 때에 우리가 꿈꾸는 것 같았도다. 그 때에 우리 입에는 웃음이 가득하고 우리 혀에는 찬양이 찼었도다 열방 중에 말하기를 여호와께서 저희를 위하여 대사(大事)를 행하셨다 하였도다. 여호와께서 우리를 위하여 대사를 행하셨으니 우리는 기쁘도다"(시 126:1-3). 주님은 우리를 위하여 위대한 일을 행하셨고, 우리는 꿈을 꾸는 사람들처럼 기쁨에 차 있다.

나의 아내 벨린다는 경배와 기도 중에 주님과 아주 놀라운 친교를 맺게 되었다. 여러 해에 걸쳐 그리스도는 아내의 생활에서 아주 가까이 계시는 분이며, 극적으로 실존하시는 분이었다. 아내는 다른 어떤 일보다도 더 자주 교회로 달려가서 기도하는 것이었다. 하나님의 임재하심 가운데 보낸 그 귀중한 여러 시간 가운데서 아내가 발견한 영광으로 아내의 얼굴은 빛나는 것이었다.

어느 날 밤 주님께서는 꿈을 통하여 아내에게 극적으로 역사하셨다. 꿈속에서 아내는 몇몇 그리스도인들과 한 집회에 참석하고 있었다. 집회 도중 쉬는 시간에 복도로 걸어가다가, 아내는 우리 집 부근에서 살고 있는 어느 목사와 그의 아내를 우연히 만나게 되었다. 꿈속에서 서로 아무 말도 하지 않고 세 사람은 어느 외딴 방으로 들어가서 기도하기 시작했다. 아내는 그 부부가 거기 있었던 것은, 아내가 당시 고민하고 있었던 마음속에 깊이 자리잡고 있는 감정적인 문제점들을 해결하는데 도와주기 위한 것이라는 것을 깨달았다. 꿈은 거기서 끝났다.

다음 날 아침 아내가 잠에서 깨어나자, 하나님께서 그야말로 문자 그대로 꿈을 이용해서 아내가 자고 있는 동안 아내의 감정을 치유해 주시고 아내의 가슴에서 혼란을 제거해 주신 것을 깨달았다.
그 꿈은 좋아하는 성경 구절을 새로이 이해하는 계기가 됐다. "너희가 일찍이 일어나고 늦게 누우며 수고의 떡을 먹음이 헛되도다 그러므로 여호와께서 그 사랑하시는 자에게는 잠을 주시는도다"(시 127:2).

7. 꿈은 문자 그대로 우리의 생명을 구할 수 있다.

아비멜렉 왕은 자신이 취한 아브라함의 아내 사라에 관한 사건에서 하나님이 주신 꿈을 통해 그 목숨을 건질 수 있었다. 아기 예수는 하나님이 요셉에게 준 꿈에 의해 베들레헴에서 헤롯의 횡포를 면할 수 있었다. 엘리후는 욥에게 꿈은 사람이 칼로 죽임을 당하지 않도록 할 수 있다고 말해 주었다. 하나님은 우리의 생명을 구하기 위해 꿈을 이용하신다. 잭 테일러(Jack Taylor)는 존경할만한 하나님의 사람이며 필자가 신뢰하는 인생의 스승인데, 그 분은 문자 그대로 꿈에 의해 죽음을 면한 적이 있었다. 그는 몇 주 동안 심하게 아팠는데 그 병의 원인을 의사들은 찾을 수가 없었다. 결국, 의사들은 병을 치료할 처방을 내릴 수가 없었다. 잭의 상태가 심하게 악화되고 있던 차에, 어느 날 밤 그는 "너는 너를 죽이는 약을 복용하고 있다"는 소리를 듣고 소스라치게 놀라 잠에서 깼다. 그 때 그는 약의 이름이 생각났다.

아침 일찍 잠이 깬 잭은 약을 넣어둔 캐비넷으로 가서 의사가 그에게 처방해준 약(藥) 속에 그 특별한 약이 포함되어 있는지를 확인해 보았다. 들어 있었다. 그날 오전 의사들에게 연락해서 그 약이 자기와 같은 환자에게 어떤 효력이 있는지를 물어 보았다. 의사들은 즉시 그 약은 그의 신장(腎臟)을 파괴시켜 그를 죽게 할 것이라고 말했다. 그는 그 약을 복용하는 것을 중지했고, 감사하게도 건강을 회복해서 목회 일을 다시 할 수 있게 되었다. 잭목사의 생명을 구한 것은 꿈속에서 들은 소리를 믿었기 때문이다.

일어나지 않았던 자동차 사고

전 세계적으로 수백만의 사람들의 사랑을 받고 있는 복음전도자 제임스 로비슨(James Robison)은 나에게 하나님께서 꿈을 통하여 상처를 받지 않고 자신의 생명을 구해 주신 얘기를 해 주었다. 제임스 목사는 어느 날 아침 자기 집 부근에 있는 위험한 교차로에서 무서운 자동차 충돌 사고를 당하는 불길한 꿈을 꾸고 잠에서 깨어났다. 그 꿈 얘기를 가족들에게 말하고, 그가 여행하는 동안 하나님께서 보호해 주시도록 기도 해 달라고 했다.

한 일주일쯤 후에 제임스는 꿈속에서 보았던 그 교차로에 차를 세웠다. 그가 속력을 내고 고속도로로 들이기려고 히는데, 한 회물을 실은 봉고 차가 제임스의 왼쪽에서 접근했다. 그 봉고 차의 운전사가 속도를 줄이고는 제임스가 빠져나가고 있는 거리 쪽으로 우회전하겠다는 신호를 주었다. 제임스는 주춤하고 그 봉고 차가 돌고 있는지를 확인하고서, 그 봉고 차가 실제로 속도를 늦추고 있다는 것을 보고는 앞으로 나가 고속도로로 향해서 달리기 시작했다.

바로 그 순간 제임스는 그 교차로에서 보았던 자동차 충돌사고의 꿈이 생생하게 생각나서 급히 브레이크를 밟았다. 갑자기, 속력을 내고 달려오던 스포츠카가 그 앞을 획 지나가서 고속도로로 진입하는 것이었다. 제임스는 그 차가 오는 것을 보지 못했다. 천천히 오는 봉고 차에 가려서 그 차가 보이지 않았던 것이다. 제임스가 바로 그 순간에 급정거하지 않았더라면, 꿈속에서 보았던 바로 그런 충돌사고가 그 자리에서 일어났을 것이다. 그러면 제임스가 죽는 것은 틀림없는 일이었다. 주님은 꿈을 이용해서 그를 죽음으로부터 구하신 것이다.

약 3주 후, 제임스는 또 다른 주로 가서 어느 집회에서 말씀을 전했다. 그는 하나님께서 꿈을 통하여 그의 생명을 구해 주신 얘기를 자세하게 했다.

그 집회가 끝난 후, 그 교회 장로 한 분이 제임스를 차로 태워 골프 시합하는 데로 모시고 갔다. 고속도로를 달리는 동안 그 장로는 하나님께서 어떻게 제임스 목사의 생명을 구해 주셨는가 하는 것을 생각하고 있었다. 그는 제임스의 꿈에서 차가 그 앞으로 들어왔다는 것을 기억하고, 저 멀리서 자동차 하나가 교차로에 접근하는 것을 보자 본능적으로 차의 속도를 줄였다.

그 장로는 교차로에 있는 차를 보았을 때, 그 차가 바로 자기 앞에서 고속도로를 진입하고 있는 것을 보고 깜짝 놀랐다. 그 장로는 충돌을 피하려고 옆으로 비켜섰지만, 달려오는 차가 그의 차의 앞범퍼 끝을 받아 두 차는 충돌했다.

다행히도 다친 사람은 없었다. 제임스가 타고 있던 차가 속도를 줄이지 않았더라면, 그 충돌은 치명적이었을 것이다. 왜 그 장로는 속도를 줄였던가? 그 충돌 후 그는 말했다. "만일 내가 그 꿈을 생각하고 있지 않았더라면, 나는 우리 앞에 나타난 다른 차를 보지 못했을 것입니다. 그러면 충돌이 얼마나 비극적이었을 것인지는 하나님만이 아실 것입니다."

그래서 제임스 목사는 말하기를 꿈 하나가 자기의 생명을 구했을 뿐만 아니라 다른 사람의 생명까지 구했다고 했다. 하나의 꿈이 두 번이나 생명을 구한 것이다.

결론

하나님께서는 우리의 삶에서 하나님의 여러 가지 목적을 달성하시기 위하여 꿈과 환상 속에서 말씀하신다. 이를 의심하는 사람이란 언제나 있겠지만, 하나님께서 꿈과 환상 속에서 말씀하신다고 말하는 사람들이 더 많다. 엘리후의 지혜의 말은 시간의 시련을 견디어 왔다. 왜냐하면 그의 말은 여러 시대를 거쳐 현재에 이르기까지 무수한 남자와 여자들의 삶에서 재삼 재사 증명되었기 때문이다. "사람이 침상에서 졸며 깊이 잠들 때에나 꿈에나 밤의 이상(異像) 중에, 하나님은 사람의 귀를 여신다."

그렇다면 우리는 모든 꿈에 대해서 하나님으로부터의 말씀인 것처럼 주의를 기울여야 된다는 말인가? 절대로 아니다! 꿈 중에는 분명히 하나님으로부터 오는 것이 있지만, 그 밖의 꿈은 훨씬 믿을 수 없는 근원으로부터 온 것도 있다. 그러면 이제 그러한 꿈에 대한 것을 검토해 보기로 하자.

제 3 장

몽상과 기타 부질없는 상상

성(聖) 바실리우스(Saint Basil)는 카이사레아의 대주교로 있을 때 중상모략을 당하고 있었다. 이런 일은 하나님의 사람들에게는 전혀 이상한 일이 아니다. 그런데 특히 이 경우에는, 그의 직무와 인격을 헐뜯자고 덤벼드는 일부 말썽꾸러기들이 꾼 꿈을 바탕으로 해서 그를 더욱 강하게 악선전하는 것이었다. 이들의 괴상한 이야기들이 더욱 기세를 올리자 성 바실리우스는 네오카이사레아의 고관들 앞에서 이들의 주장에 대해 답변을 하지 않으면 안되겠다는 생각이 들었다. 그는 유창하고도 기탄 없는 언사로 사태를 극명하게 설명하여 수습했다.

저를 비방하기 위해 특별히 고용된 일부 수다쟁이들은 거짓말을 일삼는 자들로서, 이런 자들이 저 개인에 관한 사항이나 제가 한 일에 관하여 떠들어대는 동안에, 이 도시에 사는 모든 사람들은 저에 관한 이야기를 듣느라고 야단법석이라는 말을 들었습니다. 그래서 저는 여러분이 악의에 찬 헛소리에 귀를 기울이지 않을 수 없는 것을 모른 척하고 넘겨버릴 수는 없다고 생각합니다. 제가 어떠한 처지에 놓여 있는가를 여러분에게 말해야 할 의무가 있다고 생각합니다.

잘못된 소문에서 오는 해로운 장난에 대해 여러분들이 경계심을 갖도록 하기 위하여 저는 다음과 같은 말로 여러분에게 설명하지 않으면 안되겠다고 생각했습니다. 사악한 소문을 독약에 비유한다면, 꿈 얘기를 하는 사람들이 주장하다시피, 그들의 교리는 사람에게 독미나리와 같은 치명적인 독소가 되는 것입니다. 사람의 영혼을 파괴하는 것은 이러한 교리이지 저의 말이 아닙니다. 물론, 술에 취하여 소란을 피우는 이들 불량배들이 자신들의 처지에서 환상에 사로잡혀 만들어 낸 내용을 두고 하는 말입니다.

그들이 조금이라도 지각이 있다면, 모든 더러움이 씻긴 순수한 사람들에게서는 선지자적인 자질이 밝게 빛난다는 것을 깨달아야 합니다. 더러운 거울 속에서는 무엇이 반영되었는지 볼 수 없으며, 이 세상의 염려에 집착되어 있는 영혼이나 육욕에 빠져 어두워져 있는 영혼은 성령의 빛을 받을 수가 없습니다. 이를 안다면, 그들은 예언의 은사가 자신들에게 있다고 할만큼 의기양양해서는 안될 것입니다.

성 바실리우스는 오늘날에도 적용될 건전한 충고를 하면서 자신의 편지를 다음과 같이 끝맺었다.

> 그러니까 저들의 몽상이 주님의 계명에 부합되지 않는다면 복음의 말씀만으로 만족하라고 합시다. 복음을 믿는데 꿈이 필요 없습니다. 주님은 우리에게 주님의 평강을 주셨고, 서로 사랑하라는 새로운 계명을 주셨지만, 저들의 꿈은 다툼과 분쟁과 사랑의 파괴를 가져옵니다. 그러므로 저들이 잠자는 동안에 악마에게 저들의 영혼을 공격할 기회를 주도록 하지 맙시다. 또한 저들의 상상이 구원의 가르침(즉, 하나님의 말씀)보다 더 권위를 갖도록 하지도 맙시다.[26]

성경으로 돌아가자

꿈이나 환상이란 것을 깊이 있게 논하려면 거짓된 꿈과 헛된 환상에 대해서 성경에서는 어떻게 가르치고 있는가를 사려 깊게 검토해야 할 것이다. 그렇지 않으면 참된 꿈과 환상에 대한 주장도 피상적이고 편협되고 무책임하게 보여질 수도 있을 것이다. 더욱이, 하나님께서 꿈과 환상을 통해서 우리에게 말씀하신다는 믿음이 객관적이고도 면밀한 성경에 입각한 검토를 거치지 않는다면, 하나님께서 이 문제에 대해 우리의 생각을 주관하고 계신다는 것을 정말 의심하게 될 것이다. 그러니까 이 문제를 성경이라는 최고 법정으로 가지고 가 보자.

성경을 믿는 네 가지 이유

우리가 성경에 눈을 돌리는 데는 몇 가지 이유가 있다.

첫째, 성경은 하나님의 말씀이다. 그렇다면, 성경은 그 자체가 신앙과 실천의 모든 문제에서 최후의 재판관이다. 선지자 이사야는 말했다: "혹(或)이 너희에게 고하기를 지절거리며 속살거리는 신접(神接)한 자와 마술사에게 물어라 하거든 백성이 자기 하나님께 구할 것이 아니냐 산 자를 위하여 죽은 자에게 구하겠느냐 하라." 하나님께서는 "마땅히 율법과 증거의 말씀을 좇을지니 그들의 말하는 바가 이 말씀에 맞지 아니하면 그들이 정녕히 아침빛을 보지 못하고"(사 8:19-20)라고 말씀을 하신 것이다.

둘째, 성경은 객관적이고 진실 되기 때문에 우리가 성경으로 눈을 돌리는 것이다. 성경은 상황에 따라 변하지 않으며, 여론에 영합하지도 않고, 인물, 철학, 또는 유행 앞에 위축되지도 않는다. 성경은 진실을 말하고, 성경은 말씀 그대로가 진실이다. 성경의 주장은 반박의 여지가 없고, 성경의 진실성은 타협이 없으며, 성경의 결론은 신실하여 받아들일 가치가 있다.

예수님은 "천지는 없어지겠으나 내 말은 없어지지 아니하리라"(마 24:35)고 말씀하셨다. 하나님의 말씀 위에 집을 짓는 사람은 어떤 폭풍우도 견딜 수 있으나, 성경의 진리를 거절하고 시류의 의견을 따르는 사람은 확실하고도 돌연한 멸망에 이를 것이라고 예수님은 우리에게 가르쳐 주고 있다(마 7:24-27). 그러니까 하나님의 말씀에 입각하여 주장을 세워야지 그렇지 않은 주장은 설 수가 없는 것이다.

셋째, 성경에는 인간에게 알려진 다른 어떤 서류에서도 발견되지 않는 힘이 있기 때문에 우리는 성경에 눈을 돌린다. 성경은 영원한 권위와 심오한 영적 에너지를 갖고 있는 살아 있는 말씀이다. 예수님은 "살리는 것은 영이니 육은 무익하니라 내가 너희에게 이른 말이 영이요 생명이라"(요 6:63-64)고 말씀하셨다.

마지막으로, 성경만이 혼과 영을 구분하고 생각과 마음의 뜻을 분간할 수 있는 능력이 있기 때문에 우리는 성경에 의존하는 것이다. 히브리서는 이렇게 쓰고 있다. "하나님의 말씀은 살았고 운동력이 있어 좌우에 날선 어떤 검보다도 예리하여 혼과 영과 및 관절과 골수를 찔러 쪼개기까지 하며 또 마음의 생각과 뜻을 감찰하나니…"(히 4:12).

이는, "만물보다 거짓되고 심히 부패한 것은 마음이라"(렘 17:9)는 것을 고려하면, 더욱 잘 이해가 된다. 예언자 예레미야는 인간의 사악한 마음의 복잡성과 삐뚤어짐을 숙고하고서는, "누가 능히 이를 알리요?"라고 물었다. 성령은 어찌할 바를 모르는 이 선지자에게 만족할 수 있는 유일한 대답을 해 주었다. "나 여호와는 심장을 살피며 폐부를 시험하고 각각 그 행위와 그 행실대로 보응하나니"(렘 17:9-10).

좀 생각해 보자. 사람이 꿈처럼 주관적이고 극히 개인적인 그 무엇을 죄로 가득찬 마음처럼 기만적이고 치유 불능한 것들의 가슴속에 깊숙이 갖고 있다면, 그 사람에게 하나님의 성스러운 말씀이 필요한 것은 더욱 확실하다! 꿈이나 환상이 우리 마음의 산물이라면,

그처럼 불확실한 것에 의지한다는 것은 어리석은 일이 될 것이다. 그러나 감사하게도, 우리는 우리 자신의 생각과 욕망에 따라 행동하도록 버려지지는 않았다. 우리에게는 우리의 마음을 분별케하는 더욱 확실한 예언의 말씀인 하나님의 말씀이 있는 것이다.

성경은 무엇을 말해 주고 있는가?

그러면 여기서는 거짓 예언자, 즉 거짓된 꿈과 헛된 환상에 관하여 성경은 어떻게 가르쳐 주고 있는가를 보자. 분명히 알아야 할 것은, 교회에서나 이 세상에는 거짓 선지자가 있다는 것이다. 베드로는 이렇게 썼다. "그러나 민간에 또한 거짓 선지자들이 일어났었나니 이와 같이 너희 중에도 거짓 선생들이 있으리라 저희는 멸망케 할 이단을 가만히 끌어들여 자기들을 사신 주를 부인하고 임박한 멸망을 스스로 취하는 자들이라. 여럿이 저희 호색하는 것을 좇으리니 이로 인하여 진리의 도가 훼방을 받을 것이요. 저희가 탐심을 인하여 지은 말을 가지고 너희로 이(利)를 삼으니 저희 심판은 옛적부터 지체하지 아니하며 저희 멸망은 자지 아니하느니라"(벧후 2:1-3).

거짓 선지자들은 탐욕스럽다. 그들은 권력, 명예, 부, 관심, 충성, 그리고 복종을 원한다. 그들은 꿈과 환상을 조작하여 비밀스럽고 특별한 계시를 받았다는 내용이 섞인 설교를 하고 다닌다. 그들은 이런 것들을 이용하여 그들을 믿는 사람들을 조종하여 자기들의 개인적인 가르침을 따르라고 한다. 그들은 기만적이고, 파괴적이며, 저주스러운 사람들이다.

성경은 이 문제를 가볍게 다루지 않고 있다. 거짓된 꿈에 반대하여 강한 비난을 가하고, 거짓된 꿈을 조장하면서 기만적으로 떠들고 다니는 사람들에게 엄한 벌을 줄 것을 요구한다. "너희 중에 선지자나 꿈꾸는 자가 일어나서 이적과 기사를 네게 보이고, 네게 말하기를 네가 본래 알지 못하던 다른 신들을 우리가 좇아 섬기자 하며 이 적과 기사가 그 말대로 이룰지라도, 너는 그 선지자나 꿈꾸는 자의 말을 청종하지 말라"(신 13:1-3).

모두가 이 문제에 대하여 분명히 알고 있어야 한다. 꼭 알아야 할 것은, 비록 외관상 신앙심이 깊고 신임할만한 경력을 가진 사람이라고 하드라도, 사람들을 하나님으로부터 멀리 떠나도록 인도하는 사람은 따라가지 말라는 것이다. 그러면 그 신임할만한 경력을 가졌다는 것이 도대체 무엇인가? 꿈이란 꿀 수도 있는 것이다! 신임할만한 경력을 가졌다는 것은 영광스러운 것인데, 문제는 그 성격과 동기에 관한 것이다.

좋은 경찰, 나쁜 경찰

이렇게 생각해 보자. 한 사람의 경찰관이 행실이 나쁘면, 그 한 사람 때문에 모든 경찰들의 명예가 훼손되고 그들이 달고 다니는 기장(記章)의 권위를 실추시키게 된다. 마찬가지로, 한 사람의 거짓 선지자가 꿈을 그의 권위의 기초로 삼는다면, 모든 꿈꾸는 사람들의 이름을 더럽히게 하고, 정당한 꿈과 환상에 불신을 초래하게 한다.

양자의 경우(경찰과 선지자), 권위 그 자체에는 하자가 없다. 문제는 그 권위를 행사하는 사람의 인격과 품행에 있다. 나쁜 경찰관은 임무에서 해임되어야 하고 그의 범죄에 대한 처벌을 받아야 한다. 마찬가지로, 꿈과 환상을 악용하여 자신이 진짜인 것처럼 행세하는 거짓 선지자들은 단호히 거절당해야 할 것이다.

사실, 율법은 사람들에게 그러한 사기를 사회에서 근절하도록 단호한 조치를 취하라고 명령했다. "그 선지자나 꿈꾸는 자는 죽이라 이는 그가 너희로 너희를 애굽 땅에서 인도하여 내시며 종 되었던 집에서 속량(贖良)하여 취하신 너의 하나님 여호와를 배반케 하려

하며 너희 하나님 여호와께서 네게 행하라 명하신 도에서 너를 꾀어 내려고 말하였음이라 너는 이 같이 하여 너희 중에서 악을 제할지니라"(신 13:5). 물론 우리가 돌아다니며 거짓 선지자들을 죽이라는 것은 아니다 (우리 교회를 거쳐간 사람 중에는 필자가 죽이고 싶은 마음이 생기는 사람들도 몇 명 만났지만!).

그렇다면 이런 성경 내용이 오늘날 우리에게는 어떻게 적용되는가? 실제적 입장에서 보면, 우리가 거짓 선지자들을 우리에게는 죽은 사람이라고 취급하면 우리가 율법의 정신을 따르는 것이 된다. 죽은 사람이 무슨 말을 할 것인가? 아무 말도 못한다. 죽은 사람이 무엇을 할 수 있는가? 아무 일도 못한다. 그러니까 꿈과 환상을 악용하여 교회에서 거짓된 짓을 하고 다니는 사람을 그렇게 죽은 사람이라고 여기면 될 것이다.

거짓 선지자들의 마음 속에서 나온 환상

성경에는 하나님께서 거짓된 꿈에 대해서와 그것을 선전하고 다니는 사람에 대해 어떻게 생각하고 있는지를 분명히 말하고 있다. "만군의 여호와께서 이같이 말씀하시되 너희에게 예언하는 선지자들의 말을 듣지 말라 그들은 너희에게 헛된 것을 가르치나니 그들의 말한 묵시(默示)는 자기 마음으로 말미암은 것이요 여호와의 입에서 나온 것이 아니니라"(렘 23:16).

몇 구절 뒤에 여호와는 다시 말씀하신다. "내 이름으로 거짓을 예언하는 선지자들의 말에 내가 몽사(夢事)를 얻었다 함을 내가 들었노라. 거짓을 예언하는 선지자들이 언제까지 이 마음을 품겠느냐 그들은 그 마음의 간교한 것을 예언하느니라. 그들이 서로 몽사를 말하니 그 생각인즉 그들의 열조가 바알로 인하여 내 이름을 잊어버린 것 같이 내 백성으로 내 이름을 잊게 하려 함이로다"(렘 23:25-

27).

더욱이 여호와는 거짓 선지자들의 속임을 세 번째로 경고하신다. "만군의 여호와 이스라엘의 하나님이 이같이 말하노라 너의 중 선지자들에게와 복술(卜術)에게 혹(惑)하지 말며 너희가 꾼 바 꿈도 신청(信聽)하지 말라. 내가 그들을 보내지 아니하였어도 그들이 내 이름으로 거짓을 예언함이니라"(렘 29:8-9). 여호와께서 그러한 사기꾼들을 질책하시고 폭로하시지 않고 내버려 둘 의향이 전혀 없음이 분명하다.

빛으로 오라

진리는 면밀히 조사해 보면 진리라는 것이 판명되지만 거짓은 그렇지 못하다. 치밀한 검사를 겁내는 것은 가짜뿐이다. 예수님은 우리에게 이렇게 가르치고 있다. "악을 행하는 자마다 빛을 미워하여 빛으로 오지 아니하나니 이는 그 행위가 드러날까 함이요. 진리를 좇는 자는 빛으로 오나니 이는 그 행위가 하나님 안에서 행한 것임을 나타내려 함이라"(요 3:20-21).

사도 요한은 예수님의 가장 가까운 제자 중의 한 분이신 데 이렇게 말했다. "우리가 저에게서 듣고 너희에게 전하는 소식이 이것이니 곧 하나님은 빛이시라 그에게는 어두움이 조금도 없으시니라. 만일 우리가 하나님과 사귐이 있다 하고 어두운 가운데 행하면 거짓말을 하고 진리를 행치 아니함이거니와, 저가 빛 가운데 계신 것같이 우리도 빛 가운데 행하면 우리가 서로 사귐이 있고 그 아들 예수의 피가 우리를 모든 죄에서 깨끗케 하실 것이요"(요일 1:5-7).

그것이 꿈이나 환상이든 설교이든 계획이든 생각이나 행동이든, 모든 것이 하나님으로 말미암아 된 것인지를 보기 위해 이들 모두를 빛으로 갖고 가자. 시편에는, "주의 광명 중에 우리가 광명을 보리이다"라고 했다(시 36:9). 이 구절에 주석을 달면서 스펄전은 말했다. "우리가 태양을 보는데 초가 필요 없다. 우리는 태양 자체의 광휘로 태양을 보며, 다른 모든 것도 같은 빛으로 본다. 하나님을 알면 다른 모든 것도 그 빛으로 알게 된다."[27] 따라서, 당연하게도 시편 기자는 이렇게 읊고 있다: "주의 말씀은 내 발에 등이요 내 길에 빛이니이다"(시 119:105).

몇 년 전에 나는 어느 골동품 가게에서 책들을 뒤적이다가 헨리 F. 애너스(Hnry F. Anners)가 지은 「히아신스: 애정의 선물」(The Hyacinth: or Affection's Gift) 이라는 제목의 작은 책자를 우연히 발견했다. 이 책은 1845년에 발간된 것으로 청소년에게 도덕적 영감을 주고 실용적 교육이 되도록 시와 단편소설을 모아놓은 것이다. 나는 이 책에 마음이 끌려서 책을 사 가지고 집으로 갖고 왔다. 책을 읽어 내려가다가 다음과 같은 멋있는 시를 읽게 되었다.

소년과 반딧불

경험 없는 한 소년이 어느 날 밤
한적한 오솔길을 따라 집으로 오는데,
가는 길을 제대로 찾아가려고
밝게 빛나는 초롱불을 안내자로 삼았네.

빛을 따라 안전하게 잘 가다가,
앞을 잠깐 살펴보니,
잘 모르는 길을 따라,
반딧불이 빤짝이는 것을 보았네.

그러자 그는 조용히 밝히고 있는

초롱불이 실어서 던져 버리고,
깜박깜박 명멸하는 불빛 속에
아련하게 이어지는 빛 줄기를 따라갈까 했네.

하지만, 발자국을 채 내밀기도 전에,
소년은 바보 같은 짓을 했음을 깨달았네.
날아다니는 그 빛들은 그의 길을 떠나가 버렸네,
그는 도랑에 빠져 버리고 말았네.

그러자 그는 골탕먹이는 이 길잡이들에
화를 내고 욕을 퍼붓자,
길잡이들은 단순한 그 소년에게 말했네:
"쓸데없는 그런 욕은 중지하세요!"

"모두가 다 당신 탓이에요.
사람들이 알고 있는 병의 반은
잘 알려진 빛을 버리고 헛된 불빛을
따라가는데서 생기는 것이라오."

우리는 구별해야 한다

우리네 사회와 같은 합리적인 사회에서는 꿈이나 환상 같은 영적인 것은 유치한 것으로 여기고 회의적인 태도로 보는 것이 일반적이다. 모든 사람이 다 신앙심이 있는 것이 아니니까 그것은 이해할 만하다. 그러나 이러한 태도가 교회 안에서도 똑같이 팽배하고 있다는 것이다. 그 결과, 첫째로 꿈이란 것은 논리와 자제력과는 관계없이 일어나는 것이기 때문에 우선 전적으로 무시해버리는 것이 일쑤이다. 둘째로 우리는 꿈이나 환상을 기만적이고 이단적인 것으로 보라고 배웠는데, 왜냐하면 하나님으로부터 오는 계시가 성경 밖에서도 일어날 수 있다는 것을 의미하는 것이기 때문이다. 필자가 성경에 "반(反)하여"가 아니라 성경의 "밖에서"라고 한 점을 주의해 주기 바란다. 양자간에는 분명하고도 중요한 차이가 있다.

분명히 하나님은 성경을 통해서 말씀하시는데, 왜냐하면 성경이 하나님의 말씀이기 때문이다. 그러나 하나님은 꿈이나 환상이나 기타 다른 여러 가지 수단으로도 말씀하시지만 결코 성경과 모순되거나 성경에 추가하기 위한 것이 아니라, 단지 예로서 설명하기 위한 것이다! 바로 이런 이유 때문에 꿈과 환상의 문제에서, 진짜인지 가짜인지를 분명하게 판가름하는데 성경을 사용하는 것이 마땅한 것이다.

이에 대해 누군가가 이렇게 질문할 수도 있을 것이다. "그러나 성경은 꿈으로 예언하는 사람을 너무도 직선적으로 비난하고 있으니, 안전하고도 확실하기 위해서는 꿈이란 것을 모두 거부해야 되는 것이 아닌가?" 아니다. 물론 가짜 꿈은 완전히 거부해야 한다. 이 문제에서 진짜 꿈과 가짜 꿈을 구별하는 것이 중요하다. 그렇지 않으면, 우리는 부주의하게 꿈을 모두 싸잡아 거부해 버릴 수도 있는 것이다. 이는 잘못이다. 왜냐하면 꿈 중에는 진정으로 하나님으로부터 온 것이 있기 때문이다.

성경을 깊이 연구해 본 사람은 아무도 이 사실을 부인하지 않을 것이다. 하나님은 꿈의 신비 속에서 그리고 환상의 경이를 통하여 우리에게 자신을 들어내기를 좋아하심을 성경은 분명하게 보여주고 있다. 바로 이 점이 왜 사이비 예언자들이 그들의 실증도 없는 계시의 목록 가운데서도 꿈과 환상에 그토록 의존하는 가를 설명해 주고 있다. 그러니까 따지고 보면, 그들의 사기적인 메시지 내용에 신빙성을 부여하는 길은 이 방법 밖에 없는지도 모르겠다.

성경에 나오는 사람들은 하나님께서 꿈과 환상을 통하여 그들에게 말할 것이라는 것을 분명히 알고 있었고 또 그렇게 기대했다. 하나님께서는 수없이 그런 방법을 사용하셨다. 그러니까, 거짓 선지자가 정당치 못한 설교를 순진한 대중에게 납득시키기 위해서 이러한 정당한 계시의 수단을 사용한다는 것이 얼마나 기만적인가. 그러니까 주님께서 이러한 행위에 대해서 그렇게도 완강하시고, 그렇게도 준엄하신 심판을 내리시는 것은 당연한 일이다. 우리 각자는 주님의 인도하심을 따라 가짜와 진짜를 구별하는데 최선을 다하고, 선한 것에 굳세게 서 있어야 한다.

꿈이 가짜라는 것을 분간하는 방법

예수님은 "거짓 선지자들을 삼가라 양의 옷을 입고 너희에게 나아오나 속에는 노략질하는 이리라 그의 열매로 그들을 알지니"(마 7:15-16)라고 말씀 하셨다. 좋은 나무는 좋은 열매를 맺으나, 나쁜 나무는 나쁜 열매를 맺는다. 꿈과 환상도 마찬가지다. 그것들이 맺는 열매를 보고 구별할 수 있다.

가짜 꿈과 환상은 두 가지 공통된 점이 있는데, 기만과 불화가 그것이다. 그러면 이 두 가지 쌍둥이 악을 자세히 살펴보기로 하자.

기만

예수님은 "내가 곧 길이요 진리요 생명이니 나로 말미암지 않고는 아버지께로 올 자가 없느니라"(요 14:6)고 말씀하셨다. 예수님은 자신이 영적 세계로 들어가는 유일한 길이라고 말씀하신 것이 아니라, 차라리 자신은 사람이 영적 세계를 통과하여 참 하나님에게 안전하게 도달할 수 있는 유일한 길이라고 말씀하셨다.

영적 영역으로 들어가는 문은 여러 종류가 있다. 꿈이나 환상은 그 중에서의 두 가지일 뿐이다. 문을 통해 들어가는 것이 문제가 아니다. 어디로 가느냐가 문제이다. 그러므로, 어떤 꿈이나 환상이 진짜라는 첫 번째 시험은, 그것이 우리를 사랑과 순종 가운데서 오로지 예수 그리스도에게로만 인도하는 것인가 하는 것이다.

두 번째 시험은 그 꿈과 환상이 성경을 충실하게 따르며, 성경의 가르침 안에 머물고 있는가 하는 것이다. 바로 이 점에서 말일성도 예수그리스도교회(보통 몰몬교로 알려짐)의 창시자 조셉 스미스(Joseph Smith)가 잘못된 것이다. 스미스는 한 천사가 하늘로부터 자기에게로 나타나 예수 그리스도의 복음을 "최신의 것으로 새롭게" 했다고 하는 비밀의 명판을 보여주는 환상을 보았다고 주장했다.

성경에서 사도 바울은 이렇게 썼다. "그리스도의 은혜로 너희를 부르신 이를 이같이 속히 떠나 다른 복음 좇는 것을 내가 이상히 여기노라 다른 복음은 없나니 다만 어떤 사람들이 너희를 요란케 하여 그리스도의 복음을 변하려 함이라 그러나 우리나 혹 하늘로부터 온 천사라도 우리가 너희에게 전한 복음 외에 다른 복음을 전하면 저주를 받을지어다."

바울은 자신이 말한 분명한 뜻을 사람들이 오해하지 않도록 계속 강조하여 다음과 같이 말했다. "우리가 전에 말하였거니와 내가 지금 다시 말하노니 만일 누구든지 너희의 받은 것 외에 다른 복음을 전하면 저주를 받을지어다"(갈 1:6-9).

성경의 이 구절 하나만 보아도 조셉 스미스의 주장이 얼마나 불합리하고 뻔뻔스러운 것인지를 잘 알 수 있다. 그렇게도 분명한 거룩한 성경의 지시를 부정한다는 것은 미친 짓에 가깝다. 제자 요한은 밧모섬에서 예수 그리스도의 계시를 받았다. 하나님이 그에게 보여준 모든 것을 충실하게 다 적은 후에, 요한은 성경 전체에 걸쳐 일관된 경고를 결론에서 요약하고 있다.

"내가 이 책의 예언의 말씀을 듣는 각인에게 증거하노니 만일 누구든지 이것들 외에 더하면 하나님이 이 책에 기록된 재앙들을 그에게 더하실 터이요, 만일 누구든지 이 책의 예언의 말씀에서 제하여 버리면 하나님이 이 책에 기록된 생명 나무와 및 거룩한 성에 참예함을 제하여 버리시리라"(계 22:18-19).

조셉 스미스가 요한의 경고를 주의 깊게 검토하고 사도 바울의 충고에 귀를 기울였다면, 그는 불가피하게 닥칠 어리석은 행위의 결과로부터 자기 자신과 그의 모든 추종자들을 구했을 것이었다. 바울이 당시의 유대인에게 하려고 한 말이 오늘의 몰몬교도에게도 적용될 수 있을 것이다.

"형제들아 내 마음에 원하는 바와 하나님께 구하는 바는 이스라엘을 위함이니 곧 저희로 구원을 얻게 함이라. 내가 증거하노니 저희가 하나님께 열심이 있으나 지식을 좇은 것이 아니라. 하나님의 의를 모르고 자기 의를 세우려고 힘써 하나님의 의를 복종치 아니하였느니라"(롬 10:1-3).

몰몬교의 교리가 진리라고 정직하게 믿고 있는 사람들에게 그들이 받아야 할 마땅한 존경을 보내면서도, 그 발단이 하나님의 말씀을 정면으로 위반한다는 사실과, 따라서 거짓이라는 사실은 어쩔 수 없는 일이다. 그의 교리가 일말의 진리를 내포하고 있는 것은 분명하다. 그렇지 않다면 자존심 있는 사람들이 거기에 관여할 이가 만무했을 것이다.

그러나 어째서 그 많은 선량한 사람들이 그렇게 잘못된 길을 택할 수 있는가? 답은 기만이라는 한 마디에 있다. 이것이 거짓의 첫 번째 열매이다. 그런데 두 번째 열매도 이와 거의 비슷하다.

불화

불화는 무엇이든 거짓의 열매이다. 그것이 설교이든, 예언이든, 가르침이든, 꿈이든, 하늘로부터 온 천사의 꿈이나 환상이든 간에, 거짓의 열매이다. 그리스도의 몸된 교회에 불화를 일으킨다면 그것은 거짓이다.

기만에는 불협화음이 분명히 존재한다. 빛이 어두움과 무슨 교제가 있겠는가? 그리스도가 사탄과 무슨 친교가 있겠는가? 선과 악 사이에는 타협도, 협상도, 외교적 조약도, 평화도 없으며, 진리와 거짓 사이에는 휴전이란 없다. 이들은 만나기만 하면 언제나 어디서나 전쟁이 일어난다. 전쟁의 부산물은 우리의 영 속에, 마음속에, 그리고 때로는 우리의 몸 속에도 느껴진다.

기만이 존재하면, 불화가 가까이 있다. 잘못이 무슨 일에든 들어오게 되면, 평화는 깨지고, 기쁨은 사라지고, 생명력이 시들어진다. 암(癌)이 몸에 작용하는 것처럼, 거짓은 영혼에 작용하는 것이다. 불화는 분열시키고, 약화시키며, 혐오감을 일으킨다.

솔로몬은 다음과 같이 말했다. "여호와의 미워하시는 것 곧 그 마음에 싫어하시는 것이 육칠 가지니, 곧 교만한 눈과 거짓된 혀와 무죄한 자의 피를 흘리는 손과, 악한 계교를 꾀하는 마음과 빨리 악으로 달려가는 발과, 거짓을 말하는 망령된 증인과 및 형제 사이를 이간하는 자니라"(잠 6:16-19).

몽상과 기타 부질없는 상상의 어둠 속에는 일곱 가지 죽음의 죄가 숨어 있다. 이들은 교만, 기만, 증오, 배신, 반항, 배신, 그리고 다툼이다. 이런 것들은 하나님이 주시는 지혜의 산물이 아니고 세속적이며, 비영적이며, 악마의 부추김을 받은 것이다. 이러한 일이 벌어지는 곳은 어디든지, 무질서와 기타 여러 가지의 악이 존재할 것이다.

가짜를 발견하기

가짜를 발견하는 확실한 방법은 진짜를 철저히 아는 것이다. 이런 이유 때문에 우리는 진정으로 하늘에서부터 오는 지혜를 찾지 않으면 안된다. 그 지혜를 발견할 때 우리는 알게될 것인데, 그 까닭은 그 지혜는 무엇보다도 순수하고 부드럽기 때문이다. 그리고 그 지혜는 평화를 사랑하고 예의가 바르다.

더욱이, 하나님으로부터 오는 지혜를 의지하는 사람은 그 특징이 동의하지 않는 일을 정직하게 공개적으로 토론할 수 있는 능력이 있으며, 동시에 진리를 말하는 사람에 기꺼이 순종하는 우아한 의지를 나타내는 것이다. 이들은 진심으로 자비와 선행으로 충만 되어 있다. 이들은 진실 되고 솔직하며 성실하다. 이들은 거짓되고 논쟁적인 사람들과는 달리 참을성 있게 평화의 씨를 심어서 마침내는 선의 수확을 거두어들이게 된다(약 3:15-18 참조).

가짜 꿈과 환상을 인식하는 여섯 가지 방법

가짜 꿈과 환상에서 공통적으로 발견되는 뚜렷한 특징에는 최소 여섯 가지가 있다. 이러한 특징을 알면 꿈이 하나님에게서 온 것이 아닌 것을 분간하는데 도움이 된다.

1. 유혹적이다

태초에 뱀이 처음에 하와에게 "그래요, 하나님이 말씀하셨어요……"라고 속삭였을 때, 이상한 유혹이 일어나고 있었다. 뱀은 하와의 호기심을 불러 일으키고 하와의 의심을 자극했다. 뱀은 거짓말로 하와를 현혹시키고 속임수로 이끌어 갔다.

이렇게 많은 세월이 지났지만, 악마는 아직도 똑같은 책략을 쓴다. 악마는 꿈과 환상을 사용하여 사람들을 허영과 기만으로 채운다. 악마는 헛된 자신감과 행복감을 주고, 권력과 부, 명예와 영광을 약속한다. 악마는 사람들을 권위있는 영적 지도자들로부터 사람들을 격리시키고 하나님께서 말씀하신 뜻과 맞지 않는 내용을 속삭인다.

한편, 사탄도 꿈과 환상을 이용하여 근거 없는 공포심과 마음 약하게 하는 근심을 만들어 낸다. 멀쩡한 대낮에도 당신을 무섭게 만드는 악몽을 꿔 본적이 있는가? 악몽은 악마의 장난이다. 이 악몽은 여러 날 밤을 잠못 이루게 하고 하루 종일 사람을 괴롭히기도 한다. 악마가 당신의 관심을 사로잡고 있는 동안에는, 당신은 주님을 향한 마음이 무력해지는 것이다. 바로 이것이 악마가 언제나 바라는 것이다.

허영의 꿈이나 공포의 환상, 이 모두가 사탄이 유혹하고 있다는 증거이다. 이런 종류의 꿈과 환상이 가져오는 결과는 사람들을 진리로부터 이탈하게 하여 파멸로 유인한다는 것이다. "만군의 여호와께서 이같이 말씀하시되 너희에게 예언하는 선지자들의 말을 듣지 말라 그들은 너희에게 헛된 것을 가르치나니 그들의 말한 묵시는 자기 마음으로 말미암은 것이요 여호와의 입에서 나온 것이 아니니라"(렘 23:16).

2. 부패시킨다

헛된 꿈과 환상을 통하여 도덕적 오염이 발생한다. 성경은 "너희는 신접(神接)한 자와 박수를 믿지 말며 그들을 추종하여 스스로 더럽히지 말라 나는 너희 하나님 여호와니라"(레 19:31)고 말한다. 사탄이 역사할 때마다 더럽혀짐이 나타난다. 마음속이든, 다른 사람과의 관계이든, 교회 안이든 밖이든 간에, 사탄은 더러운 발로 걷기 때문에 그가 디딘 곳은 어디든지 더럽혀진다.

꿈과 환상의 경험에 관한 몇 가지 질문을 하는 설문 조사를 해봤는데 이에 많은 사람들이 응답해 왔다. 흔한 대답 중의 하나는, 기분 나쁜 꿈에서 깨어났을 때는 더럽혀지고 죄지은 기분이 들었다는 것이다. 그런데 재미있는 것은, 교회에서나 혹은 다른 형태의 목회사역에서 주님과 특별한 시간을 보낸 후에는 더욱 이런 일이 자주 일어난다는 것이다. 그러니까, 이런 현상은 사람들이 경험한 축복을 사탄이 빼앗아 가거나 최소한 망쳐놓으려고 하는 짓이었다.

3. 모순되게 한다

사탄은 진리를 거스르고 의심 없는 사람들의 마음을 삐뚤어지게 만드는데 골몰한다. 사탄은 처음에는 아첨을 사용하지만, 이것이 실패하면 조롱을 동원한다. 냉소적인 태도는 사탄이 모든 세대에 걸쳐 잘 이용했던 도구로서, 대부분의 사람들은 스스로 몹시 의심하는 성향이 있기 때문에 사탄의 거짓말에 대해 대처할 능력이 사실상 없는 것이다.

악마는 진리를 모순되게 하는데, 진리를 일부 이용하여 거짓을 유포하는데 사용한다. "항상 그들이 나를 멸시하는 자에게 이르기를 너희가 평안하리라 여호와의 말씀이니라 하며 또 자기 마음의 강곽(剛愎)한대로 행하는 모든 사람에게 이르기를 재앙이 너희에게 임하지 아니하리라 하였느니라"(렘 23:17). 비록 하나님은 분명히 그의 백성에게 평화를 말하고 재앙으로부터 자유를 약속하지만, 이 약속은 하나님의 뜻에 거역하는 백성에게 말씀하시는 것은 아니었다. 거짓 선지자들은 사탄의 충동을 받아 뻔뻔스러운 자만심으로 진리를 고의적으로 거스르고 하나님께서 이전에 하신 말씀을 인용하여 그 말씀을 기만적으로 바꾸어 표현했다. 그렇지만, 분별력을 가진 사람에겐 그러한 모순은 분명하게 드러난다. 오늘날에도 이는 마찬가지다.

4. 실망적이다

"대저 드라빔들은 허탄(虛誕)한 것을 말하며 복술자(卜術者)는 진실치 않은 것을 보고 거짓 꿈을 말한즉 그 위로함이 헛되므로 백성이 양같이 유리(流離)하며 목자가 없으므로 곤고(困苦)를 당하나니"(슥 10:2). 하나님에게로부터 오지 않은 꿈이나 환상은 거짓이며, 무모하고, 해로운 것이다.

그러한 꿈이나 환상은 사람들이 견디는 고통에 아무런 위로가 되지 않는다. 그것은 참된 지도력을 부정하고 실망을 조장한다. 그것은 거짓을 조성하고 그것이 진리라고 믿었던 사람들의 영을 분쇄한다. 사람들은 자신들이 희망했던 사항들이 번번이 계속해서 이루어지지 않으면, 결국에는 단념하고 빈정대며 냉소적이 된다. 바로 이것이 악마가 바라는 꼭 그대로이며, 악마는 이를 달성하기 위해 꿈과 환상을 왜곡한다.

5. 비생산적이다

주님은 "그들이 만일 나의 회의에 참예하였더면 내 백성에게 내 말을 들려서 그들로 악한 길과 악한 행위에서 돌이키게 하였으리라"(렘 23:22)고 말씀하셨다. 꿈이나 환상이 진정으로 주님으로부터 온 것이라면, 그것은 하나님의 말씀을 주님의 백성에게 선포하고 백성을 죄로부터 떠나서 주님에게로 돌아오게 할 것이다. 이것이 하나님의 말씀의 목적이다. 하나님의 말씀은 선포하고 나면 그 말씀을 하신 목적을 달성하지 않고 취소되는 법은 없다.

하나님께로부터 나오지 않은 꿈과 환상은 하나님의 목적을 달성할 수 없다. 그렇기 때문에 주님은 이렇게 말씀하셨다. "나 여호와가 말하노라 몽사를 얻은 선지자는 몽사를 말할 것이요 내 말을 받은 자는 성실함으로 내 말을 말할 것이라 겨와 밀을 어찌 비교하겠느냐?"(렘 23:28).

밀짚으로 배를 채울 수는 있지만 누가 밀짚을 먹고 싶어할 것인가? 특히 주님께서 밀을 주시겠다고 할 때는! 밀짚과 밀은 비슷하게 보일는지도 모르고, 심지어는 맛도 같을 수도 있겠지만, 일단 배속으로 들어가면 어느 것이 저녁밥으로 더 좋은 선택이냐 하는 것은 틀림이 없이 나타난다! 밀짚이 몸에 도움이 되지 못하는 것처럼, 거짓 꿈과 환상은 영혼에 생산적이 되지 못한다.

6. 파괴적이다

"나 여호와가 말하노라 보라 거짓 몽사를 예언하여 이르며 거짓과 헛된 자만으로 내 백성을 미혹(迷惑)하게 하는 자를 내가 치리라 내가 그들을 보내지 아니하였으며 명하지 아니하였나니 그들이 이 백성에게 아무 유익이 없느니라 여호와의 말이니라"(렘 23:32).

사도 베드로는 "멸망케 할 이단을 가만히 끌어들여…임박한 멸망을 스스로 취하는"(벧후 2:1) 거짓 선지자들에 대해 경고했다. 거짓 꿈과 환상은 무모함과 무책임을 조장한다. 이들은 무익하고 파괴적이다.

대답해야 할 여섯 가지 질문

여러분이 직접 꾼 꿈이나 남에게서 들은 꿈에 적용하여 시험해 보는 한가지 간단한 방법이 있다. 이 시험은 또한 설교, 가르침, 서적, 노래, 영화, 그림 등 시각과 청각을 통하여 여러분의 상상력에 호소하는 모든 것에도 적용될 수 있다.

1. 이 꿈이 나를 예수 그리스도에게로 인도하고 하나님의 교회에 대한 사랑으로 나를 충만시키는가?

2. 이 꿈이 나의 삶에서 의로움과 순수함을 증진시키는가?

3. 이 꿈이 성경의 가르침과 분명하고도 확실하게 일치하는가?

4. 이 꿈이 나의 신앙을 강화시키고 삶에 있어서 숭고한 운명 의식과 명예로운 목적 의식으로 나를 채워 주는가?

5. 이 꿈이 나를 죄와 이기심으로부터 돌아서게 하여 주님을 찾고, 신실함과 사랑으로 주님을 섬기도록 하는가?

6. 이 꿈이 그리스도의 몸된 교회를 세우고 성도들로 하여금 전도하는 일을 할 수 있도록 무장시키는가?

위의 질문에 대한 답이 "그렇다"라고 하면, 꿈이나 환상은 하나님으로부터 온 것이다.

결론

거짓 꿈이 있으니까, 참된 꿈도 있을 것임에 틀림없다. 둘 중 어느 하나가 없으면 다른 것도 없으며, 그렇지 않다면 성경은 단순히 둘 다 모두가 거짓이거나 모두가 참된 것이라고 말할 것이다. 성경이 둘을 서로 구별하고 있다는 것은 참된 꿈은 더욱 하나님으로부터 온다는 증거가 된다.

속담에 "목욕물 버린다고 아기까지 버리지 말라"라는 말이 있다. 실제로, 아무도 이런 짓을 하지 않을 것인데, 왜 이런 속담이 있을까? 그것은 우리가 필요 없다고 생각하는 것을 버릴 때 주의를 별로 기울이지 않고 버리는 경향을 고쳐 주려는 것이다. 물이 더러워서 버려야 한다는 이유 하나 때문에, 너무 극단적으로 흘러서 그 물에 딸려 아주 귀중하고 다시는 구할 수 없는 것을 버려서는 안될 것이다.

이는 꿈과 환상의 경우에도 마찬가지인 것이다. 여호와께서는 이렇게 말씀하셨다. "네가 만일 돌아오면 내가 너를 다시 이끌어서 내 앞에 세울 것이며 네가 만일 천한 것에서 귀한 것을 취할 것 같으면 너는 내 입 같이 될 것이다"(렘 15:19). 귀중한 꿈이 있고 가치 없는 꿈이 있으며, 예레미아가 말했다시피 밀과 밀짚이 있으며, 신약성경의 표현을 인용한다면 곡식과 가라지가 있다는 것을 깨달아야 할 것이다. 둘 다 같이 자라지만, 그 중 하나만이 가치가 있는 것이다.

그러면 이제 하나님께서 사랑하시는 자기 백성들을 축복하시고 도우시는데 사용하신 몇 가지 꿈과 환상을 살펴보자.

제 4 장

돌 베개

하루 종일 뜨거운 더위 속에서 여행하느라 지친 사람에게는 서늘한 방은 반가운 휴식이었다. 이국 땅에서 온 한 무리의 방랑자들이 미지의 지역으로 계속 앞으로 전진해 나아가면서, 자기들이 살만한 땅을 찾고 있었다. 어둠이 내리기 시작하자, 유목민의 족장은 피곤한 그의 일족을 큰 참나무들이 모여 있는 곳으로 모이게 했다. 그곳은 멀리서 다가오고 있는 폭풍우를 피하는 비난처가 될 수도 있었다. 천둥소리가 점점 가까이 들리자 바람은 더욱 강해져서 광막한 불모지를 가로질러 먼지와 잡초를 불러일으키고 있었다. 천막들을 치고 주위에 보초를 세워서 짐승과 마적들로부터 그 부족을 지키도록 했다. 마므레의 평야는 짐승들과 마적들이 많은 것으로 악명 높았다.

밤이 되자 활활 타오르는 불길 주위는 그 부족이 모이는 장소가 되었다. 어른들이 영웅들과 악당들의 이야기를 하는 것을 듣는 어린이들의 얼굴은 경이의 빛으로 상기되어 있었고, 이야기 내용이 세속적인 사건으로 접어들면 어린이들은 곧 잠이 들어 버리는 것이었다. 마침내 그들은 각자의 휴식처로 가서, 잠을 자지않고 보초를 서는 사람들 덕택으로, 안심하고 잠드는 것이었다. 이상하게도, 그들은 돌베개를 베고 밤새도록 잠을 자는 것이었다.

  존경받는 족장 자신도 자기가 돌보고 있는 사람들이 모두 이상이 없는 것을 확인하고는 눈을 감고 잠을 청했다. 밤은 언제나 그러하듯이 아무 이상 없이 재빨리 지나가는 수가 많았다. 그러나 바로 그 특별한 날 밤에는 바야흐로 역사가 이루어지려는 밤이었다. 곧 한 목소리가 졸고 있는 족장에게 말을 걸어와서 그의 가슴을 어린애처럼 경이로움으로 부풀게 하는 것이었다. 그것은 바람 소리 같기도 했다. 아마도 부근에서 자고 있는 다른 사람들에게는 그렇게 들렸을런지도 모르겠지만, 방랑하는 이 부족을 이끌고 있는 이 족장에게는 틀림없이 누군가가 그의 이름을 "아브람"이라고 부르는 것이었다.

족장들의 꿈

  족장(patriarch)이란 말은 아버지란 뜻의 라틴어 "파테어"(pater)와 다스린다는 뜻의 희랍어 "아르코"(archo)에서 유래한다. 그러니까 "족장"은 다스리는 조상이란 의미로써, 한 가족, 한 부족 또는 한 국가를 세운 시조를 말한다. 성경에서 아브라함, 이삭, 야곱(그리고 야곱의 열두 아들)은 이스라엘의 족장들이었다. 성경에는 "옛적에 선지자들로 여러 부분과 여러 모양으로〔이상(異像)으로, 꿈으로, 그리고 심지어는 대면(對面)해서〕우리 조상들에게 말씀하신 하나님이"(히 1:1)라고 되어 있다.

  먼 옛날에 주님의 말씀을 들었던 사람들의 꿈과 환상을 연구함으로써, 우리가 오늘날에도 가질 수 있는 꿈과 환상에 대한 통찰력을 얻으려 하는 것이 우리의 근본 목적이다. 하나님께서 그들에게 그랬다시피, 아마도 우리에게도 말씀하시고 계시는지도 모른다. 우리의 초점은 주로 아브라함, 야곱, 그리고 요셉에 맞출 것이다. 우리가 이삭과 기타 다른 사람들을 제외하는 것은 그들이 중요하지 않아서가 아니고, 하나님께서 구체적으로 꿈과 환상을 통하여 그들에게 말씀하셨다는 성경의 기록이 없기 때문이다.

아브라함

"여호와께서 아브람에게 이르시되 너는 너의 본토 친척 아비 집을 떠나 내가 네게 지시할 땅으로 가라. 내가 너로 큰 민족을 이루고 네게 복을 주어 네 이름을 창대(昌大)케 하리니 너는 복의 근원이 될지라. 너를 축복하는 자에게는 내가 복을 내리고 너를 저주하는 자에게는 내가 저주하리니 땅의 모든 족속이 너를 인하여 복을 얻을 것이니라 하신지라"(창 12:1-3).

여호와의 말씀이 어떻게 해서 그에게로 오게 됐는지에 관한 설명이 없다. 당시에는 성경이 없었으니까, 어떻게 하나님의 말씀이 전해졌을까? 그것은 꿈이었던가, 환상이었던가, 아니면 일종의 비몽사몽간(황홀경)의 상태였을까? 단지 아브라함의 마음속에 있던 생각이었나? 아니면 하늘로부터 들리는 소리였는가? 일종의 천사의 내방이었던가?

대답은 수세기 후에 유대인 공회의 합동회의에서 한 스데반의 설교에서 찾을 수 있다. "여러분 부형(父兄)들이여 들으소서 우리 조상 아브라함이 하란에 있기 전 메소보다미아에 있을 때에 영광의 하나님이 그에게 보여 가라사대 네 고향과 친척을 떠나 내가 네게 보일 땅으로 가라 하시니"(행 7:2-3).

스데반은 아브라함이 하나님을 만나는 것을 설명하는데 희랍어 "오프타노마이"(optanomai)을 사용했다. 이 말은 "자신을 나타내 보인다"라는 뜻이다. 이 말은 이 밖에 신약성경에서 가브리엘 천사가 성전의 향단 우편에 서 있는 사가랴에게 나타나고(눅 1:11), 모세와 엘리야가 예수님과 함께 변화산에서 나타나고(마 17:3), 예수님 자신이 다메섹으로 가는 길에 다소사람 사울에게 나타나는 장면(행 9:3-5)에서 사용되고 있다.

위의 각 장면에서 계시를 받는 각자는 자기 앞에 있는 것을 보았다. 주님의 말씀은 아브라함에게도 비슷한 형태로 임했다. 스데반은 아브라함이 하나님과 처음 만나는 장면을 환상 가운데서 되어진 것으로 말했다. 당시 공회에 참석했던 사람들은 이 점에서 아무런 이의를 제기하지 않았다. 왜냐하면, 그것은 그들 모두는 그것이 사실이라는 것을 알고 있었기 때문이다.

아브라함은 여호와를 보았는데, 그것도 한 번이 아니라 여러 번이나! 사실, 하나님의 부르심에 복종하자 아브라함은 환상 가운데 구체적으로 다시 하나님의 방문을 받은 것이다. "여호와께서 아브람에게 나타나 가라사대 내가 이 땅을 네 자손에게 주리라 하신 지라 그가 자기에게 나타나신 여호와를 위하여 그 곳에 단(壇)을 쌓고…" 여기서 "나타나셨다"(appeared)라는 말은 실제로 혹은 영적 환상 가운데 "본다"은 뜻이다. 성경은 그 때부터 계속 아브라함은 "여호와의 이름을 부르더니" 라고 했다(창 12:7-8).

약속의 땅

여호와의 말씀은 다시 아브라함에게 와서 그를 축복하겠다는 하나님의 약속을 재확인하고 있다. "너는 눈을 들어 너 있는 곳에서 동서남북을 바라보라. 보이는 땅을 내가 너와 네 자손에게 주리니 영원히 이르리라. 내가 네 자손으로 땅의 티끌 같게 하리니 사람이 땅의 티끌을 능히 셀 수 있을진대 네 자손도 세리라. 너는 일어나 그 땅을 종과 횡으로 행하여 보라 내가 그것을 네게 주리라"(창 13:14-17).

여기서도 주님의 말씀이 어떻게 아브라함에게 왔는지 구체적으로 설명되지 않고, 단지 말씀이 왔다고만 말하고 있다. 이전에 만남이 있었을 뿐 아니라 하나님이 아브라함에게 "눈을 들어 바라보라"고 말했다는 사실에 의거해서 생각해 볼 때, 이 일은 환상가운데서 되어졌다고 결론 내려도 안전하리라. 앞으로 보면 알겠지만, 바로 이것이 환상에서 어떤 일이 일어나는지를 보여주는 전형적인 좋은 예이다. 그러나 이것이 환상이든 아니든 간에, 한 가지는 분명하다. 즉, 여호와께서는 말씀을 하셨고, 아브라함은 여호와를 믿었고, 하나님의 축복이 그의 삶에서 계속 증가했다는 것이다.

믿음의 언약

"이 후에 여호와의 말씀이 이상(異常) 중에 아브람에게 임하여 가라사대 아브람아 두려워 말라 나는 너의 방패요 너의 지극히 큰 상급(賞給)이니라. 아브람이 가로되 주 여호와여 무엇을 내게 주시려하나이까 나는 무자(無子)하오니 나의 상속자는 이 다메섹 엘리에셀이니이다"(창 15:1-2). 아브라함이 하나님의 이전의 약속, "내가 너에게 큰 나라를 만들어 주리라"는 것을 굳게 믿고 있음은 분명하다. 하나님에게 무례하지 않도록 조심하면서, 아브라함은 하나님께서 이 약속을 실현시키기 위해서 사실상 무엇을 하실 것인지를 알고 싶었다.

아브라함이 하나님의 장엄한 약속에 현실적인 실용성을 가지고 응답했다는 것이 주목할만 하다. 이는 믿음의 조상이 취한 모범적인 행동으로서 우리 모두가 본받아야 할 것이다. 사람들이 꿈이나 환상을 가지게 되면, 나날이 우선적으로 해야 할 일을 외면해 버리는 경우가 많이 있다. 신앙심이 있는 사람들이 실제적인 일에는 무책임한 경향도 왕왕 있는 것 같다. 그러나 아브라함은 그렇지 않았다.

관습에 따라 다메섹의 엘리에셀이 정당한 상속자가 될 것이었기에, 그래서 아브라함은 하나님에게 하나님도 그렇게 하도록 하실 것인지를 물었다. 주님으로부터 즉시 답이 없었으므로 아브라함은 결론지었다. "주께서 내게 씨를 아니 주셨으니 내 집에서 길리운 자가 나의 후사가 될 것이니이다"(창 15:3). 아브라함의 생각은 나무랄 데가 없었고 그의 결론은 논리적이었다. 그러나 그는 맞지 않았다.

"여호와의 말씀이 그에게 임하여 가라사대 그 사람은 너의 후사가 아니라 네 몸에서 날 자가 네 후사가 되리라 하시고…"(창 15:4). 여기서 잊지 말아야 할 것은 아브라함이 누가 자신의 상속자가 될 것인가에 대해서 자신의 생각을 말하고 있을 때 환상이 계속 나타나고 있었다는 것이다. 하나님은 아브라함의 생각에 답하셨고, 그럼으로써 그가 환상을 보고 있는 동안에 그의 잘못된 결론을 바로 잡아 주셨던 것이다.

환상(vision: 환상, 이상, 또는 비전)이란 말은 "바라본다, 정신적으로(마음속으로) 인지한다, 또는 즐거운 마음으로 명상한다"라는 뜻이 있다. 구체적으로, 환상이란 "주시하다, 쳐다보다, 보다"를 의미한다.[28] 이러한 환상은 아브라함의 상상 속에서 꾸며 낸 것이 아니다. 그는 완전히 깨어 있었고 하나님과 친밀한 관계에 있었다. 그의 감각은 술로 둔해져 있었다던가 기타 다른 방법으로 피곤해 있지도 않았다. 그는 인식력이 있었고 침착한 상태에 있었다. 아브라함은 환상가운데서 자신의 눈으로 보았고, 자신의 귀로 들었고, 자신의 마음으로 생각했고, 하나님에게 말을 걸기도 했다. 이 모든 사실들은 아브라함의 의지, 감정, 그리고 이해가 그 과정에서 완전히 작용하고 있었음을 보여준다.

성경에 의하면 하나님은 그때 그를 밖으로 데리고 나가서, "하늘을 우러러 뭇별을 셀 수 있나 보라"고 말씀하셨다. 약속의 모든 내용이 완전히 아브라함의 가슴속에 자리잡도록 한 동안 가만히 있다가 하나님은 그에게 "네 자손이 이와 같으리라"(창 15:5-6)고 말씀했던 것이다. 아브라함은 하나님을 믿었고, 하나님은 이를 그의 의(義)로 여기셨던 것이다.

피로서 한 언약

하나님은 아브라함에게 다시 말씀하셨다. "나는 이 땅을 네게 주어 업(業)을 삼게 하려고 너를 갈대아 우르에서 이끌어 낸 여호와로라. 그가 가로되 주 여호와여 내가 이 땅으로 업을 삼을 줄을 무엇으로 알리이까?"(창 15:7-8). 믿는다는 것은 의문이 없다는 것을 의미하는 것이 아니다. 그것은 비록 우리가 갖고 있는 의문에 답이 주어지지 않는다 하더라도 하나님을 믿는 것을 의미한다. 아브라함은 많은 의문이 있었고, 그 때 하나님은 아주 독특한 방식으로 아브라함에게 대답한 것이다.

하나님은 아브라함에게 희생 동물들을 그 중간을 쪼개고 그 쪼갠 것을 마주 대하여 놓도록 지시했다. 아브라함은 죽은 짐승들 한가운데에 서서 독수리들을 쫓으면서 하나님이 다시 말씀하시기를 기다렸다.

그날 저녁 해가 지고 아브라함이 깊은 잠에 들자, 캄캄하고 무서운 속에서 불길한 예감이 드는 환상이 아브라함에게 나타났다. 꿈속에서 하나님은 아브라함에게 말했다. "너는 정녕히 알라 네 자손이 이방에서 객이 되어 그들을 섬기겠고 그들은 사백년 동안 네 자손을 괴롭게 하리니, 그 섬기는 나라를 내가 징치(懲治)할지며 그 후에 네 자손이 큰 재물을 이끌고 나오리라"(창 15:13-14).

아브라함의 꿈의 다섯 가지 특이한 사실

아브라함과 하나님과의 만남에서 우리는 하나님이 꿈을 통해 우리에게 어떻게 말씀하시는가에 대한 몇 가지 통찰력을 가질 수 있다.

첫째, 만남은 아브라함에게 깊은 잠이 온 후에 일어났다. "깊은 잠"으로 번역된 히브리어는 무기력(혼수상태) 혹은 비몽사몽간(환희의 경지)의 상태를 의미한다. 이 말은 "깜짝 놀라게 하다, 마비시키다, 깊은 잠에 빠지게 되다"라는 의미를 가진 어원에서 온 것이다.[29] 아브라함이 정신이 말짱하고 주의력이 있었던 상태에서 본 다른 환상과는 달리, 여기서 아브라함은 무의식 상태에서 성스러운 두려움에 압도되어 있었다.

둘째, 이 꿈은 각별하게 예언적이다. 계시의 경이로운 순간에서, 하나님은 아직 아이 하나도 없는 아브라함으로 하여금 그의 자식들의 자식들에 관한 미래 역사를 보도록 했던 것이다! 출애굽기를 대충 읽어보아도 이 예언이 정확히 성취되는 놀라운 이야기를 알 수 있다.

셋째, 이 꿈은 아브라함에게 길고도 풍성한 삶으로 축복하겠다는 하나님의 약속을 개인적으로 확인시켜 주었다. "너는 장수하다가 평안히 조상에게로 돌아가 장사될 것이요"(창 15:15). 이것이 혼란한 그의 마음을 안심시켰을 것은 의심할 여지가 없다. "이렇게 오랜 노예생활이 나의 자손에게 떨어지면 나는 어떻게 되는 것일까?" 하는 의문을 가졌을지도 모른다. 그에 대해 이 꿈은 답을 준 것이다.

넷째, 이 꿈은 왜 그의 자손들이 약속의 땅을 상속받기 전에 그렇게 오랫동안 약속의 땅에 들어가지 못하는 이유를 아브라함에게 설명해 주고 있다. "네 자손은 사 대 만에 이 땅으로 돌아오리니 이는 아모리 족속의 죄악이 아직 관영(貫盈)치 아니함이니라"(창

15:16).

마지막으로, 이 독특한 꿈은 세 가지 심오한 진리를 설정하여서 이후의 성경 전체에 걸쳐 흐르는 주제가 되고 있다. 즉, ① 언약의 발기자는 하나님이시지 사람이 아니며, ② 언약의 한 요건은 피의 제사이며, ③ 하나님은 언약의 결과를 실행하시는데 주권자이시고 신실하시다는 것이다.

언약의 표징(表徵)

"아브람의 구십 구 세 때에 여호와께서 아브람에게 나타나서 그에게 이르시되 나는 전능한 하나님이라 너는 내 앞에서 행하여 완전하라. 내가 내 언약을 나와 너 사이에 세워 너로 심히 번성케 하리라 하시니…"(창 17:1-2).

전과 마찬가지로, 하나님은 아브라함에게 자신을 나타내신다. 성경에 의하면, 아브라함은 그 앞에 얼굴을 땅에 대고 이런 말씀을 들었다. "내가 너와 내 언약을 세우니 너는 열국(列國)의 아비가 될지라. 이제 후로는 네 이름을 아브람이라 하지 아니하고 아브라함이라 하리니 이는 내가 너로 열국의 아비가 되게 함이니라"(창 17:4-5).

아브라함이 엎드려 있는데, 주님은 그에게 언약의 표시—할례(남성의 성기로부터 포피를 짤라 내는 것)—를 알려 주었다. 이것은 하나님의 지혜로서 사람이 자신에게 이런 것을 할 줄은 전혀 생각해내지 못했을 것이다. 이것은 환상에서 하나님이 아브라함에게 보여 준 것이다. 이와 같은 단 한번의 복종의 행위에서 남자의 상징과 남자의 생식력을 하나님에게 맡긴 것이다.

오늘날 전 세계의 여러 나라에서 수많은 남자와 소년들이 그들의 몸에 할례의 표징을 하고 있다는 것은 얼마나 놀라운 일인가. 그리고 이런 것이 아주 오래 전에 아브라함에게 나타난 환상에서 계시되었다는 것이 얼마나 신기한 일인가! 의사들은 이는 위생상의 목적 때문이라고 하지만(사실 그렇다), 그러나 성경에 의하면 아브라함을 여러 나라의 시조로 만들겠다는—사실 하나님은 그렇게 하셨다— 하나님의 약속의 표시였던 것이다.

이삭의 탄생

"여호와께서 마므레 상수리 수풀 근처에서 아브라함에게 나타나시니라 오정 즈음에 그가 장막 문에 앉았다가, 눈을 들어본즉 사람 셋이 맞은편에 섰는지라 그가 그들을 보자 곧 장막 문에서 달려나가 영접하며 몸을 땅에 굽혀…"(창 18:1-2).

성경을 읽어 내려가다 보면, 이 독특한 방문의 목적이, 비록 사라가 아이가 없고 나이가 많았어도 아이를 잉태하고 아들 하나를 낳을 것을 알려 주기 위한 것이라는 것을 알게 된다. 사람에게는 불가능한 일이지만 하나님은 그 약속을 지켰다. 사라는 임신했고 하나님이 약속하셨던 바로 그 때에, 아브라함이 아주 나이가 많았을 때에, 아들을 하나 낳았다. 아브라함은 그를 이삭이라고 이름짓고 하나님이 명한 대로 난 지 팔 일 만에 할례를 행했다(창 21:1-4). 하나님이나 아브라함이나 모두 약속을 지켰다.

성경의 기록은 의심할 여지가 없다. 하나님이 꿈과 환상을 통해서 아브라함에게 말한 기록이 최소한도 일곱 가지가 있다. 이런 방식으로 하나님께서는 한 사람을 이교(異敎)에서 끌어올려 위대하게 되도록 인도하셨다. 이것이 이상(異償)의 힘이다. 아브라함은 하나님을 믿었고 복종했다. 그의 생애는 하나님께서 그에게 주신 꿈과 환상의 결과로 영원히 바뀌었다. 따지고 보면 세계의 역사도 그러했다.

야곱

"우리는 야곱의 사다리를 올라갑니다." 주일학교에 다닌 아이 치고 이 짧은 합창곡을 들어보지 않은 아이가 없을 것이다. 이는 아주 재미있는 노래인데 그 의미가 무엇일까? 정확하게 무엇에 대해 노래하고 있는가? 한 마디로 말하면 예수님인 것이다! 신약전서에서 나다나엘은 예수님을 만났을 때 예수님이 자기의 삶을 꿰뚫어 보는 것에 놀라 소리쳤다. "랍비여 당신은 하나님의 아들이시요 당신은 이스라엘의 임금이로소이다." 예수님께서는 나다나엘의 놀람을 대수롭게 여기지 않고 대답했다. "진실로 진실로 너희에게 이르노니 하늘이 열리고 하나님의 사자들이 인자 위에 오르락내리락하는 것을 보리라"(요 1:49-51).

이는 수세기 이전의 야곱의 꿈과 틀림없이 연관되는데, 그 꿈에서 야곱은 한 사다리가 땅 위에 서 있고 그 꼭대기는 하늘에 닿아 있는데, 하나님의 사자가 그 위를 오르락내리락 하는 모습을 보았던 것이다. 그 계단 꼭대기에는 하나님께서 위엄을 갖추고 서 계셨고, 꿈속에서 하나님께서는 예전에 아브라함에게 말했던 것처럼 야곱에게 말을 걸었던 것이다(창 28:13-15).

야곱이 벧엘에서 꾼 꿈속의 사다리는 예수 그리스도의 상징적 계시로서, 바로 예수님이 길이요, 진리요, 생명임을 보여 준 것이다. 천사들은 하나님의 말씀을 하늘에서부터 가져오고 우리의 기도를, 예수 그리스도를 통해서만, 하나님에게 가져다주는 사자들이었다. "다른 이로서는 구원을 받을 수 없나니 천하 인간에 구원을 얻을 만한 다른 이름을 우리에게 주신 일이 없음이니라"(행 4:12).

야곱은 꿈에서 깨자 성스러운 두려움으로 충만되었다. 너무도 감동되어 베개로 사용했던 돌을 집어서 그 위에 기름을 붓고, 하나님에게 이렇게 맹세했다. "하나님이 나와 함께 게시사 내가 가는 이 길에서 나를 지키시고 먹을 양식과 입을 옷을 주사, 나로 평안히 아비 집으로 돌아가게 하시오면 여호와께서 나의 하나님이 되실 것이요, 내가 기둥으로 세운 이 돌이 하나님의 전(殿)이 될 것이요 하나님께서 내게 주신 모든 것에서 십분 일을 내가 반드시 하나님께 드리겠나이다"(창 28:20-22).

하나님은 꿈을 통하여 야곱에게 말을 하심으로써 그와 언약을 체결한 것이다. 하나님은 이런 일을 오늘날도 하실 수 있으며 하신다!

얼룩진 양들

야곱은 장인(외삼촌) 라반의 집에서 몇 년 동안 살면서 주님의 축복으로 번성하다가 떠나 갈 때가 왔다. 그는 라반에게 양떼 중 점이 있고 얼룩무늬가 있고 색이 변한 것들만 갖고 가겠다고 제의했다. 라반은 그렇게 하겠다고 하고는 점이 있는 양들을 모두 숨겨 놓고 야곱이 갖고 갈 것이 없도록 했다.

성경에 의하면, 야곱이 남은 양떼가 먹는 물과 구유 속에 점 있는 나뭇가지들을 넣어 두었더니 양들이 점 있는 새끼들을 나았던 것이다(창 30:25-43). 뭐라고? 도대체 어떻게 해서 점 있는 나뭇가지가 점 있는 새끼들을 낳게 할 수 있다는 생각을 그는 하게 됐을까? 그리고 그렇게 되는 것을 보았는데, 어떻게 그것이 가능한 것이었나?

사실, 우리와 마찬가지로 야곱의 아내들도 어떻게 이런 일을 꾸며내어 자기들의 아버지보다도 더 많은 양들을 가질 수 있는지를 알고 싶어했다. 야곱은 그들에게 대답해 주었다.

"그 양떼가 새끼 밸 때에 나가 꿈에 눈을 들어 보니 양떼를 탄 수양은 다 얼룩무늬 있는 것, 점 있는 것, 아롱진 것이었더라. 꿈에 하나님의 사자가 내게 말씀하시기를 야곱아 하기로 내가 대답하기를 여기 있나이다 하매, 가라사대 네 눈을 들어 보라 양떼를 탄 수양은 다 얼룩무늬 있는 것, 점 있는 것, 아롱진 것이니라 라반이 네게 행한 모든 것을 내가 보았노라. 나는 벧엘 하나님이라 네가 거기서 기둥에 기름을 붓고 거기서 내게 서원 하였으니 지금 일어나 이곳을 떠나서 네 출생지로 돌아가라 하셨느니라"(창 31:10-13).

그 점 있는 가지가 마술의 힘이 있었던 것도 아니고 동물이 새끼를 낳는 방식이 놀랍게 변한 것도 아니었다는 것을 우리는 이제 알게 되었다. 왜 야곱이 점 있는 나뭇가지들을 사용했는지 그 이유가 불분명하다. 아마도 가지들은 하나님의 말씀에 대한 믿음을 그대로 실천하는 하나의 참조물이었는지도 모른다. 중요한 점은 꿈속에서 얻게 된 야곱의 믿음에 응답해서 하나님께서 새끼들을 얼룩진 것으로 바꾸어 놓으셨다는 것이다.

하나님의 사자(使者)

라반에게서 떨어져 나오는 것에 성공하자 야곱은 해결해야 할 관계가 또 하나 남아 있었으니, 그의 형 에서에게서 장자의 권리를 속여 빼앗았던 문제였다. 야곱이 밧단아람을 떠나 길을 가던 중에, 에서와 화해하는 순간에 대비해서 "하나님의 사자들이 그를 만난지라"(창 32:1). "만나다"는 말은 불가피한, 피치 못할 예상 밖의 일을 기술하고 있다.

천사들과의 이러한 만남을 계기로 야곱의 마음은 에서에게로 향하는 계기가 되었는데, 그는 곧 에서에게 전갈을 보내 에서의 은총을 바란다고 했다. 에서가 사백명의 군사를 이끌고 그에게 접근하고 있다는 소식을 듣고 야곱은 겁이 덜컥 났다. 그는 형을 선물로 달래던가 최소한도 자기 소유물의 반은 건져서 도망갈 수 있는 궁리를 재빨리 했다.

여기서 우리는 야곱과 하나님과의 만남 중에서 아마도 가장 유명한 것을 보게 된다. 그의 대가족을 두 무리로 나누어서 먼저 보내고 야곱은 혼자 남아 있었다. 또 한번의 불가피한 만남이 막 일어난다는 것을 그는 전혀 모르고 있었다.

너희 이름은 이스라엘이니라

이 세상에서의 마지막이 될 수도 있는 밤의 어둠 속에 혼자 남아 있던 야곱은 별안간 무서운 이방인과 맞닥뜨리게 된다. 서로 만나자 마자 그 사나이는 야곱과 씨름을 하기 시작했다. 여기서 "씨름"이란 말은 가루로 만든다는 의미가 있다. 하나님이 야곱을 빻아서 가루로 만들려는 뜻을 추정할 수 있겠다!

야곱은, 사람들이 그럴 경우를 당하면 대개가 그렇듯이, 열심히 싸웠다. 주님은 시합은 끝났다고 결론을 내렸다. 주님은 야곱이 일생동안 불구가 되어버린 그런 상태로 그냥 내버려두고 가버릴 수도 있는 것이다. 야곱은 과거에 전혀 경험해 본 적이 없는 심한 공포심에 사로잡혀서, 주님을 붙잡고 애원했다. "주님이 저를 축복하기 전에는 저는 주님을 놓지 않겠습니다!" 주님은 최후의 일격으로 응답하여 야곱을 완전히 굴복시켰다.

"너의 이름이 무엇인가?" 주님은 그에게 물었다. 생전 처음으로 야곱은 자신이 누구인가, 무엇인가, 말하자면 자기 자신만을 위하여 살아 온, 남을 속이는, 나쁜 일을 꾀하는, 농간을 부리는 비겁한 자라는 것을 자인하지 않으면 안된다는 것을 깨달았다. 그는 주님에게 대답했다. "저의 이름은 야곱입니다." 이 이름은 히브리말로 "발꿈치"에서 온 것으로서 "발꿈치를 잡는 사람" 또는 "속이는, 빼앗는 사람"(창 25:26; 27:36)이란 뜻을 갖고 있었다. 형의 발꿈치를 잡고 태어난 순간부터 일생 동안 야곱은 사기꾼이었다.

자기 이름을 주님에게 고백함으로써, 야곱은 마침내 하나님께서 그의 생애에 주신 보다 숭고한 부름을 떠난 독자 행동을 마침내 중단했던 것이다. 그 순간에 여호와께서는 말씀하셨다. "네 이름을 다시는 야곱이라 부를 것이 아니요 이스라엘이라 부를 것이니 이는 네가 하나님과 사람으로 더불어 겨루어 이기었음이니라"(창 32:28). 씨름에 짐으로서 야곱은 이겼음을 알 수 있다.

예수님은 이렇게 가르쳤다. "아무든지 나를 따라 오려거든 자기를 부인하고 자기 십자가를 지고 나를 좇을 것이니라. 누구든지 제 목숨을 구원코자 하면 잃을 것이요 누구든지 나를 위하여 제 목숨을 잃으면 찾으리라"(마 16:24-25). 야곱은 그 후 죽을 때까지 지팡이에 몸을 의지해야했던 것이니, 그것이 주님이 그의 넓적다리에 손을 댄 후 똑바로 걸어가는 유일한 방법이었다. 오늘날에도 여러분이나 필자나 십자가에 의지하는 것이 우리의 천직을 가치있게 지키는 유일한 방법이 되고 있다. 우리는 야곱의 사다리를 오르고 있는데 한 단계 한 단계 높이 올라가고 있는 십자가의 군병들인 것이다.

시합이 끝난 후 야곱은 그 일이 벌어진 장소를 브니엘이라고 이름 짓고, "내가 하나님과 대면하여 보았으나 내 생명이 보전되었기 때문이다"라고 말했다(창 32:30). 우리가 하나님을 만나는 것은 십자가에서이며, 거기서 우리는 예수님을 통하여 우리의 생명이 구해지는 것이다. 그러니까, 나다나엘처럼, 우리는 하나님의 천사들이 인자(人子)이시며, 우리의 구세주이며 왕이시며, 우리의 위대한 구원자이시며 친구이신 분의 위를 오르락내리락 하는 것을 본다. 예수님이 우리의 브니엘인 것이다.

그래서 야곱과 에서는 서로 화해했고, 두 형제는 각자 자신의 길을 평화롭게 갔다. 에서는 에돔 사람의 시조가 되었고, 야곱은 이스라엘 자손의 아버지가 되었다. 오늘의 이스라엘이란 나라는 그 이름이나 그 존재가 먼 옛날 야곱이 하나님과 씨름 시합을 한 결과로 생겨난 것이다.

야곱의 마지막 환상(이상)

야곱의 마지막 환상은 그의 아들 요셉이 야곱과 그의 가족을 애굽 땅에 살라고 초청했을 때 나타났다. "밤에 하나님이 이상 중에 이스라엘에게 나타나시고 불러 가라사대 야곱아 야곱아 하시는지라 야곱이 가로되 내가 여기 있나이다 하매, 하나님이 가라사대 나는 하나님이라 네 아비의 하나님이니 애굽으로 내려가기를 두려워 말라 내가 거기서 너로 큰 민족을 이루게 하리라. 내가 너와 함께 애굽으로 내려가겠고 정녕 너를 인도하여 다시 올라 것이며 요셉이 그 손으로 네 눈을 감기리라 하셨더라"(창 46:2-4).

언제나 그러했듯이 야곱은 하나님을 복종하고 애굽으로 갔다. 그럼으로써 이 사건은 오래 전에 하나님께서 아브라함에게 뒤숭숭한 꿈속에서 말해 주었던 예언을 성취하기 위한 발판이 된 것이다.

요셉

요셉은 야곱의 열한 번째 아들로서 하나님은 그를 가장 위대한 이스라엘의 족장 중의 하나로 정해 두고 있었다. 그가 위대해진 것은 우연히 공원 속으로 산책한 결과는 아니었다. 그는 그의 형제들에게서 화가 치밀게 괴롭힘을 당했고, 무자비하게 노예로 팔렸고, 강간자라는 누명을 썼고, 범죄자로서 부당하게 감옥에 갇혔었고, 나쁜 추억처럼 완전히 잊혀져버린 자였다. 그러나 한 순간도 하나님은 그를 버린 적이 없었다. 이렇게 견딜 수 없이 괴로운 과정 중에서도 한 번도 그는 주님을 믿는 것을 그만 둔 적이 없었다. 그의 비밀은 무엇이었나? 그러한 지구력을 그는 어디서 얻었나? 그것은 꿈에서 일어났던 것이다!

"요셉이 꿈을 꾸고…"(창 37:5). "꾸다"라고 번역된 원래의 단어는 "꼭 묶는다"[30] 라는 뜻을 갖고 있었다. 그러니까 요셉은 하나님이 그에게 준 꿈속에 꼭 묶여 있었다고 말할 수 있다. 필자도 꿈을 꾸어 본 경험이 있는데, 이러한 정의가 정확하게 맞다고 말할 수 있다. 하나님으로부터 온 꿈은 단순한 생각과 인간적인 희망을 초월한다. 이러한 꿈은 영적인 체험이다. 이런 꿈은 실제로 일어난 것처럼 가슴속에 뿌리 박히게 된다. 몸은 눈을 감은 상태에서 쉬고 있지만, 영은 하나님을 만나고 있고, 마음의 눈이 앞에 있는 모든 것을 기록하고 있다. 깨어나면 그러한 꿈은 절대로 잊어버리지 않는다. 여러 해가 마치 한 주간의 날짜처럼 지나가 버린 후에도, 하나님으로부터 온 꿈은 아주 작은 세부사항도 아주 분명하게 회상해 낼 수 있는 것이다.

침례교 목사가 꿈을 꿀 때

A. J. 고든은 보스턴 출신의 유명한 침례교 목사이며 저자로서, 명망이 높은 고든 콘웰 신학교의 창설자의 한 분으로서, 이전에는 꿈에 대해 별로 관심이 없었던 분이, 자신의 성직 생활의 길을 극적으로 바꾸어 버린 꿈에 대한 이야기를 한 적이 있다.

> 그것은 토요일 밤으로서, 주일 설교를 준비하느라고 피곤해서 잠깐 잠이 들었는데 꿈을 꾸었다. 내가 교인들이 꽉 차 있는 교회에서 강단 위에 서서 설교를 시작하려고 하는데, 한 낯선 사람이 들어오더니 교회의 왼쪽 복도를 따라 천천히 다가오면서 처음에는 한 쪽을 보고 다음에는 다른 쪽을 살피면서, 마치 누군가가 그에게 자리를 양보해 줄

것인지 조용히 눈으로 묻는 것 같았다. 복도 반쯤 다가올 때 한 신사가 나오더니 그에게 자리를 양보했고, 그 자리는 조용히 받아들여졌다.

낯선 사람의 얼굴과 그 생김새만 제외하고, 그 장면의 모든 것―교회의 좌석 수, 친절을 베푼 그 신사, 그 낯선 사람이 앉은자리 등―이 생생하게 기억난다. 단지 그 방문객의 용모만 기억할 수 없었다. 그의 얼굴이 아주 큰 슬픔을 경험한 사람의 얼굴처럼 독특하게 심각한 표정을 짓고 있음이 나의 마음에 깊은 인상을 심어 주었다. 그의 태도가 극히 겸손했고, 그의 옷차림은 초라하고 수수했으며, 예배의 처음부터 끝까지 그는 목사에게 가장 존경스러운 주의를 기울였다. 나는 설교를 시작하자마자 나의 주의는 이 사람에게로 향해 고정되어 버리고 말았다. 나는 잠시 그 사람에게서 눈을 떼어도 보았지만 곧 그에게로 본능적으로 눈이 다시 갔으니까, 설교가 끝날 때까지 내가 그의 주의를 끌었다기보다는 그가 나의 주의를 끌었다고 해야겠다.

나는 마음속으로 계속 자문했다. "저 낯선 사람이 누군까?" 그래서 나는 속으로 예배가 끝나자마자 그에게로 가서 인사하고 친해 봐야겠다고 결심했다. 그러나 축도가 끝난 후, 교회를 떠나는 교인들이 복도로 몰려나오는 바람에 내가 그에게 도달하기 전에 그는 교회를 떠나 버리고 말았다.

그렇지만 그와 함께 앉아 있던 그 신사는 남아 있었기 때문에, 그에게로 가까이 가서 초조하게 물어 보았다. "오늘 아침 같이 옆에 앉아 계셨던 그 낯선 분이 누구신지 아십니까?" 그러자 그는 아주 태연한 태도로 대답했다. "아니, 그 분을 모르십니까? 나사렛 예수님이었습니다."

나는 크나큰 실망감을 안고 말했다. "아이 선생님, 왜 그 분을 저에게 소개시켜 주시지 않고 그냥 보내 버리셨습니까? 그 분과 얘기했더라면 참 좋았을텐데요." 그러자 그 신사는 마찬가지로 태연한 태도로 대답했다. "아, 염려 마십시오. 그 분은 오늘 여기 오셨으니까, 틀림없이 또 오실 것입니다."

그러자 무어라고 표현할 수 없는 이상한 감정에 나는 휩싸였다. 물살이 센 시냇물을 갑자기 막아서, 물이 역류하고 거품이 부글부글 이는 것처럼, 그 신비스러운 방청객에 대한 강렬한 호기심이 설교자와 주님 자신에게로 향하게 되었다. "나의 소유자이며 내가 섬기는 분"이 오늘까지 나의 말을 듣고 계셨던 것이다. 내가 무슨 말을 해 왔던가? 대중의 귀를 끌기 위해서 인기 있는 주제를 가지고 설교하고 있었지는 않았나? "십자가에 못 박히신 그리스도를 못 박히신 형태로 설교"했는 가, 아니면 그리스도를 찬양하면서 목사 자신을 크게 돋보이게 하지는 않았나?

이러한 의문들에 너무도 불안하고도 괴로워서, 주님과 같이 앉아 있었던 그 사람에게 주님께서 나의 설교에 대해 무슨 말이 있었느냐고 물어 볼까 했으나, 체면과 자존심은 곧 나에게 제동을 걸었다. 그러자 또 다른 의문들이 마찬가지로 강렬하게 나의 머리 속을 어지럽혔다. "중대한 계기"란 말이 있다. 이런 경우는 비록 자고 있는 중이라도 꿈 꾸는 당사자는 그 중대한 계기를 인식하는데, 엄숙한 단 한 순간 속으로 일생, 아니 거의 영원한 관심이 응집되어 왔다.[31]

A. J. 고든은 이런 꿈을 꾼 후 전혀 다른 사람이 되었다. 요셉도 마찬가지였다.

요셉은 꿈을 꾸었다! 아니 꿈이 요셉을 사로잡았다는 것이 더 정확한 표현인지도 모르겠다! 바로 거기서 그는 지구력을 얻어 여러 해 동안 그에게 닥쳐온 모든 것을 극복할 수 있었다. 정말로 요셉의 이야기는 꿈의 힘이 얼마나 영감적인지를 보여 주는 좋은 예이다.

요셉의 위대한 꿈

요셉은 자기 형들에게 말했다. "청컨대 나의 꾼 꿈을 들으시오." 요셉은 자기가 말하려는 내용에 아무런 하자가 없는 듯 공손하고도 예의 바르게 요청하는 것처럼 들린다. 그런데, 제임스 왕 시절의 영어의 세련미는 불손한 표현을 될 수 있으면 피했다. 그러나 실제로는 요셉의 언사는 불손했고, 그의 형들도 그것을 알고 있었다. 그리고 요셉도 형들이 그걸 알기를 바랐다. 이 장면을 우리 말 성경은 어떻게 표현하고 있는가 보자.

"요셉이 꿈을 꾸고 자기 형들에게 고하매 그들이 그를 더욱 미워하였더라. 요셉이 그들에게 이르되 청컨대 나의 꾼 꿈을 들으시오. 우리가 밭에서 곡식을 묶더니 내 단은 일어서고 당신들의 단은 내 단을 둘러서서 절하더이다. 그 형들이 그에게 이르되 네가 참으로 우리의 왕이 되겠느냐 참으로 우리를 다스리게 되겠느냐 하고 그 꿈과 그 말을 인하여 그를 더욱 미워하더니"(창 37:5-8).

소년은 잠자코 있지를 못하는 성미였다. 꿈 이야기 하나가 끝나면 또 다른 꿈을 들고 나타난다. 그가 "어흥 흥흥 어흥 흥흥……"하면서 콧노래로 신바람을 내며 다니는 것이 눈에 보이는 듯 하다.

"요셉이 다시 꿈을 꾸고 그 형들에 고하여 가로되 내가 또 꿈을 꾼즉 해와 달과 열 한 별이 내게 절하더이다 하니라. 그가 그 꿈으로 부형(父兄)에게 고하매 아비가 그를 꾸짖고 그에게 이르되 너의 꾼 꿈이 무엇이냐 나와 네 모(母)와 네 형제들이 참으로 가서 땅에 엎드려 네게 절하겠느냐. 그 형들은 시기하되 그 아비는 그 말을 마음에 두었더라"(창 37:9-11).

야곱은 요셉의 미숙한 행동이 마음에 안 들었으나 꿈의 내용이 하나님으로부터 온 꿈과 비슷함을 인식했던 것이다. 그는 소년을 야단쳤으나 하나님이 꿈속에서 그의 아들에게 계시한 것을 조심스럽게 생각했다. 아마도 자기 자신이 꿈속에서 주님을 만났었던 벧엘과 브니엘에 관한 다정스러운 추억이 떠올랐었는지도 모른다.

요셉이 말한 것을 모두가 분명히 알아들었기 때문에 별다른 해석을 할 필요성이 없었지만, 야곱은 꿈을 어떻게 적용하면 좋을지를 골똘히 생각해 보았다. 이 꿈이 어떻게 실현될 것인가? 이 꿈이 어떻게 실현될 수 있을까? 창세기의 나머지 부분은 바로 이 문제의 해답에 관한 것이다.

꿈꾸는 자를 죽여라!

야곱은, 요셉을 제외하고, 그의 아들들을 야곱이 살고 있는 헤브론 북쪽 약 백마일 지점에 있는 도시인 세겜으로 보내 양떼를 치도록 했다. 이런 정도의 거리는 도달하려면 꽤 시간이 걸릴 것은 당연하다. 그런데 야곱이 생각했던 것보다 시간이 더 많이 걸렸기 때문에, 그는 요셉을 보내 형들을 점검하도록 했다. 이는 잘한 일이 못되었다.

형들은 요셉이 도착하기 훨씬 전에 멀리서 오는 그를 알아 보았다. 밝은 색깔의 상의가 그를 쉽게 눈에 띄게 했던 것이다. "서로 이르되 꿈꾸는 자가 오는도다. 자, 그를 죽여 한 구덩이에 던지고 우리가 말하기를 악한 짐승이 그를 잡아먹었다 하자. 그 꿈이 어떻게 되는 것을 우리가 볼 것이니라 하는지라"(창 37:19-20).

악마는 언제나 하나님으로부터 온 꿈에 끝장을 내려고 시도하는 것이다. 요셉의 형들은 요셉의 생애에서 하나님의 의도를 좌절시키기 위하여 악의에 찬 계획을 하는데 공모자가 된다. 그러나 그들(악마도 마찬가지다)은 바로 하나님께서 계획하신 데로 행동하고 있는 줄은 모르고 있다. 그 순간에 이 형제들이 취한 결정들은 연쇄반응을 일으켜, 결국에는 요셉이 꾼 꿈대로 그들은 요셉 앞에 절을 하게 되는 것이다!

불충한 형들이 본 요셉의 마지막 행동의 모습은 자신을 노예로 팔아버리지 말도록 애걸복걸하는 모습이다. 요셉이 공포에 질리고 고뇌하는 기억은 그 후에 수년동안 그의 형제들을 따라다니며 괴롭혔다. 실제로, 그들은 수년 뒤에 애굽의 지배자 앞에 유죄를 선고받고 서서 고백하게 된다. "우리가 아우의 일로 인하여 범죄하였도다 그가 우리에게 애걸할 때에 그 마음의 괴로움을 보고도 듣지 아니하였으므로 이 괴로움이 우리에게 임하도다"(창 42:21). 그들은 요셉과 요셉을 사랑한 그들의 아버지에게 저지른 잘못에 대한 양심의 가책을 결코 지워버릴 수가 없었다.

애굽의 요셉

요셉은 애굽으로 끌려가 바로의 한 신하인 보디발에게 팔렸다(창 39:2). 보디발은 요셉을 아주 신임하여 가사 일을 모두 맡기고 자기 소유물을 다 그에게 위임했다. 모든 일이 잘 되 가다가, 보디발의 아내가 요셉을 유혹하여 동침하기를 청했으나 요셉이 거절하자 그녀는 나쁜 마음을 먹었다. 쓰라리게 거절을 당하는 순간, 그녀는 요셉이 자기를 강간하려 했다고 누명을 씌웠다. 그녀의 고발로 요셉은 재판도 없이 감옥에 갇혔다. "구덩이에서 노예매매대로 또 감옥으로 가는구나. 내 팔자도 기구하고나"라고 요셉은 생각했을는지 모른다. 그러나 하나님은 요셉과 함께 계셨고 감옥에서 그가 잘되게 하셨다. 다른 옥중 죄수들이 모두 그의 손에 맡겨진 것이다.

술 맡은 자와 떡 굽는 자

요셉은 어느 날 아침 두 명의 죄수가 근심에 싸여 있는 것을 발견하고, 그 원인이 무엇인지를 물었다. "그들이 그에게 이르되 우리가 꿈을 꾸었으나 이를 해석할 자가 없도다 요셉이 그들에게 이르되 해석은 하나님께 있지 아니하니이까 청컨대 내게 고하소서"(창 40:8).

요셉의 이야기에서 볼 수 있다시피, 하나님은 꿈과 환상을 통해 우리에게 말씀하실 뿐 아니라, 꿈의 해석이라는 새로운 문제를 제시해 준다는 것을 알 수 있다. 우리의 꿈은 종종 해석을 할 필요가 있기 때문에 이 문제는 중요한 것이다. 꿈이란 것이 언제나 명확하고 이해하기 쉬운 모양으로 되어 있는 것이 아니기 때문이다.

왜 그렇지 않나? 라고 묻는 사람도 있을 것이다. 왜 하나님은 당신의 마음을 알기 쉽게 우리에게 알려 주시지 않는가? 왜 밀다발이 절을 하고, 사다리가 하늘 속으로 올라가고, 얼룩진 양이 짝짓기 계절에 뛰어다니고 하는 식으로 둘러대는가? 왜 돼지와 메기가 가득 찬 이불을 하늘에서 내려보내고, 마케도니아인이 바다 너머로 우리를 불러대고, 우리 정원에 하마가 있는 것을 보여 주는가? 도대체 왜 하나님은 우리에게 괴상한 꿈을 꾸게 하시는가?

대답은 단 한 마디, 즉, 경제적이란 것이다. 그림은 천 마디 말의 가치가 있다. 말은 곧 잊혀질 수 있으나, 환상이나 꿈은 그것이 보이는 사람의 마음속에 깊이 박힐 것이다.

그렇다면, 왜 우리는 꿈을 해석해야만 하는가? 왜 하나님은 그 뜻을 분명히 하지 않는가? 성경은 말한다: "일을 숨기는 것은 하나님의 영화요 일을 살피는 것은 왕의 영화니라"(잠 25:2). 하나님이 꿈의 신비를 이용하는 것은 우리의 마음을 잡기 위한 것 뿐 아니라, 우리로 하여금 지혜를 추구하는 숭고한 일을 하도록 하기 위함이다.

하지만 요셉은 우리 자신의 힘만으로는 답을 구할 수 없다는 것을 우리에게 확신시켜 주고 있다. "해석은 하나님께 있지 아니하나이까?" 정말 그렇다. 그러나 하나님은 우리가 알아보려고 마음을 하나님에게 돌리면 기꺼이 해석을 같이 해 주신다. 구하면 찾을 것이다.

"술 맡은 관원장이 그 꿈을 요셉에게 말하여 가로되 내가 꿈에 보니 내 앞에 포도나무가 있는데, 그 나무에 세 가지가 있고 싹이 나서 꽃이 피고 포도송이가 익었고, 내 손에 바로의 잔이 있기로 내가 포도를 따서 그 즙을 바로의 잔에 짜서 그 잔을 바로의 손에 드렸노라"(창 40:9-11). 이게 무슨 뜻인가?

요셉이 그에게 말했다. "그 해석이 이러하니 세 가지는 사흘이라. 지금부터 사흘 안에 바로가 당신의 머리를 들고 당신의 전직을 회복하리니 당신이 이왕에 술 맡은 자가 되었을 때에 하던 것같이 바로의 잔을 그 손에 받들게 되리이다"(창 40:12-13).

요셉은 술 맡은 자가 바로 앞에 다시 서게 될 때 자기를 기억하도록 얼른 개인적인 부탁을 덧붙였다. "당신이 득의(得意)하거든 나를 생각하고 내게 은혜를 베풀어서 내 사정을 바로에게 고하여 이 집에서 나를 건져내소서. 나는 히브리 땅에서 끌려온 자요 여기서도 옥에 갇힐 일은 행치 아니하였나이다"(창 40:14-15).

떡 굽는 자는 요셉이 술 맡은 자에게 말한 말을 모두 주의 깊게 들었다. 그의 꿈이 너무나 비슷한 점이 많아서 그 해석이 술 맡은 자에게처럼 자기에게도 길할 것임이 틀림없겠다고 생각했다. 그는 요셉에게 말했다. "나도 꿈에 보니 흰 떡 세 광주리가 내 머리에 있고, 그 윗광주리에 바로를 위하여 만든 각종 구운 식물(食物)이 있는데 새들이 내 머리의 광주리에서 그것을 먹더라"(창 40:16-17). 이게 무슨 뜻인가?

요셉은 말했다. "그 해석은 이러하니 세 광주리는 사흘이라. 지금부터 사흘 안에 바로가 당신의 머리를 끊고 당신을 나무에 달리니 새들이 당신의 고기를 뜯어 먹으리이다"(창 40:18).

그 꿈은 사흘 안에 실현됐다. 요셉이 말한 바로 그대로였다. 술 맡은 자가 왕궁으로 복직되고 바로가 생일을 축하하고 있는 상황에서, 술 맡은 자가 바로에게 자신의 부당한 처지를 얘기할 것이니까 요셉의 희망은 정의가 실현될 것으로 부풀어 있었다. 그러나 날들이 주간으로 바뀌고, 주간이 달로 바뀌고, 달이 해로 바뀌었지만, 왕궁에서는 아무런 소식이 없었다. 형 집행 연기도, 상소도 없었다. 감옥에서의 석방도 없었다. 요셉은 잊혀진 것이었다. 얼마나 안타까운 일인가. 요셉의 생애에서 가장 암울한 시기였다.

사용하기 전에 잘 흔드시오

애굽의 감옥에 갇혀 있는 히브리인은 형편이 좋지 못했다. 간수가 요셉에게 약간의 친절을 베풀기는 했지만, 아무리 동정을 많이 받았다 해도 부당한 감옥살이에 의한 타격은 완화될 수가 없었다. 시편에 보면 요셉이 감옥에서 어떤 대우를 받았는지 조금 알 수 있다. "그 발이 착고(着錮)에 상하며 그 몸이 쇠사슬에 매였으니, 곧 여호와의 말씀이 응할 때까지라 그 말씀이 저를 단련하였도다"(시 105:18-19).

그 뜻을 알았는가? 여호와의 말씀이 요셉을 단련하였다는 것이다. 요셉이 하나님께서 주신 위대한 꿈을 어린애처럼 자랑한 이래 여러 해가 지났다. 비록 그의 어린애 같은 행동이 문제를 흐리게는 했으나 요셉의 꿈은 하나님에게서 온 것이었다. 그러나 요셉의 태도는 그렇지 않았다. 그 여러 해 동안 꿈이 진짜라는 것을 증명하기 위한 것이 아니라, 요셉이 진짜라는 것을 증명하기 위한 것이었다. 주님의 단련 과정은 오늘날 우리의 인생에서도 마찬가지이다.

오늘날 교회에 요셉과 비슷한 사람들이 많이 있다. 그들은 하나님으로부터 꿈과 환상을 정말로 받았지만, 너무나 미숙하게 행동함으로 같은 신자들의 마음을 흔들어 이들을 거절하도록 한다. 아마도 이들도 요셉처럼 그 말이 믿을 수 있는 것이라고 증명될 때까지는 몹시 고통스러운 여러 해를 지내야 할지 모른다. 왕궁이 있기 전에, 구덩이, 노예매매대, 그리고 감옥이 있는 것이다!

바로의 두 꿈

바로의 꿈은 요셉을 위하여 하나님이 중재하시게 된 전환점이 된다. 바로가 꿈에 나일강 가에 서서 보니 아름답고 살진 일곱 암소가 강가에 올라와 갈대밭에서 뜯어먹고 있었다. 그 뒤에, 보기 싫고 마른 일곱 마리의 암소가 또 나일강에서 올라와 앞의 일곱 마리 살진 암소 옆에 섰다. 그리고 보기 싫고 마른 소들이 아름답고 살진 소들을 먹어 치웠다. 그리고는 바로는 잠에서 깼다. 바로는 다시 잠이 들고 두 번째 꿈을 꾸었다. 꿈에 일곱 개의 무성하고 충실한 이삭이 한 줄기에 자라고 있었다. 그 후에, 또 일곱 개의 이삭이 나더니 약하고 동풍에 말라가고 있었다. 그런데 약하고 마른 이삭이 일곱 개의 무성하고 충실한 이삭을 통체로 삼켜버리는 것이었다(창 41:17-24 참조).

대부분의 사람들은 이런 꿈을 꾸다 깨어나면, 두어 번 머리를 긁적거리고, 전날 밤에 저녁으로 무엇을 먹어서 그런가 하고 생각해 보고, 어깨를 한번 들쭉하고는 하루의 일과를 시작하고 말 것이다. 그런데 왜 바로는 그렇게 하지 않았던가? 왜 이 이상한 꿈에 신경을 썼던가? 성경은 "그 마음이 번민하여"라고 표현한다. 이 말은 마음이 편치 않고 동요되어 있다는 뜻이다. 비유컨대, 밤새도록 수도꼭지 물이 똑똑 떨어지는 소리를 들을 때와 마찬가지일 것이다. 듣지 않으려고 노력하면 할수록, 더 크게 들린다. 바로가 꿈을 생각하지 않으려고 하면 할수록, 꿈은 더욱 그의 생각을 지배하고 마음을 흔들어 놓았다.

그의 마음의 동요는 아무도 그 꿈이 무엇을 의미하는지 설명할 수 없었다는 사실로 더욱 악화되었다. 그 꿈이 과연 무슨 의미가 있는지, 그것부터 궁금했다. 왕궁 내의 모든 일이 정지되고, 일종의 신경과민적인 분위기가 팽배했으며, 꿈의 뜻을 모르는 관리들은 왕으로부터 멀리하는 것이 상책이라고 생각했다.

마침내, 요셉이 이년 전에 바랐던 것이 일어나려는 순간이었다. 술 맡은 자가 바로에게 요셉 얘기를 한 것이다. "그곳에 시위 대장의 종된 히브리 소년이 우리와 함께 있기로 우리가 그에게 고하매 그가 우리의 꿈을 풀되 그 꿈대로 각인에게 해석하더니, 그 해석한 대로 되어…"(창 41:12-13). 왕은 그 소리를 듣자마자, 요셉을 불러 오라 명했고, 요셉은 즉시 왕궁으로 불려 나왔다.

바로는 말했다. "내가 한 꿈을 꾸었으나 그것을 해석하는 자가 없더니 들은즉 너는 꿈을 들으면 능히 푼다더라"(창 41:15). 요셉의 대답은 하나님께서 얼마나 깊이 요셉의 마음속에 역사하고 있었던가를 보여 주고 있다. "저는 할 수 없습니다"(창 41:16)라고 요셉은 대답했다. 소년 시절에 자신의 꿈을 마음대로 해석했던 철부지의 어린이와는 얼마나 달라졌던가. 아마도 그 사이 반성의 여러 해를 보낸 과정에서 요셉이 그렇게 겸손해졌는지도 모른다. 그는 여러 번이나 자기 꿈을 곰곰이 생각해 보고 그 뜻이 무엇인가를 따져 보고, 처음에는 분명히 잘못 해석했다는 것을 깨달은 것이다.

"이는 내게 있는 것이 아니라〔저는 할 수 없습니다〕." 이러한 대답은 겸손하고도 참된 것이다. 요셉은 얼른 덧붙였다, "하나님이 바로에게 평안한 대답을 하시리이다"(창 41:16). 바로는 그러자 요셉에게 자신의 꿈 얘기를 했고, 하나님은 그 뜻을 밝혔다. "바로께서 꿈을 두 번 겹쳐 꾸신 것은 하나님이 이 일을 정하셨음이라 속히 행하시리니"(창 41:32). 우리는 이 구절을 주의할 필요가 있는데, 그것은 하나님께서 어떤 식으로 말씀하시는가를 알 수 있는 하나의 열쇠가 되기 때문이다. 계시를 반복함은 그것을 확인하는 것이 되는 것이다.

요셉은 바로에게 애굽은 칠 년간 풍년이 들다가 칠 년간 흉년이 들것이라고 말했다. 바로는 처음에는 꿈 때문에 번민했지만, 이제는 그 의미하는 바에 경악한다. "내가 무얼 해야지?"라고 묻는다. 요셉은 곡물 저장 계획을 세워 처음 칠 년간의 풍년에서 곡식을 저장하여 다음에 오는 칠 년간의 흉년에 대비하도록 건의한다.

바로는 그의 신하에게 묻는다. "이와 같이 하나님의 신에 감동한 사람을 우리가 어찌 얻을 수 있으리요?"(창 41:37). 모든 신하가 만장일치로 동의했고, 바로는 요셉에게 말했다. "하나님이 이 모든 것을 네게 보이셨으니 너와 같이 명철하고 지혜 있는 자가 없도다. 너는 내 집을 치리(治理)하라 내 백성이 다 네 명을 복종하리니 나는 너보다 높음이 보좌(寶座)뿐이니라. 내가 너로 애굽 온 땅을 총리(總理)하게 하노라"(창 41:37-41).

"그리고 자기의 인장 반지를 빼어 요셉의 손에 끼우고 그에게 세마포 옷을 입히고 금사슬을 목에 걸고…요셉의 이름을 사브낫바네아라 하고…"(창 41:42, 45). 그 이름의 의미는 "하나님은 말씀하시고 살아 계신다"이다. 지상의 모든 왕들이 다시 한번 주님의 종의 말을 듣고 바로가 요셉에게 준 이름과 같은 뜻을 부여하는 그 날을 하나님께서 빨리 오게 하시기를 기원한다!

칠 년간의 풍년 다음에 칠 년간의 심한 흉년이 들어 애굽의 국경을 넘어 멀리까지 미쳤다. 애굽에 먹을 것이 있다는 소문이 퍼지자 많은 사람들이 곡물을 사러 요셉에게로 왔다. 요셉이 자신의 옥좌에서 자기 형들이 자기 앞에서 절하며 곡물을 달라고 애걸하는 모습을 보고 있는 순간을 상상해 보시라![32]

요셉의 생애로부터 꿈꾸는 사람들을 위한 교훈

요셉은 일생 동안 하나님이 주신 꿈을 간직하고 있었다. 그 꿈은 그가 경험한 모든 것을 극복하고 그를 지켰다. 하나님으로부터 온 꿈을 끝까지 간직함으로써 그는 죄를 삼가고, 슬픔에서 벗어나고 영광을 되찾았다. 우리가 요셉에게서 배울 수 있는 도움이 되는 다섯 가지 지침이 있다.

1. 진로를 지켜라(창 37:5-10).

하나님께서는 환상의 영감을 통하여 당신의 말씀을 우리의 가슴 속에 넣어 주신다. 우리가 주님을 섬기도록 촉구하는 설교를 듣고, 우리가 모르는 세계로 우리의 눈을 뜨게 하는 선교사를 만나고, 또는 다른 방법으로, 심지어는 꿈속에서도, 어떻게 하면 우리가 주님을 잘 섬기고 하나님의 영광을 위하여 하나님에 의하여 크게 쓰임을 당할 수 있는가 하는 생각이 우리 가슴속에 들어오게 할 수도 있다. 어떤 일이 부닥치더라도 요셉처럼 끝까지 진로를 지켜야 한다. 약속과 약속의 땅 사이에는 무서운 뱀들과 불평하는 불신자들이 득실거리는 사막이 있다는 것을 기억하시라. 여러분의 눈이 주님의 신실하심에 맞추어 고정되어 있도록 하라. 주님은 말씀하신 것을 이루실 것이다.

2. 주님을 섬겨라(창 39:4, 21).

요셉은 모든 나쁜 상황을 잘 활용했다. 그의 초점은 언제나 주님에게 있었다. 보디발의 집에 있던지 감옥에 갇혀 있던지 간에 요셉은 주님을 섬겨서 어려운 환경 위로 들림을 받았다. 손에 잡히는 무슨 일을 하던지 간에 그것이 주님을 위한 것이라고 생각해야 한다. 그리하면 당신의 삶의 기준이 보통의 삶 위로 가게 될 것이며, 사실 바로 이것이 주님께서 다른 사람의 마음을 당신에게 호의적으로 돌리게 하기 위하여 사용하시는 수단일는지도 모른다.

3. 사악함을 피하라(창 39:9).

보디발의 음탕한 아내의 자극적이고도 강력한 유혹에 직면했을 때, 요셉은 성실성과 순수성을 끝까지 고수했다. 이런 태도를 유지해야 한다. 우리의 삶속에서 하나님이 주시는 꿈과 환상은 죄의 방해공작으로 이루어지지 않을 수도 있다. 주님께서 역사 하심을 지연시킨다고 해서 우리가 믿음을 끝까지 지킬 이유가 더 이상 없다는 생각을 하지 말아야 한다. 이상(異像)은 실현될 때가 있는 것이며, 비록 늦어진다고 해도 기다려야 한다. 그 때는 분명히 올 것이다. 그러나 그 때가 올 때 우리는 그것을 잡을 수 있는 깨끗한 손이 있어야 하는 것이다.

4. 진리를 나누어 가져라(창 41:14-57).

요셉의 생애에서 배울 수 있는 큰 교훈의 하나는 진리는 언제나 결국 이긴다는 것이다. 우리는 진리(진실)를 알고 있을 뿐만 아니라 기회가 있는 대로 그것을 나누어 가져야 한다. 그리고 무엇보다도 하나님을 위하여 진리를 말할 기회를 맞이하면, 옥중에 같이 있는 죄수에게든 옥좌에 앉아 있는 왕에게든 진리를 말해야 한다.

5. 하나님과 함께 성공하라(창 45:7-50:20).

요셉의 증언은 우리 앞에 어떤 길이 놓여 있더라도 비전, 믿음, 그리고 용기를 갖고 달리자는 우리의 기쁜 결심으로 신발을 졸라매게 한다. 무슨 일이 있더라도 우리는 하나님의 신실하심과 충만함 속에서 승리할 것이라는 것을 굳게 믿고, 다른 사람이 우리에게 뭇은 악의에 찬 일을 해도, 하나님은 선한 결과를 위해 일하시며, 따라서 우리의 마음과 삶 속에 영광스러운 일을 이룩하신다는 것을 모두가 들으라고 큰 소리로 선언할 것이다. 하나님을 찬양할지어다!

결론

아브라함, 야곱, 그리고 요셉은 우리의 믿음의 조상이시다. 그럼으로써 그들은 우리가 하나님과 동행하는데 필요한 영적인 유산의 규범을 우리를 위하여 남긴 것이다. 우리는 꿈과 환상이 그들의 생애에서 의미 있는 역할을 했음을 보았다. 따라서 오늘날 우리의 생애에서도 그런 일은 마찬가지일 것이라는 것을 기대해야 한다. 하나님께서 족장들로부터 시작하신 것을 모세, 사무엘, 그리고 선지자들에게로 계속하셨으니까, 오늘날까지도 계속되리라고 믿는 데 무리가 없다. 우리의 주의를 그리로 돌려 우리를 기다리고 있는 것이 무엇인지를 보기로 하자.

제 5 장
모든 것을 보시는 눈

　어느 날 미리암과 아론이 "모세가 구스 여자를 취하였으므로 모세를 비방하니라. 그들이 이르되 여호와께서 모세와만 말씀하셨느냐 우리와도 말씀하지 아니하셨느냐 하매 여호와께서 이 말을 들으셨다나. (이 사람 모세는 온유함이 지면의 모든 사람보다 승(勝)하더라). 여호와께서 갑자기 모세와 아론과 미리암에게 이르시되 너희 삼 인은 회막으로 나아오라 하시니 그 삼 인이 나아가매, 여호와께서 구름 기둥 가운데로서 강림하사 장막 문에 서시고 아론과 미리암을 부르시는지라 그 두 사람이 나아가매, 이르시되 내 말을 들으라 너희 중에 선지자가 있으면 나 여호와가 이상으로 나를 그에게 알리기도 하고 꿈으로 그와 말하기도 하거니와, 내 종 모세와는 그렇지 아니하니 그는 나의 온 집에 충성됨이라. 그와는 내가 대면하여 명백히 말하고 은밀한 말로 아니하며 그는 또 여호와의 형상을 보겠거늘 너희가 어찌하여 내 종 모세 비방하기를 두려워 아니하느냐. 여호와께서 그들을 향하여 진노하시고 떠나시매"(민 12:1-9).
　이 이야기는 적어도 세 가지 중요한 사실을 우리가 고려해야 한다는 것을 보여 주고 있다. 첫째로, 모세에게는 주님과 대면해서 말할 수 있는 특권을 부여했다는 것이다. 사실, 주님은 교만한 자를 거절하고 겸손한 자에게 은총을 베푸신다. 주목해야 할 두 번째 사실은, 하나님은 자신을 들어내 보이기로 선택한 사람을 사람들이 비방할 때 크게 노하신다는 것이다. 이 이야기에 나오는 세 번째로 중요한 내용은, 하나님은 꿈과 환상(異像)을 통하여 선지자들에게 말씀하신다는 것이다. 여호와께서는 자신이 분명히 그렇게 말했고, 사실상 역사를 통해서 분명히 그렇게 해 오셨다. "내가 여러 선지자에게 말하였고 이상을 많이 보였으며 선지자들을 빙자하여 비유를 베풀었노라"(호 12:10).

비록 선지자들과 환상 보는 자들은 하나님이 보내신 사람이지만, 그들은 일반사람들로부터 늘 환영받지는 못했다. 오히려, 그들은 분노와 함께 거절당했고 더욱이 살해당하기까지 했던 것이다! 왜 그랬을까? 왜 사람들은 선지자들이 순교 당한 후에야 그들을 존경하는가?

호세아 시대에 여호와는 이런 대답을 주셨다. "선지자가 어리석었고 신에 감동하는 자가 미쳤나니 이는 네 죄악이 많고 네 원한이 큼이니라"(호 9:7). 성령의 기름부음을 받고, 여호와를 대신해서 말하는 하나님의 사람이 다름 아닌 어리석은 미치광이로 여겨질 수가 있다는 것인가? 최근의 여론조사에 의하면 그렇다.

하나님은, 당신 자신의 허락으로, 환상 속에서 자신을 알리시고, 꿈속에서 말씀하신다. "알린다"은 말은 "알다, 봄으로서 확인한다"는 의미이다. 따라서, 우리가 꿈을 꾸고 있던가 환상을 보고 있는 동안에, 하나님께서 자신에 대해서 우리에게 알리고 싶은 것이 무엇인지를 우리는 발견할 수 있을 것이다. "말한다"는 말은 "대답하고, 임명하고, 명령하고, 환담하고, 선언하고, 약속하고, 또는 가르칠 목적으로 단어들을 배열하는 것"을 의미한다. 이 정의에 의하면, 하나님께서 우리에게 말씀하시겠다고 결정하실 경우, 하나님은 꿈이나 환상을 통해서 적어도 일곱 가지의 혜택을 우리에게 주실 수 있다는 것이다.

사람들이 하나님께서 꿈속에서 자기들에게 말씀하셨다고 말한다면, 다음과 같은 의미를 가질 수 있다. 하나님께서 ① 자기가 품고 있던 의문에 대답했거나, ② 어떤 과업이나 임무에 그를 임명했거나, ③ 그의 인생의 어떤 일에 관하여 그에게 명령했거나, ④ 하나님의 마음을 그에게 말해 주었거나, ⑤ 하나님의 뜻의 일부를 그에게 선언했거나, ⑥ 앞으로 올 일을 약속했거나, ⑦ 진리의 문제에 대해 그에게 가르쳐 주었음을 의미한다. 이런 종류의 일들이 꿈속에서 우리에게 말씀해 주시는 일들이다. 이들 중 어떤 것이라도 그것이 하나님에게서 온 것이라면 성경 내용과 위배되지 않을 것이다. 이런 일들은 성경을 감하지도 더하지도 않을 것이다. 이런 일들은 근본적으로 하나님께서 말씀하신 진리를 설명하고 예시하는데 도움이 될 것이다. 이것이 우리가 꾼 꿈이 하나님으로부터 온 것이냐, 아니냐를 판가름하는 좋은 기준이 된다.

하나님의 사람 모세

모세는 여호와께서 특별나게 빼내셔서 직접 말씀해 주신 사람이다. 현대의 해석은 모세가 하나님과 "대면하여"라고 했는데, 이것은 잘못된 것이다. 여호와께서 모세에게 말했다. "네가 내 얼굴을 보지 못하리니 나를 보고 살 자가 없음이니라"(출 33:20). 그러므로, 성경에 하나님께서 모세에게 "대면하여" 말했다고 한 것은, 모세와 하나님이 서로 눈으로 마주보고 말했다는 것이 아니라, 하나님께서 모세에게 "명백히 말하고 은밀한 말로 아니하며"(민 12:8) 자신을 계시하셨다는 것을 의미한다.

환언하면, 여호와께서는 모세에게는 모호하게 말씀하지 않았다는 것이다. 그에게는 꿈이나 환상에서 나타나는 것과 같은 수수께끼,

속담, 또는 말맞추기 같은 것 없이 분명하게 직선적으로 말했다는 것이다. 모세는 사실상 환상에서 보는 체험을 했지만, 그 체험은 상징적 의미로 가려져 있지는 않았다. 그는 여호와의 모습을 실제로 목격했는데, 처음에는 불붙은 떨기나무 속에서, 다음에는 불의 산 위에서, 마지막에는 바위틈에 숨어서 여호와의 영광이 그의 옆을 지나 갈 때 보았던 것이다.

이런 일들은 우리로 하여금 부러운 눈초리를 과거로 돌리고 탄식하게 만든다. "하나님께서 나에게도 그렇게 말해 주신다면 얼마나 좋을까." 그러나 히브리서의 저자는 "하나님께서는 우리를 위해 더 좋은 것을 갖고 계신다"라고 쓰지 않았던가? 오해하지 마시라. 모세가 하나님과 가졌던 관계를 능가하는 더 좋은 하나님과의 관계를 우리가 가져야 한다고 생각하는가? 확실히 그렇다. 그러면 왜 오늘날에는 모세가 하나님과 동행한 것보다 더 좋은 하나님과 동행하는 체험을 많은 사람들이 하지 못하는가? 그 떨기나무로 다시 돌아가서 거기에서 무슨 일이 일어났는가를 살펴보자. 그러면 우리가 해답을 찾을 수도 있으리라.

불붙은 떨기나무

"여호와의 사자가 떨기나무 불꽃 가운데서 그에게 나타나시니라 그가 보니 떨기나무에 불이 붙었으나 사라지지 아니하는지라. 이에 가로되 내가 돌이켜 가서 이 큰 광경을 보리라 떨기나무가 어찌하여 타지 아니하는고 하는 동시에, 여호와께서 그가 보려고 돌이켜 오는 것을 보신지라 하나님이 떨기나무 가운데서 그를 불러 가라사대 모세야 모세야 하시매 그가 가로되 내가 여기 있나이다"(출 3:2-4).

불붙은 떨기나무가 모세의 호기심을 끌었다. 그것은 그의 주의를 끌기에 충분한 신비스러운 일이었고 그래서 그는 돌이켜 갔다. 여기서 유의할 것은 모세가 "돌이켜 가서 보기" 전까지는 여호와께서 그를 부르지 않았다는 것이다. 오늘날 우리에게도 마찬가지일까? 필자는 그렇게 생각한다.

여호와로부터 온 환상이나 꿈에서는 언제나 여호와가 무엇을 말할 것인지를 돌이켜서 보러 오라는 초청이 있다. 만일 우리가 돌이켜 가는데 시간을 내면 여호와는 우리에게 말씀하실 것이다. 당신의 꿈을 가볍게 여기거나 없었던 것으로 하지 말라. 그 꿈이 이상스럽고 기분이 나쁘다고 해서 깨어나서 쫓아 버리지 말라. 초청을 받아들여 여호와께로 돌이켜 가라. 만일 그 꿈이 어떤 의미가 있다면, 여호와께서 당신에게 "말씀하실" 것이다. 여호와께서는 대답하고, 임명하고, 명령하고, 환담하고, 선언하고, 약속하거나, 자신에 관한 것을 가르쳐 주실 목적으로 꿈을 주선하실 것이다.

우리가 바쁘게 지내는 동안 번번이 "불붙는 떨기나무" 숲을 지나쳐 버리고 만 것은 아닌가 하는 생각을 하곤 한다. 몸을 돌이켜 이상한 광경을 보지 않았기 때문에 몇 번이나 우리는 우리의 삶을 바꿀 수 있는 하나님과 대화할 기회를 놓쳤던 것일까? 모세는 여호와 앞에서 겸손한 호기심의 중요성을 자기가 경험한 예를 본보기로 우리에게 가르쳐 주고 있다. 만약 우리가 모세처럼 바로 거기서 시작하면, 우리와 여호와와의 관계가 얼마나 더 좋아질 것인지 놀랄 것이다.

우화 이상의 것

단순한 민속은 문화적 경계선을 초월하지 못한다. 한 민족의 전통과 관습은 전 세계 사람들의 기준이 되지는 못한다. 인간의 이념은 그렇게 강력하지 못하다. 모세에게서 온 것은 하나님에게서 온 것이었다. 그럼으로써, 그의 살아 계신 하나님과의 만남에서 생성된

아이디어는 문화를 초월했을 뿐만 아니라, 모든 시대를 견뎌내면서, 우리가 알고 있는 바의 문명을 정의해 주고 있다.

십계명은 극히 단순하고도 비타협적으로 직설적이지만 오늘날 자유 세계의 거의 대부분의 국가들의 민법의 기초가 되고 있다. 유월절은 고금을 통하여 가장 두드러진 종교적 명절의 하나로서 여전히 자리잡고 있다. 성막(聖幕)이나 성전도 모세에게 준 하나님의 말씀에 그 근원을 두고 있다. 사업경영의 원칙들도 이드로의 조언과 일흔 명의 장로를 정한데서 유래한다. 의술도 모세를 증거하고 있는데, 뱀이 감겨 있는 의사의 지팡이가 치료의 상징이 된 것도 그에게서 연유한 것이다. 모세야말로, 완전한 바보를 제외하고는, 아무도 무시할 수 없는 사람임이 분명하다.

사무엘과 선지자들

족장들의 고고함과 하나님의 사람 모세의 영광에서부터 시작하여 사사(士師)들의 깊은 골짜기를 따라 내려오면, 이스라엘의 위대한 선지자적 개혁가인 사무엘에 이르게 된다. 이 시대에 아주 다양하고 다채로운 사람들이 성경 역사의 페이지를 장식했다: 여호수아는 모세의 후계자로서 이스라엘 민족을 약속의 땅으로 인도했고; 발람은 가짜 선지자로서 하나님께서 당나귀의 입을 통해 꾸짖었고; 드보라는 위대한 여선지자로서 불충한 가나안 사람에 대항하여 이스라엘을 승리로 이끌었고; 삼손은 천하장사로서 블레셋 사람을 무찌르고 다곤신전을 부셔버렸으며; 룻은 모압 여인으로서 이스라엘의 하나님에게 맹세하고 다윗왕의 할머니가 되어 예수 그리스도의 선조가 되었다.

그러나, 신실한 남자와 여자들이 수년동안 끊임없이 노력했음에도 불구하고, 이스라엘은 도덕적, 정치적으로 퇴화되어 갔다. 그들은 첫사랑을 버리고 초기의 영광과 경이로움으로부터 멀리 떨어져 나갔다. 사무엘은 하나님께서 그의 백성들과의 만남에 새로운 장, 즉 새로운 시작을 알렸다. 다른 많은 선지자들도 사무엘의 발자취를 따랐지만, 하나님의 백성들을 이끌어 가는데 그처럼 중요한 지도력을 발휘한 사람은 거의 없었다.

선견자 사무엘

"옛적 이스라엘에 사람이 하나님께 가서 물으려 하면 말하기를 선견자(先見者)에게로 가자 하였으니 지금 선지자(先知者)라 하는 자를 옛적에는 선견자라 일컬었더라"(삼상 9:9). 사람들이 선견자를 "선견자"라고 불렀다는 것은 재미있는 일이다. 이는 그들이 한 일, 즉 꿈이나 환상을 본 것에서 유래한 것이 틀림없다. 성경은 아홉 명의 선견자의 이름을 들고 있다. 이들은 사무엘, 제사장 사독, 갓, 헤만, 잇도, 하나니, 아삽, 여두둔, 그리고 아모스이다.[34] 선지자들을 모두 합치면 그 명부는 크게 늘어난다.

그 시대에는 공개된 환상은 없었다

성경이 우리에게 경고하고 있는 것은, 우리 눈에는 올바르다고 한 행동이, 그러한 행동의 결과는 죽음일 수 있는 경우가 있다는 것이다(잠 14:12; 16:25). 이러한 예들은 사사기 시대에 일어난 일들을 예로 하여 도표로 보듯이 잘 설명해주고 있다. 당시 이스라엘에는 왕이 없었기 때문에, 모두가 자기 눈으로 보기에 옳다고 생각한 행동을 했고, 이스라엘 역사상 그 시대의 총체적인 결과는 전국에 걸친 기근이었다(삿 17:6; 18:1; 21:25; 룻 1:1). 그것은 영적인 세계에서 일어나고 있었던 것을 알려주는 자연의 표징이었다.

"주 여호와께서 가라사대 보라 날이 이를지라 내가 기근을 땅에 보내리니 양식이 없어 주림이 아니며 물이 없어 갈함이 아니요 여호와의 말씀을 듣지 못한 기갈이라. 사람이 이 바다에서 저 바다까지, 북에서 동까지 비틀거리며 여호와의 말씀을 구하려고 달려 왕래해도 얻지 못하리니"(암 8:11-12).

사무엘이 소년이었을 때 상황은 그러했다. "그 시절에는 여호와의 말씀이 희귀하여 이상(異像)이 흔히 보이지 않았더라"(삼상 3:2-4). 제사장 엘리는 거의 장님이 되다시피 되었고 그의 아들은 회복불능 상태로 삐뚤어졌다. 그 때는 이스라엘 역사상 가장 어두운 시기의 하나였다. 그러나 하나님께서 관여하시어 꿈과 환상을 통하여 사무엘에게 말씀하심으로서 구제불능의 나라를 구하셨던 것이다.

"엘리의 눈이 점점 어두워 가서 잘 보지 못하는 그 때에 그가 자기 처소에 누웠고, 하나님의 등불은 아직 꺼지지 아니하였으며 사무엘은 하나님의 궤 있는 여호와의 전 안에 누웠더니, 여호와께서 사무엘을 부르시는지라 그가 대답하되 내가 여기 있나이다 하고"(삼상 3:2-4).

하나님의 등불은 아직 꺼지지 않았다. 이렇게 묘사된 상황은 어떠한 것이었나! 최후의 순간을 맞아 깜빡깜빡 꺼져 가는 촛불처럼 하나님 앞에 있는 국가의 상황이 묘사되고 있다. 그러나 언제나 사랑으로 충만하신 하나님께서는, 하나님의 일에는 하나의 꺼져 가는 불빛에 불과한 한 어린 소년을 밤중에 불러 낸 것이었다. "사무엘이 아직 여호와를 알지 못하고 여호와의 말씀도 아직 그에게 나타나지 아니한 때라"(삼상 3:7). 그의 어린애 같은 대답, "여호와여 말씀하옵소서 주의 종이 듣겠나이다"는 역사상 가장 주목할만한 예언적인 사역 중의 하나를 시작하게 한 것이었다.

"사무엘이 자라매 여호와께서 그와 함께 계셔서 그 말로 하나도 땅에 떨어지지 않게 하시니, 단에서부터 브엘세바까지의 온 이스라엘이 사무엘은 여호와의 선지자로 세우심을 입은 줄을 알았더라. 여호와께서 실로에서 다시 나타나시되 여호와께서 실로에서 여호와의 말씀으로 사무엘에게 자기를 나타내시니"(삼상 3:19-21).

이 성경 구절을 주의 깊게 검토해보면, 하나님께서는 영적인 일에 사무엘의 아버지가 되셨고, 실로의 성막(聖幕)에서 그에게 이상(異像)을 보여 주셨으며, 여호와의 말씀을 통하여 사무엘에게 자신을 들어내 보이셨다는 것을 알 수 있다. 이러한 세 가지 박진감 있는 실제가 오늘날 여호와를 사랑하는 우리에게도 가능한 것이다! "여호와여 말씀하옵소서 주의 종이 듣겠나이다!"

선지자 이사야

릭과 수잔은 그들의 삶에서 어떤 변화가 있어야겠다는 것을 깨달았다. 그들은 주님으로부터 멀어져서 방황했던 것이고 결혼생활도 암초에 부딪쳤다. 물론 그들은 각각 전문분야에서 성공적인 경력을 이룩했고 친구들에게도 인기가 있었으나 무언가가 빠진듯한 느낌이었다. 그들은 일요일 교회에 나가 보면 인생을 제 궤도에 올려놓는 데 도움이 될는지도 모르겠다고 의견의 일치를 보았다.

그들이 도착했을 때는 주차장은 만원이었고 얼굴이 상기된 사람들이 붐비는 속에서 그들은 잘못 왔다는 생각이 들었다. 그들은 잠깐 머뭇거리다가 그냥 집으로 돌아갈까 하는 생각을 했다. "끝까지 있어 봅시다. 이왕 이 먼길을 온 김에, 그리고 우리는 정말 도움이 필요해요."라고 수잔이 말했다. 릭은 동의하는 뜻으로 머리를 끄덕이고 차를 주차했다. 그들은 조용히 교회 안으로 들어가서, 마음이 변하면 곧바로 나올 수 있도록 뒷자리에 문 가까이에 자리잡았다.

사람들은 친절했고 목사님도 순수하고 마음을 편하게 했다. 안내서도 재치 있게 만들어져 있었고, 교회를 통해서 할 수 있는 여러 활동도 인상적이었다. 안내서 뒷장에 있는 유머를 읽고 릭은 껄껄 웃기까지 했다. "이 사람들이 생각대로 그렇게 이상한 사람들은 아닌 모양이군"이라고 그는 속으로 즐겁게 생각했다. 찬양대가 질서 있게 입장하고, 예배는 정식으로 시작됐다. 별안간 교회 안은 찬양대의 우렁찬 소리로 가득 찼다. "거룩하다! 거룩하다! 거룩하다! 만군의 여호와여!"(역자 주: 한국 찬송가에는 "거룩, 거룩, 거룩, 전능하신 주여!"라고 되었음) 릭과 수잔은 그 다음에 일어날 일을 전혀 예상치 못했었다.

성령의 임재하심이 그들을 휩쓸었고 그들은 주님 앞에서 울음을 참지 못하고 흐느꼈다. 그들은 서로 껴안고 그들을 갈라놓으려는 과거의 여러 가지 행동에 대해 서로를 용서했다. 그리고는 주님으로부터 멀리 돌아섰던 것을 회개했다. 하나님은 그들을 용서하시고 회복시켜 주시고, 기쁨과 희망으로 가득 채워 주셨다.

이 모든 것이 목사님이 설교를 시작하기도 전에 일어난 것이다. 찬양대가 찬양을 마치자 그들의 가슴을 채운 그 경이로움, 그들의 마음속에 신앙 부흥이 일어난 것이다! 그렇게 짧은 시간에 그렇게 많은 일이 일어나게 하다니 그 노래 속에 무엇이 있었기에 그런 것일까? 찬양대는 천사들이 쓴 그 꿈속에서 계시된 노래를 부르고 있었다는 것을 그들은 알지 못했다.

나는 주님을 보았다!

"웃시야 왕의 죽던 해에 내가 본즉 주께서 높이 들린 보좌에 앉으셨는에 그 옷자락은 성전에 가득하였고, 스랍들은 모셔 섰는데 각기 여섯 날개가 있어 그 둘로는 그 얼굴을 가리었고 그 둘로는 그 발을 가리었고 그 둘로는 날며, 서로 창화하여 가로되 거룩하다 거

룩하다 거룩하다 만군의 여호와여 그 영광이 온 땅에 충만하도다"
(사 6:1-3).

이것이 이사야의 결정적 순간이었다. 이것은 이사야가 일생동안 여호와의 선지자로 하나님을 섬길 계기가 된 것이다. "내가 또 주의 목소리를 들은즉 이르시되 내가 누구를 보내며 누가 우리를 위하여 갈꼬 그 때에 내가 가로되 내가 여기 있나이다 나를 보내소서!"(사 6:8). 그렇다, 이사야는 여호와를 보았던 것이다. 이사야의 많은 예언이, 일부는 전설적이지만, 이 단 하나의 이상(異像)에 비추어서 검토되어야 할 것이다. 이는 그의 신앙의 기준이 되었을 뿐 아니라, 피로를 모르고 생색나지 않는 60년의 걸친 전도활동에서 그의 믿음의 강도를 유지시켜 주었던 것이다. 전승에 의하면 그는 히스기야 왕의 아들 므낫세 치하에서 순교 당했다고 한다. 그의 유산은 시대가 바뀌어도 이어지고 있다.

일곱 가지 유명한 이상(異像)

"아모스의 아들 이사야의 이상"(사 1:1). 여기서 사용된 이상이란 말은 히브리에서 온 말로 신성한 진리의 계시를 의미한다. 66장으로 되어 있는 이사야의 예언은 하나님이 그에게 계시하신 것이다. 여기서는 여러분의 개인적인 연구를 위하여 이사야의 이상 중 유명한 일곱 개를 들어본다.

- 처녀가 잉태하리라 (7:14)
- 그 이름은 기묘자(奇妙者)라 (9:6)
- 예수의 전도 (61:1-3)
- 십자가에서의 못 박힘 (52:13 - 53:12)
- 이방인이 여호와에 의해 구원받음 (60:1-3)

- 구세주의 영광스런 귀환 (63:1-5, 64:1-5)
- 새 하늘과 새 땅 (66:22)

"구약전서 중에서, 아마도 시편만 제외하고, 이사야서처럼 현대의 교회에 대해 그처럼 박력있고 시의 적절하게 말하는 성서가 없다. 그는 '메시아적 예언자' 또 '복음의 예언자'라고도 불리었다. 그는 모든 미래 시대에 대한 예언을 했으며, 그리스도의 첫 번째 및 두 번째 오심도 예언했다."[35]

예레미야는 개구리가 아니었다

예레미야는 사무엘처럼 여호와께서 그를 선지자로 정하셨을 때 소년에 불과했다. 그는 여호와의 부르심을 이렇게 얘기하고 있다. "여호와의 말씀이 내게 임하니라 이르시되, 내가 너를 복중에 짓기 전에 너를 알았고 네가 태에서 나오기 전에 너를 구별하였고 너를 열방의 선지자로 세웠노라 하시기로, 내가 가로되 슬프도소이다 주 여호와여 보소서 나는 아이라 말할 줄을 알지 못하나이다. 여호와께서 내게 이르시되 너는 아이라 하지 말고 내가 너를 누구에게 보내든지 너는 가며 내가 네게 무엇을 명하든지 너는 말할지니라. 너는 그들을 인하여 두려워 말라 내가 너와 함께 하여 너를 구원하리라 나 여호와의 말이니라 하시고, 여호와께서 그 손을 내밀어 내 입에 대시며 내게 이르시되 보라 내가 내 말을 네 입에 두었노라. 보라 내가 오늘날 너를 열방 만국 위에 세우고 너로 뽑으며 파괴하며 파멸하며 넘어뜨리며 건설하며 심게 하였느니라"(렘 1:4-10).

십대소년들에게는 웅장한 환상이 일어나는 것이 보통이겠지만, 그러나 이것은 하나님만이 할 수 있는 어려운 주문이었다! 그런데 예레미야는 알고 있었다. (만일 예레미야가 개구리였다면, 즉시 개골개골 울면서 투덜거렸을 것이다) 어린 나이에 하나님의 부르심을 받아야 하는데 필요한 모든 확신을 주님은 그에게 주셨다. 어린 선지자의 불안감을 해소시킨 후, 주님은 살구나무 가지를 보여 주시면서 즉시 묻는다. "예레미야야 네가 무엇을 보느냐?" 여기서 우리는 다시 한번 환상에 대해 분명한 언급을 하고 있음을 보게 된다. 환상은 하나님께서 당신의 말씀을 알리기 위하여 사용하시는 하나의 확립된 방식이다.

나는 내 말씀을 보고 있다

여호와와 예레미야 사이에는 즐거운 말장난이 벌어지고 있는데, 그럼으로써 하나님의 젊은이의 가슴속에 일생의 약속이 깊이 심어지게 된다. "내가 살구나무 가지를 보나이다"(렘 1:11)라고 예레미야는 여호와에게 대답한다. 그러자 여호와는 기분 좋게 응답한다, "네가 잘 보았도다 이는 내가 내 말을 지켜(watching) 그대로 이루려 함이니라!"(렘 1:12) (이걸 다시 읽어보라)

독자 여러분, 저는 여러분의 얼굴 표정을 쉽게 그려볼 수 있다. 왜냐하면 이 구절을 다른 사람들과 함께 세미나에서 검토했을 때 무수하게 그 모습을 보아왔기 때문이다. 그 표정은 전적으로 어리둥절해 하는 표정이었다. 이 구절을 우리가 아무리 여러 번 읽어보더라도 도대체 그 의미를 알 수 없다. 살구나무 가지와 여호와께서 자신의 말씀을 지켜 그대로 이루려는 것과 무슨 관계가 있는가? 왜 하나님은 예레미야에게 그렇게 신비에 찬 어리둥절하게 하는 환상을 주셨을까?

그런데, 예레미야는 조금도 어리둥절하지 않았다는 것이다. 오히려 그는 주님의 유머 감각에 즐거움을 느꼈던 것이다. 히브리어로 살구는 샤케드(shaqed)인데 이는 살구나무가 꽃이 일찍이 필 때를 가리킨다. 여호와께서 예레미아에게 "내가 내 말을 지킨다"(watching)고 했을 때 여호와께서는 히브리어로 샤카드(shaqad)라는 말을 사용했는데, 이는 잠 안자고 항상 정신 바짝 차리고 있다는 뜻이다. 샤케드(shaqed), 샤카드(shaqad). 이는 말장난으로써, 여호와께서 젊고 갓 피어나는 선지자에게 잊을 수 없는 선물을 주시면서, 당신이 말씀하신 모든 것을 지키시겠다는 하나님의 신실하심을 그에게 확신시켜 주신 것이다.

겨울의 추위 속에서, 만물이 차가운 땅 밑에서 잠자고 있을 때, 살구나무가 처음 꽃을 피면 예레미아에게 성직의 소명을 언제나 일깨워 줄 것이다. 그러면 그 말이 결코 실현될 것 같지 않아 보일 때라도 당신의 말씀을 지키시겠다는 하나님의 신실하심을 그에게 확신시켜 주실 것이다. 이는 의심할 여지없이 그가 40년간 하나님의 백성들에게 말씀을 전하는 동안에 그에게 큰 위안이 되었을 것이다. 예레미야의 이상(異像) 중에는 다음과 같은 것들이 있다:

- 끓는 가마 (1:13-14)
- 터진 웅덩이 (2:13)
- 썩은 띠 (13:3-7)
- 토기장이의 바퀴(녹로) (18:1-5)
- 무화과 두 광주리 (24:1-3)
- 그의 목에 멍에 (27:2)
- 바벨론의 파괴 (51:37-40)

모든 사람에게 하신 영속적인 약속

"너는 내게 부르짖어라 내가 네게 응답하겠고 네가 알지 못하는 크고 비밀한 일을 네게 보이리라"(렘 33:3). 주님에게 직통 전화를 할 수 있는데 도대체 왜 마음의 핫라인(hotline)을 구태여 사용하시는가! (얘기가 나왔으니 말인데, 핫라인이라고 부르는 이유는 지옥에서 유래했기 때문인 것이다!) 악마에게 답을 구하지 말고, 주님을 부르시라! 아마도 누군가가 "부르려고 노력해 봤지만 주님에게로 통화가 연결 안되요."라고 말하는 사람도 있을는지도 모른다. 우리가 연결되기를 바라면 진실하게 주님을 부르지 않으면 안된다. "여호와께서는 자기에게 간구하는 모든 자 곧 진실하게 간구하는 모든 자에게 가까이 하시는도다"(시 145:18).

이렇게 말하는 사람도 있을는지 모른다. "내가 주님에게 죄를 지었으니까 주님은 나하고 얘기하고 싶어하지 않아요." 다윗왕이 주님에게 죄를 지었을 때 모든 것이 다 끝났다고 생각했다―주께 부르짖을 때까지는. "주는 선하사 사유하기를 즐기시며 주께 부르짖는 자에게 인자함이 후하심이니이다"(시 86:5).

또 어떤 사람들은 주님께서는 사람들의 문제로 신경 쓰기를 싫어하시니까 주님을 너무 귀찮게 굴지 말아야 한다고 말할는지도 모른다. 주님은 말한다: "환난 날에 나를 부르라 내가 너를 건지리니 네가 나를 영화롭게 하리로다"(시 50:15). 우리가 주님을 부르지 말아야 할 이유가 도대체 없는 것이다! 바로 지금 주님을 부르시라. 주님의 교환수들이 항상 대기하고 있으니까!

"그런데 무슨 말을 하지? 나는 신앙심이 강하지도 않고 성경도 잘 모르는데." 주님은 말했다. "내가 네게 응답하겠고 네가 알지 못하는 크고 비밀한 일을 네게 보이리라." 만일 우리가 주님을 부르면, 주님은 우리가 모르는 것을 보여 주실 것이다. "보인다"(show)는 말은 "앞에 놓는다, 담대하게 두드러지게 한다"라는 의미가 있다. 그러니까 주님의 말을 풀어 써 보면 이렇게 될 것이다. "내가 그것을 바로 네 면전에 놓겠다." "크다"(great)는 말은 이상하고 경이로운 것을 의미하는데, 모세가 불붙은 떨기나무를 기술할 때도 같은 말을 사용했다(출 3:3 참조). "비밀하다"(mighty)는 말은 "격리되어 있다" 또는 "접근할 수 없다"라는 뜻을 의미할 수 있다. 그러니까 하나님께서 예레미야에게 보여주시지 않으면 격리되어 있고 접근할 수 없는 것을 하나님께서 드러내 보여 주신다는 뜻이다. 이 약속이 오늘날에도 유효한가? 예수님은 말했다. "구하라 그러면 너희에게 주실 것이요 찾으라 그러면 찾을 것이요 문을 두드리라 그러면 너희에게 열릴 것이니"(마 7:7). 그러니, 여러분 무엇을 기다리는가? 당장 오늘 주님을 부르라. 그러기를 잘했다고 생각하실 것이다.

카리스마적인 사람 에스겔

에스겔은 선지자들 중에 가장 카리스마적인 사람으로 뛰어난 분이다. 다니엘도 말세까지를 들여다 볼 수 있는 굉장한 통찰력을 갖고 있었지만, 에스겔처럼 신비스러운 영감에 취하여 있지 못했다. 우리가 과거를 돌이켜 보고 에스겔을 하나님의 사람, 즉 진정한 주님의 선지자로 존경한다. 그러나 그가 오늘날 우리 가운데서 선교활동을 한다고 하면 우리 모두가 경련을 일으킬지 모른다. 성령이 그의 머리털을 잡고 강가로 데리고 간 사람을 목사님으로 모실 경우 어떻게 될 것인가? 맙소사!

이런 말이 있다. "첫 인상을 보여 줄 두 번째 기회는 없다." 에스겔서의 첫 구절은 단도직입적으로 우리 얼굴에다 대고 말한다. "제 삼십년 사월 오일에 내가 그발 강가 사로잡힌 자 중에 있더니 하늘이 열리며 하나님의 이상(異像)을 내게 보이시니"(겔 1:1). 에스겔은 결코 말을 빙빙 돌려서 하는 타입이 아니었다. 그는 말씀을 전달할 임무를 띤 사람이었다. 잡담할 시간이 없었다.

에스겔은 하나님의 이상을 보았다. 그의 책은 그가 본 것을 기록한 것이다. 그러나, 성령의 감동을 받아 써 내려갔지만 자기 앞에 전개된 필설로 표현할 수 없는 광경을 말로 옮기는데 고심해야만 했다. 그는 첫 장을 이렇게 말하며 끝맺었다. "이는 여호와의 영광의 형상의 모양이라"(겔 1:28). 아, 에스겔은 실제로 여호와를 보지 못했고, 그가 본 것은 여호와의 영광이었다. 아니, 잠깐, 그가 본 것은 영광의 형상(likeness)이었다. 아니, 그것도 아니다. 에스겔이 본 것은 여호와의 영광의 형상의 모양(appearance)이었다. 그렇다. 바로 그거다. 차라리, 말로 표현할 수 없다고 말하는 것이 좋을 듯 하다. (주님이 보여 주신 것을 설명하려는 사람에게는 좀 인내심을 발휘해야 할 것이다. 설명하기가 그렇게 쉬운 일이 아닐 것이니 말이다.)

에스겔은 하늘이 열렸다고 말했다. 이는 하나님께서 자연 세계와 영의 세계를 가르는 벽을 제거하고 에스겔로 하여금 그 넘어 쪽을 보도록 한 것을 의미한다. "열리다"(opened)라는 말이 처음 사용된 것은 노아의 홍수를 기술할 때로서, 하늘의 창들이 열려 비가 쏟아졌다고 했다(창 11:7). 에스겔의 이상(환상)이나 노아의 홍수가 모두 하늘로부터 온 힘찬 쏟아짐이었다. 후에, 노아가 그 방주에 있는 창을 열었더니 사십 일이 지난 후 빛이 안으로 비쳤다(창 8:6). 마찬가지로, 폭풍이 부는 어둠의 기간이 지난 후, 하나님은 봉인을 깨고 당신의 백성의 가슴을 열어 에스겔의 이상을 통해 당신의 말씀을 새로이 받아들이도록 한 것이다. 또 다른 곳에서, 요셉은 애굽의 창고를 열고 곡식을 백성들에게 나누어주었다(창 41:56). 이런 식으로, 하나님께서는 에스겔의 이상을 통하여 영적인 양식을 충분하게 나누어주시려고 했던 것이다. 그러나, 실상은 사람들이 하나님의 일에 그렇게 갈급함이 없었다.

에스겔의 이상에는 다음과 같은 것들이 있다.

- 손과 두루말이 (2:9-3:4)
- 성소(聖所)에서의 가증한 일 (8:1-6)
- 이마에 표 (9:1-4)
- 여호와의 영광이 성전 문지방을 떠나다 (10:18)
- 독수리와 포도나무가지 (17:1-10)
- 두 명의 창녀 자매 (23:1-4)
- 가마솥 (24:1-5)
- 마른 뼈의 골짜기 (37:1-14)
- 새 성전 (40장 - 43장)
- 생명의 강 (47:1-12)

내가 여호와인줄 알리라

20년 동안 에스겔은 사람들에게 예언했다. 환상과 표적으로 설명된 그의 많은 설교는 '여호와를 알아라' 는 말로 요약될 수 있겠다. 벡스트의 말을 인용하겠다. "에스겔의 핵심적인 생각과 메시지를 알기 위하여 깊이 들여다 볼 필요가 없다. 거의 매 페이지마다 그의 메시지는 우리에게 다가온다. 표현에 약간의 차이가 있지만, '너희가 나를 여호와인줄 알리라' 란 표현이 에스겔서에 무려 70번이나 나온다. 이를 깨닫는 것이 에스겔의 예언적 사역의 핵심을 이해하는 것이다."[36] 더욱이, 에스겔이 우리에게 보여주려는 것은, 여호와를 안다는 것은 다음과 같은 세 가지에 의하여 우리 삶에 증거로 나타날 것이라는 것이다. 즉, ① 도덕적 성실성을 촉진시키는데 대한 개인적 책임, ② 주님의 지시에 복종하는 겸손, ③ 우리 삶에서나 이 세상에서, 하나님께서 궁극적으로 악을 이기시고 의로움을 높이시며 확립하실 것이라는 것을 믿는 믿음을 말한다.

독보적인 다니엘

요세푸스는 다니엘을 가장 위대한 선지자의 한 분이라고 했다. 다니엘의 사역은 역사상 위대한 군주들—느부갓네살, 키루스, 그리고 다리오—의 궁전에서 행해졌다. 지도자가 되려면 다음과 같은 것을 유의해야 할 것이다. 즉, 하나님께서는 권력의 전당에서 결코 증인 없이 자신을 보이신 적은 없다는 것이다. 그러므로, 통치하려는 사람은 하나님과의 대화 없이는 제국을 이끌어 나갈 수 없다는 것이다. (이 문제는 다음 장에서 더 자세히 연구해 볼까 한다.)

다니엘은 생전에 수상이었지만 대중 앞에서 하나님을 섬긴다고 겸허하게 말하는 것을 부끄럽게 여기지 않았다. 또 어떤 예언적인 말씀을 주시기 위해서 하나님의 영이 특별히 현시(顯示)하실 때 그는 몸이 굳어지지 않았다. 다니엘은 성령의 권능에 압도되어 몸을 떨고, 기력을 잃고, 기절하곤 했다. 그는 품위 있는 고관임에도 불구하고, 이런 식으로 하나님의 권능에 사로잡히는 것을 품위가 없는 일로 생각하지 않았다. 이런 점에서, 다니엘은 그러한 행동을 점잖지 못하다고 생각하는 오늘날의 고매하신 분들과는 뚜렷하게 대조가 된다. 오늘날의 사람들은 "하나님께서는 그런 일을 더이상 하시지 않는다. 하나님은 확실히 나에게는 절대로 그런 일을 하시지 않을 것이다!"라고 주장한다. 필자는 한 유명한 목사가 "절대로란 말을 절대로 하지 말라."라고 말하는 것을 들은 적이 있는데, 좋은 충고의 말이라고 생각된다.

하나님께서는 다니엘에게 모든 학문과 지혜 가운데서 지식과 재주를 주셨다고 우리는 듣고 있는데, 구체적으로 말하면 다니엘은 모든 환상과 꿈을 이해하고 있었다는 것이다(단 1:17). 그의 성품과 은사 받은 일은 왕국 전체에 널리 알려졌다. "왕이 그들에게 모든 일을 묻는 중에 그 지혜와 총명이 온 나라 박수와 술객(術客)보다

십 배나 아는 줄을 아니라"(단 1:20). 다니엘서에 나오는 꿈과 환상의 예를 몇 가지 들어본다.

- 7년 동안의 수난 (4:1-37)
- 벽에 쓴 글자 (5:1-30)
- 네 짐승 (7:1-8)
- 옛적부터 항상 계신 자와 인자(人子) (7:9-22)
- 수양과 숫염소 (8:1-4)
- 가브리엘의 방문 (9:20-27)
- 빛나는 사람의 이상 (10:1-9)

많은 저자들이 다니엘의 예언을 해설하는 책을 많이 썼다. 어떤 책들은 많은 독자들이 읽을 가치가 있는 것이었지만, 어떤 책은 「예수님이 1988년에 재림하실 88가지 이유」(Eighty-eight Reasons Why Jesus Will Return in 1988) 와 같은 황당무계한 것도 있었다. (예수님이 재림하시지 않자, 한 기회주의적인 작가는 그 다음 해에 「그가 재림하지 않았던 89가지 이유」(Eighty-nine Reasons Why He Didn't)를 써내기도 했다.

폭풍이 이는 바다에서 올라온 네 짐승, 이스라엘의 70 예언 주간, 그리고 미가엘 천사와 바사(페르시아) 왕과의 영적 전쟁 등과 더불어, 그 위대한 조상(彫像)의 열 개 발가락을 정성들여 다듬는 일은 다른 사람에게 맡길까 한다. 필자의 목적은 단순히 하나님께서 우리에게 의사를 전달하는 하나의 수단으로서의 꿈과 환상의 실질적인 역할을 밝히려는 것이다. 다니엘은 이를 격조 높게 예시하고 있다.

선지자 아닌 선지자 아모스

아마도 여러분은 "나는 결코 다니엘처럼은 될 수 없어"라는 생각을 할는지도 모르겠다. 그럴 수도 있고, 그렇지 않을 수도 있겠다. 그러나 여러분은 아모스처럼은 될 수 있을 것이다. 아모스는 이렇게 썼다. "나는 선지자가 아니며 선지자의 아들도 아니요 나는 목자요 뽕나무를 배양하는 자로서; 양떼를 따를 때에 여호와께서 나를 데려다가 내게 이르시기를 가서 내 백성 이스라엘에게 예언하라 하셨나니"(암 7:14-15). (여러분이 영화 "포레스트 검프"에 귀를 기울이고 있는 기분으로 읽어내려 가면 아모스의 말이 주는 충격을 이해하는데 도움이 될 것이다.)

필자는 언제나 아모스를 좋아했다. 그는 아주 소박하고 실용적인 선지자였다. 비록 그는 자신의 시각을 내난한 것이 못된다고 생각했고 학문적 또는 이론적 훈련을 받지 않았지만, 상식을 크게 발휘했고 말의 사용이 대단히 독창적이었다.

"아모스의 스타일은 고상한 맛은 없을는지 모르나, 투명함과 규칙성, 우아함과 다채로움과 신선함이 풍겼다. 이러한 특징은 독자적인 문학적 매력을 그에게 주었다. 그의 어휘, 그의 말투, 그의 예시는 모두 그가 태어난 시골의 정취를 자아냈다. 관습에 얽매이지 않은 그의 투박함은 대학 교육을 받은 전문적인 바알의 예언자들에게는 당혹스러운 것이었음에 틀림없다."[37] 아모스가 여자들을 살찐 암소들이라고 했을 때의 상류층이 받은 충격을 상상해 보시라!(암 4:1).

아모스의 이상(異像) 다섯 개를 들어보면 다음과 같다:

- 메뚜기를 기도로 쫓아버리다 (7:1-3)
- 불을 간구(懇求)로 진화하다 (7:4)

- 하나님 기준의 다림줄 (7:7-17)
- 여름 과일 광주리 (8:1-14)
- 단 곁에 서신 주님 (9:1-10)

아모스의 마지막 말이 큰 일에 관한 꿈으로 우리의 가슴을 흔들어 준다. 그는 주님이 다윗의 성막(聖幕)을 일으킬 때가 올 것이라고 예언했다(9:11). 그리스도인에게는, 이는 분명히 다윗의 보다 위대한 후손인 예수님의 교회를 의미하는 것이다. 이의 증거로서, 야고보는 이 약속을 사도행전에 인용함으로써, 이방인이 그리스도인으로 포함되기 시작했을 때 일어난 논란을 해결했다(행 15:16).

교회에 대한 다섯 가지 큰 약속

다윗의 천막에 관한 아모스의 예언에는 종말의 날에 교회에 관한 다섯 가지 약속이 나와 있다. 그의 이상에 의하면, 교회는 이렇게 될 것이다.

1. 강화된다.

"그 날에 내가 다윗의 무너진 천막을 일으키고 그 틈을 막으며 그 퇴락한 것을 일으켜서 옛적과 같이 세우고"(9:11).

2. 확대된다.

"저희로 에돔의 남은 자와 내 이름으로 일컫는 만국의 기업(基業)으로 얻게 하리라 이는 이를 행하시는 여호와의 말씀이니라"(9:12).

3. 풍요로워진다.

"여호와께서 가라사대 보라 날이 이를지라 그 때에 밭가는 자가 곡식 베는 자의 뒤를 이으며 포도를 밟는 자가 씨 뿌리는 자의 뒤를 이으며 산들은 단 포도주를 흘리며 작은 산들은 녹으리라" (9:13).

4. 인구가 많아진다.

"내가 내 백성 이스라엘의 사로잡힌 것을 돌이키리니 저희가 황무한 성읍을 건축하고 거하며 포도원들을 심고 그 포도주를 마시며 과원들을 만들고 그 과실을 먹으리라" (9:14).

5. 심으신다.

"내가 저희를 그 본토에 심으리니 저희가 나의 준 땅에서 다시 뽑히지 아니하리라 이는 네 하나님 여호와의 말씀이니라" (9:15)

필자가 위의 약속을 간단하게 소개하는 것은, 주님께서 교회에서 무엇을 하실 수 있는가(하시기를 바라시는가) 하는 비전을 지도자나 일반인들이 갖도록 하기 위함이다. 이런 비전이 실현되도록 주님에게로 향하고 주님을 믿는 자에게는 엄청난 축복이 기다리고 있는 것이다.

비전(Vision, 異像)의 힘

하나님께서 우리에게 주신 과제를 완수하는데 있어서 꿈이나 환상처럼 우리에게 도전하여 영감을 주시는 것은 없다. "묵시(默示, vision)가 없으면 백성이 방자히 행하거니와……" (잠 29:18)라고 했다. "방자히 행한다" (perish)라는 말은 "자제력을 잃는다, 방향과 규율이 없이 산다"는 것을 의미한다. 하나님은 규율로서 우리의 기강을 잡기 위해서 비전(묵시)을 주신다. 비전은, 우리가 목표에 도달할 때까지, 우리에게 영감을 주어 길을 벗어나지 않도록 한다. 비전은 우리로 하여금 사소한 일을 거부할 수 있도록 한다. 비전이 없으면 박력이 없어진다. 비전이 있는 사람은, 관습적이고 일상적인 것을 초월하여 일을 성취하는 꿈을 꾸기 때문에, 위대하게 되는 길로 인도한다. 그런 사람은 단 하나의 목표를 위해 비범한 자제력을 갖고 살아간다. 이런 것이 비전의 힘이다.

올란도에 디즈니 월드를 준공한 후 개장식에 참석한 고위인사의 한 분은, "월트 디즈니가 살아 계셔서 이를 보지 못하니 유감스럽지 않습니까?"라고 말했다. 이에 대해 디즈니 스튜디오의 제작 담당 이사인 마이크 밴스는 이렇게 대답했다. "월트는 보았습니다, 그러니까 디즈니 월드가 이렇게 여기 있는 것 아닙니까!"[38] 하나의 비전(환상)이 월트 디즈니에게 영감을 주어 디즈니 월드처럼 기발한 것을 건설하도록 할 수 있었다면, 예수 그리스도의 영광스런 교회를 건설하는 특별한 과업을 위해서는 우리는 얼마나 더 많은 비전을 추구해야 할 것인가!

꿈꾸는 선지자 스가랴

스가랴는 그 이름의 순수한 의미 그대로 선견자였다. 스가랴서는 주님의 천사에 의하여 그에게 보여진 분명한 환상(異像)이 처음부터 무려 여덟 개나 소개되어 있다. 각각의 이상은 그 의미와 적용이 설명되어 있다. 첫 번째 이상은 사람과 말들이 화석류(花石榴)나무 사이에 서 있는 것으로서, 하나님께서는 사람들에게는 보이지 않고 사람들을 버리신 것 같지만 항상 사랑에 찬 관심을 가지고 사람들을 위에서 내려다보시고 있음을 일깨워 주려는 것이다. 이 환상은 주님께서 다시 예루살렘을 긍휼히 여기사 성도(聖都)를 재건하실 것이라는 확신을 사람들에게 주었다(슥 1:7-17).

　두 번째 이상은 네 뿔과 네 명의 공장(工匠)이 나오는 것으로, 하나님의 의로운 심판을 환기시키는 것이었다. 네 뿔은 주님께서 유다 위에 심판을 내리실 때 이용하신 나라들을 의미했다. 그리고 네 공장은 유다의 시련의 시기에 유다를 헤친 나라들에 내린 심판을 의미했다(슥 1:18-21).

　세 번째 이상에는, 척량(尺量)줄을 가진 사람이 나오는데, 예루살렘이, 지금은 폐허이지만, 재건되고 정착하게 될 것이라는 틀림없는 약속이 있다. 주님 자신은 도시를 감싸는 불 성곽이 될 것이었다(슥 2:1-5). 이 이미지는 예언적인 의미가 풍부하게 함축되어 있다. 이는 스가랴 시대의 예루살렘에 해당되는 것뿐 아니라, 하나님의 아름다운 도시인 새 예루살렘이 신랑을 위해 단장한 신부처럼 하늘에서 내려와 새 땅 위에 세워질 민 미래까지도 미지는 섯이니(세 21:1-3).

　네 번째 이상에서, 우리는 대제사장 여호수아가 더러운 옷을 입고 사탄에게 송사 당하고 있는 것을 본다. 이 장면은 우리 자신을 여호수아의 입장에서 보기 때문에 우리의 가슴을 사로잡는다. 이 이상의 다음 장면에서는 우리는 주님을 보기 때문에 우리는 영감으로 가득 차게 된다. 이 이상은 우리의 죄를 깨끗이 씻어주고 송사 당하지 않도록 자유하게 하시는 하나님의 사랑과 권능을 묘사하고 있다(스 3:1-10). 환상 속의 여호수아처럼 우리는 더럽혀진 옷을 입고 하나님 앞에서 사탄으로 인해 계속 송사를 당하고 있다. 그러나 사랑이 충만하신 하나님은 돌아서서 사탄을 꾸짖으신다. 더럽혀진 우리들에 대해서, 환상이 계시해 보이는 것은 하나님은 우리를 씻어주시고 옷을 입혀 주시고, 관을 씌워 주시고, 신실하심과 권능으로 새롭게 하여 하나님을 섬기도록 우리에게 주문하시는 것이다. 하나님을 찬양할지어다!

감람나무 가운데 등대가 있는 다섯 번째 이상은, 하나님의 목적은 하나님의 백성 가운데에서 권능으로 운행하시는 성령에 의해서만 이루어진다는 것을 보여 주려는 것이었다(스 4:1-11). 성경의 이 부분을 알고 있는 사람은 많다. 그것은 자주 인용되는 성경 구절, "만군의 여호와께서 말씀하시되 이는 힘으로 되지 아니하며 능(能)으로 되지 아니하고 오직 나의 신(神)으로 되느니라"(스 4:6)가 바로 여기에서 나온 것이기 때문이다.

날아가는 두루마리가 나오는 여섯 번째의 이상은 모든 종류의 기만적인 행동을 심판하시겠다는 것을 알려준다(스 5:1-4). 여호와께서는 도적과 거짓말쟁이(즉, 악마)를 향해서 온 지면을 통해 무섭고도 포괄적인 저주를 내리셨다. 이 신성한 두루마리를 피할 자는 아무도 없다. 그것은 악을 심판하는 여호와의 말씀으로서, 어두움의 소굴을 불사르고 파괴하는 심판인 것이다.

광주리 속에 여인이 있는 일곱 번째의 이상은 하나님의 거룩하심과 악을 제거하는 것을 의미한다(스 5:5-11). 악을 상징하는 여인이 광주리 안에 놓여 있고 납으로 만든 뚜껑으로 덮여 있다. 이는 봉인함을 상징한다. 뚜껑의 목적은 인간들로 하여금 사악함을 보지 못하도록 하는 것이다. 악은 원래 매력적이거나 유혹적이다. 인간은 언제나 그 안에 무엇이 있는가 볼 수 있도록 뚜껑을 들어보려고 애쓰고 있다는 것이 얼마나 흥미로운 일인가. 그러기를 성공하면 얼마나 비극적인 것인가.

마지막으로, 네 개의 병거(兵車)가 나오는 여덟 번째의 이상은 온 세상 동서남북을 하나님이 주관하심을 보여주고 있다(스 6:1-8). 성령의 현존하심에서 면제된 곳은 하나도 없고 여호와의 심판에서 제외된 곳도 전혀 없다. 여호와는 하나님이시다. 여호와는 거룩하시다. 여호와는 의로우시다. 여호와는 오실 것이다!

상호 작용하는 환상

스가랴가 그의 환상 가운데서 사자(使者)들과 어떻게 상호작용하고 있는가를 읽어보는 것이 특히 흥미롭다. 그는 어두운 극장에서 영화를 보는 사람처럼 단순히 수동적인 관찰자만은 아니었다. 환상이 일어나고 있을 때, 그는 천사들에게 질문을 하기도 했고 대답도 얻었다.

"내가 눈을 들어본즉 네 뿔이 보이기로, 이에 내게 말하는 천사에게 묻되 이들이 무엇이니이까 내게 대답하되 이들은 유다와 이스라엘과 예루살렘을 헤친 뿔이니라. 때에 여호와께서 공장(工匠) 네 명을 내게 보이시기로, 내가 가로되 그들이 무엇 하러 왔나이까 하매 대답하여 가라사대 그 뿔들이 유다를 헤쳐서 사람으로 능히 머리를 들지 못하게 하매 이 공장들이 와서 그것들을 두렵게 하고 이전에 뿔들을 들어 유다 땅을 헤친 열국의 뿔을 떨어 치려 하느니라 하시더라" (스 1:18-21).

여호수아가 더러움으로부터 씻겨지고 새옷으로 입혀지는 이상에서, 스가랴는 그가 보고 있는 장면에서 너무도 흥분되어, 다음에 무엇이 일어나야 하는가에 대해 나름대로 의견을 피력한다. "내가 말하되 정한 관을 그 머리에 씌우소서 하매 곧 정한 관을 그 머리에 씌우며 옷을 입히고 여호와의 사자는 곁에 섰더라" (스 3:5). 이거야말로 상호 작용하는 일대 환상의 극치인 것이다!

빙산의 일각

이 장(章)에서만도 무려 55개의 꿈과 환상을 다루었다. 전체적으로, 이 책에서 지금까지 적어도 97개의 꿈과 이상을 언급했다. 이는 선지자들이 "여호와의 말씀의 경고(警告)"[39]란 말로 시작하면서 쓴 환상은 포함하지 않은 수이다. 이 수는 상당히 많은 것 같이 보이나, 사실은 빙산의 일각에 불과하다. 문헌의 대다수가 아직 손도 안 된 상태이지만, 더 알고 싶은 사람에게는 쉽게 찾아 볼 수 있게 되어 있다. 필자의 주장은 간단하다. 이처럼 많은 증거를 들었으니 이제 판결을 해야 하는데, 여기서 내릴 수 있는 유일한 판결은 하나님께서 분명히 꿈과 환상을 통하여 말씀하신다는 것이다.

비록 우리가 족장들과 선지자들을 검토해 봤지만, 하나님께서는 그들에게만 자신을 나타내시지는 않는 것이다. 하나님을 찾는 모든 사람들에게 하나님은 충만하신 사랑으로 나타나신다. 우주에 대한 파기됨과 반대 받음이 없는 영속적인 명령, 즉 "빛이 있을 지어다!"라는 말씀은 온 시대에 걸쳐서 울려 퍼지고 있다. 우리가 깨어 있든지 잠자고 있든지 간에, 우리에게 자신을 계시하시기를 갈망하시는 하나님은 자신의 보살피시는 사랑으로부터 제외시키는 사람의 부류는 아무도 없다. 젊은이나 늙은이나, 남자나 여자나, 노예나 자유인이나, 부자나 가난한 사람이나를 불문하고 모두가 꿈과 환상의 경이로운 세계에서 주님과 만날 수 있는 것이다. 이 꿈과 환상의 세계에서는 거지나 왕자나, 평민이나 왕이나 모두가 평등하다는 것을 발견할 것이다.

제 6 장

왕들의 고백

놀란 왕은 무릎을 꿇고 하나님의 사람 앞에 얼굴을 땅에 대고 엎드렸다. 왕을 모시고 있는 사람들은 모두 크게 놀랐지만 아무도 이러한 비하와 고백의 순간을 감히 중단시키지 못했다. 왕이 그의 입을 열어 말했다. "너희 하나님은 참으로 모든 신의 신이시요 모든 왕의 주재(主宰)이시며, 은밀한 것을 나타내시는 분이시로다"(단 2:47). 왕은 바빌론의 느부갓네살이었다. 왕이 그 앞에서 부복한 하나님의 사람은 선지자 다니엘이었다. 역사상 이 놀라운 순간의 정황을 살펴보자.

기억할 꿈

느부갓네살 왕은 그가 꾼 꿈이 마음을 어수선하게 했지만 그 내용을 기억할 수 없어 그의 가슴은 근심과 조바심에 사로잡혀 있었다. 모든 박사, 점성술사, 마법사들이 왕 앞에 불리어 나가, 왕이 잊어버린 꿈을 왕에게 얘기해 주지 않으면 죽음을 면치 못하리라는 무서운 명령을 받았다! 그들은 물론 이 명령에 따라 꿈을 해결할 수가 없었다. 그 결과 사형 집행인의 칼날이 그들의 머리 위에 떨어지기 시작했다. 이 일은 바빌론에서 되어진 아주 절박한 순간이었다.

다니엘은 여호와에게 향하여 이러한 상황에 관하여 하나님의 자비를 구했던 바, 하나님은 왕의 꿈과 그 해석을 다니엘에게 일러 주셨던 것이다! "이에 이 은밀한 것이 밤에 이상으로 다니엘에게 나타나 보이매 다니엘이 하늘에 계신 하나님을 찬송하니라"(단 2:19). 다니엘은 왕 앞에 나아가 말했다. "왕의 물으신 바 은밀한 것은 박사나 술객이나 박수나 점쟁이가 능히 왕께 보일 수 없으되, 오직 은밀한 것을 나타내실 자는 하늘에 계신 하나님이시라 그가 느부갓네살 왕에게 후일에 될 일을 알게 하셨나이다 왕의 꿈 곧 왕의 침상에서 뇌 속으로 받은 이상은 이러하니이다"(단 2:27-28).

초조한 왕이 다니엘이 자신 있게 말하는 것을 들으려고 앞으로 몸을 기울일 때 궁전의 접견실은 정적 속에 빠졌다. 다니엘의 자신감은 정당한 것으로 판명됐다. 다른 모든 사람들이 그 꿈의 내용과 그 의미에 관해 어떤 실마리도 주지 못하고 실패한 후에 다니엘은 왕의 꿈의 의미를 알려 주었던 것이다. 다니엘은 말을 마치면서 그 공적을 모두 하나님에게 돌렸다. 바빌론의 왕은 깊이 감동되었다.

선지자 다니엘은 모든 주님의 종이 추구해야 할 기준을 남겼다. 그의 성실, 겸허, 용기, 그리고 믿음은 이교도들의 생각을 바꾸게 했고 그들의 마음을 사로잡아 하나님을 경배하도록 했다. 성경에 의하면, 다니엘은 "마음이 민첩하고 지식과 총명이 있어 능히 꿈을 해석하며 은밀한 말을 밝히며 의문을 파할 수 있는"(단 5:12) 사람이었다. 이런 이유로 해서 세상의 왕들은 고난의 시기에 그를 찾았던 것이다.[40]

앞으로 올 사건의 예고편

느부갓네살 왕은 꿈에서 하나의 커다란 우상을 봤는데, 그 머리는 금으로, 어깨와 팔은 은으로, 배와 넓적다리는 놋쇠로, 다리는 철로, 발은 철과 진흙이 섞인 것으로 되어 있었다(단 2:31-33). 그런데 바로 이 한 장면에 수천 년간 계속되는 네 제국의 흥망성쇠가 함축되어 있었던 것이다! 오늘날의 도서관에는 하나님이 꿈의 한 장면에서 들어내 보이신 내용들이 가득 차 있다. 사실, 그림 한 장은 수천 마디 말의 가치가 있다! 수만 마디 말의 가치가 있다.

역사는 다니엘이 예언한 바로 그대로 전개됐다. 바빌론 제국(금의 머리) 다음에 페르시아 제국(은의 가슴과 팔)이 왔고, 그 다음은 알렉산더 대왕의 그리스 제국(놋쇠로 된 몸통)으로 이어졌다. 로마 제국(철의 두 다리)이 알렉산더 대왕이 죽은 후 일어났다. 지금 우리는 그 조상(彫像)의 두 발에 해당하는 시기에 와 있는데, 철과 진흙이 섞여서 만들어져 있어 서로 화합될 수 없는 불안정한 결합 상태이다. 이는 오늘날의 지구촌을 잘 기술해 주고 있다. 다니엘이 말했듯이, 하늘에서 하나의 커다란 돌이 내려와서 두 다리를 내려치면 조상 전체가 와르르 무너져 버리고 말 것이다. 그 다음에는 여호와의 산이 지구를 채울 것이다. 이것이 바로 다가오는 예수 그리스도의 왕국인 것이다. 네개의 지상 제국은 왔다가 가버렸지만, 그리스도의 왕국은 와서 영원히 남아 있을 것이다!

백스터는 말했다. "인간에게 이 이상 획기적인 꿈이 와 본 적이 없었다. 더욱이, 느부갓네살 왕이 그 꿈을 꾸어야만 했던 것처럼 그 꿈을 잊어버린 것도 필요했었다. 만약 왕이 그 꿈 얘기를 할 수 있었더라면, 여러 가지 해석이 등장하여 서로 경쟁했을 것이었다. 그대로 백지가 된 것을 영감을 받은 다니엘이 그 꿈을 기억해 내었다는 것은, 그 꿈이나 그 해석이나 모두가 지고(至高)한 곳에서 왔다는 의심의 여지가 없는 증거였던 것이다."[41]

다니엘이 왕에게 그 꿈과 해석을 알린 후, 느부갓네살 왕은 부복하여, "참으로 하나님은 모든 신의 신이시요 모든 왕의 주재(主宰)이시며, 은밀한 것을 나타내시는 분이시로다!"라는 고백을 했는데,

이 고백은 여러 시대를 거쳐서 왕들과 통치자들의 고백이 되어 왔던 말이다.

눈의 아들 여호수아

여호수아는 왕의 칭호를 갖지 않았지만, 앞으로 올 군주들의 경험적 모델이 된 지도자의 역할을 했던 것은 의심의 여지가 없다. 그것만으로도, 그가 어떻게 이스라엘의 통치를 시작하게 됐는가를 검토해 볼 가치가 있다. 모세가 죽은 후 여호와는 여호수아에게 일렀다. "내 종 모세가 죽었으니 이제 너는 이 모든 백성으로 더불어 일어나 이 요단을 건너 내가 그들 곧 이스라엘 자손에게 주는 땅으로 가라"(수 1:2). 바보만이 하나님으로부터의 말씀이 없이 통치하려고 할 것이다. 여호수아는 바보가 아니었다. 그는 여호와께서 말씀하실 때까지 기다렸다가 그의 능력 있는 두 손으로 지도자의 고삐를 거머쥔 것이다.

그 다음에 여호와께서는 여호수아에게 일렀다. "내가 오늘부터 시작하여 너를 온 이스라엘의 목전(目前)에서 크게 하여 내가 모세와 함께 있던 것 같이 너와 함께 있는 것을 그들로 알게 하리라"(수 3:7). 여호수아는 이스라엘 자손들을 이끌고 요단강을 건넜는데, 이는 모세가 홍해를 건넜던 것을 상기시킨다. 이것이 경이로운 일이기는 하지만, 그 자체로서는 모세를 떠난 여호수아의 지도력을 공고히 하기에는 불충분했다. 무언가가 더 필요했다. 결정적인 순간은 성곽도시 여리고에서 왔다. 오늘날까지 찬송가의 주제가 되는 이 기적은, 하나님께서 기름부어 세우신 지도자로서의 여호수아의 신뢰성을 확인하게 하는 것이며 동시에 이스라엘이 하나의 국가로서의 정체성과 새로운 정복의 시대를 열어가게 한 계기가 되었던 것이다.

군대장관

여리고 성밖에 진을 치고 지형정찰을 하면서 정복의 전략을 구상하고 있던 여호수아에게 특이한 존재가 나타난다. "여호수아가 눈을 들어본즉 한 사람이 칼을 빼어 손에 들고 마주 섰는지라 여호수아가 나아가서 그에게 묻되 너는 우리를 위하느냐 우리의 대적(對敵)을 위하느냐. 그가 가로되 아니라 나는 여호와의 군대장관으로 이제 왔느니라 여호수아가 땅에 엎드려 절하고 가로되 나의 주여 종에게 무슨 말씀을 하려 하시나이까. 여호와의 군대장관이 여호수아에게 이르되 발에서 신을 벗어라 네가 선 곳은 거룩하니라 여호수아가 그대로 행하니라"(수 5:13-15).

이것이 하나의 환상이라는 것은 부인할 수 없다.[42]

이것이 여호와 자신이 여호수아 앞에 서 있었던 것이라는 것도 의심의 여지가 없으니, 그 이유는 여호와께서 불붙은 떨기나무 수풀에서 모세에게 하셨던 바로 그 말을 여호수아에게 하기 때문이다. 이 환상은 여호수아가 지도자가 되는 일종의 취임식이며 그 자신의 불 세례가 되었다.

이 환상은 그가 통치를 시작할 때에 나타남으로서 앞으로 자기 앞에 다가올 통치 기간과 도전에 대비해서 그를 강화시켜 주었던 것이다. 불가능한 것을 하기 위해서는 보이지 않는 것을 볼 줄 알아야 한다. 여호수아는 여호와를 보았던 것이고 그럼으로써 지도자의 길에 오른 것이다. 주님의 말을 듣고 순종함으로써 7일 동안 여리고 성곽 주위를 행진함으로써 성벽이 허물어졌을 뿐만 아니라, 여러 시대에 걸쳐서 하나님의 백성들을 지도함에 있어서 그 이후에 오는 모든 사람들을 위해 길을 개척했던 것이다. 이끌고 가려면 따를 줄 알아야 한다. 따르기 위해서는 볼 줄 알아야 하는 것이다.

다윗 왕의 목자

다윗은 왜소한 사람이었다. 그의 비천한 소년 시절에 대해서 이렇게 밖에는 달리 기술할 방법이 없다. 그의 일곱 형들은 키도 크고 능력도 더 많아서 그가 인정받을 확률은 극히 미약했다. 사무엘도 새 국왕을 기름부어 세우기 위해 이새의 집에 처음 도착했을 때, 사울 왕을 이을 후계자로서 그들 형제들 중 하나를 하나님이 선택할 것이라고 확신했다. 다윗이 선택되지 않을 것이라는 것은 누구도 의심하지 않았기 때문에 다윗을 그 모임에 데리고 올 생각조차 하지 않았다.

그러나 여호와께서 사무엘에게 더 이상 진행하지 못하도록 중지시켰음으로, 사무엘은 이새를 향하여 물었다. "네 아들들이 다 여기 있느냐?" 이새가 대답했다. "아닙니다. 하나 더 있습니다만, 그는 아직 어린애로서 별로 가진 것이 없습니다. 찾고 계신 것이 아닐 것입니다, 믿어 주십시오." 사무엘은 앉으면서 말했다. "그를 데려 오너라. 그를 보기 전까지는 떠나지 않으리라." 그들은 다윗을 들에서 데려왔고, 그가 가까이 오자 사무엘은 일어나서 말했다. "이스라엘의 왕을 보아라!" 그는 그 형제들 중에서 다윗에게 기름을 붓고 그의 가슴속에 여호와의 비밀을 말해 주었다(삼상 16:6-13).

몇 년이 지난 후에 다윗은 여호와 앞에서 여호와께서 사무엘을 통하여 드러낸 약속을 다시 말했다. "주께서 이상(異像) 중에 주의 성도에게 말씀하시기를 내가 돕는 힘을 능력 있는 자에게 더하며 백성 중에서 택한 자를 높였으되, 내가 내 종 다윗을 찾아 나의 거룩한 기름을 부었도다. 내 손이 저와 함께 하여 견고히 하고 내 팔이 그를 힘이 있게 하리로다. 원수가 저에게서 강탈치 못하며 악한 자가 저를 곤고케 못하리로다. 내가 저의 앞에서 그 대적을 박멸하며 저를 한하는 자를 치려니와, 나의 성실함과 인자함이 저와 함께 하리니 내 이름을 인하여 그 뿔이 높아지리로다"(시 89:19-24).

다윗은 그의 통치 기간 중에 여러 번이나 이 이상의 얘기를 했을 것이 분명하다. 이 이상은 그의 마음속에서 여호와의 말씀에 대한 믿음을 조용히 키워나갔다. 바로 그것이 꿈이나 환상의 목적이다. 우리를 주님의 말씀으로 인도하여, 주님이 약속하신 것에 하나님의 성실성을 부여함으로서 우리의 믿음이 강화될 수 있도록 한다는 것이다.

비전이 있는 지도자 다윗

다윗 왕은 대부분의 지도자가 그러하듯이 비전이 있는 사람이었다. 그러니까 하나님은 환상(비전) 가운데서 그에게 말씀하신다는 것이 맞는 말이다. 다윗이 "하나님은 나의 목자시다"라고 했을 때 상징적인 비전의 언어 쪽으로 기우는 자신의 경향을 나타냈다. 자신이 목자였던 다윗은 목자 생활의 풍부한 상상 속에서 주님에 대한 비유를 쉽게 찾을 수 있었다.

다윗은 꿈과 환상을 믿었고 그것들에 대한 하나님의 영향을 이상하게 생각하지 않았다. 시편 139편은 촛불들 속에서 횃불처럼 뚜렷이 빛나며, 다윗이 꾼 꿈을 묘사하고 있는 것이 아닐까 하는 생각을 하게 한다. "하나님이여 주의 생각이 내게 어찌 그리 보배로우신 지요 그 수가 어찌 그리 많은 지요. 내가 세려고 할지라도 그 수가 모래보다 많도소이다 내가 깰 때에도 오히려 주와 함께 있나이다"(시 139:17-18). 조지 길필란 목사는 스펄전과 같은 시대의 사람으로서, 그 시적 이미지의 꿈 같은 성질을 포착하면서 다윗의 장엄한 시편을 멋있게 요약하고 있다.

여기서 시인은 그의 눈초리를 태양의 광휘로부터 자신의 육체를 구성하고 있는 신기한 원자들에게로 되돌린다. 그는 자신의 벼랑 끝에 서서 떨고 있다. 위에는 모든 것을 포용하는 영이 있는데, 그로부터는 아침 날개를 보존할 수 없다. 그리고 아래는, 저 멀리 깊은 곳에서, 아주 무섭고도 경이롭게 만들어진 자신의 동물적인 육체의 무성한 가지를 뻗는 수풀 속에서 영적 존재의 심연이 나타나서 어두운 호수처럼 한가운데 누워 있다.

신비와 신비 사이에서, 그의 마음, 그의 경이, 그의 이성이 바다와 하늘 사이에 있는 작은 배처럼 흔들리는 듯 하다. 그러나 그는 재빨리 자신의 마음의 안정을 되찾고, 어린애 같은 성급함과 자신감으로 아버지와 같은 영의 두 팔 속으로 자신을 던지고는, 그 분의 가슴속에서 중얼거린다. "오, 하나님, 저에 대한 당신의 생각이 참으로 소중하나이다."[43]

찰스 스펄전은 이 시편을 개인의 기도로 바꾸고는 이렇게 썼다.

당신의 사랑의 생각은 너무도 많아서 제 마음은 그 사랑의 생각으로부터 결코 도망갈 수가 없습니다. 그 사랑은 항시 저를 포위하고 있나이다. 제가 잠자러 갈 때 하나님은 저의 최후의 생각이 되고, 깨어날 때 저의 마음은 아직도 하나님의 궁전 문 주위에서 맴돌고 있나이다. 하나님은 언제나 저와 함께 계시고, 저는 언제나 하나님과 함께 있나이다. 이것이야말로 진정 생명입니다. 제가 자고 있는 동안 저의 마음이 꿈속을 헤맨다면, 그것은 거룩한 땅 위에서 헤매는 것일 뿐이며, 제가 깨는 순간 저의 가슴은 다시 주님과 함께 있는 것입니다.

그리고 스펄전은 이렇게 덧붙였다.

시편 기자는 "제가 깨면 저는 그대에게로 돌아가리라"고 하지 않고, "저는 아직도 그대와 함께 있나니" 라고 하여, 마치 그의 명상이 계속되고 그의 대화는 중단되지 않은 것처럼 말하고 있다.[44]

꿈만이 이를 이룩할 수 있을 것이다.

시편이 꿈에서 나온 것이든 아니든 간에, 다윗은 하나님과 자신에 대한 통찰력으로 영감을 받았다는 것은 전혀 의심할 여지가 없으며, 그는 어떤 형태의 직접적인 계시 없이는 그 통찰력을 가질 수가 없었을 것이다. 다윗 왕의 통치가 무려 세 선지자, 즉 나단, 갓, 사독의 환상적인 사역의 도움을 받은 것을 볼 때, 다윗은 직접적인 계시를 받는데는 정통해 있었을 것으로 보인다.[45] 선지자 친구들의 영향을 받은 것에 더하여, 영적 계시에 대해 높은 존경을 내보이는 다윗 자신의 저술도 우리는 갖고 있다.

- 나를 훈계하신 여호와를 송축할지라 밤마다 내 심장이 나를 교훈하도다(시 16:7).
- 주께서 내 마음을 시험하시고 밤에 나를 권고(眷顧)하시며 나를 감찰하셨으나 흠을 찾지 못하셨으니 내가 결심하고 입으로 범죄치 아니하리이다(시 17:3).
- 내가 나의 침상에서 주를 기억하며 밤중에 주를 묵상할 때에 하오리니(시 63:6).
- 주의 말씀을 묵상하려고 내 눈이 야경이 깊기 전에 깨었나이다(시 119:148).
- 나는 의로운 중에 주의 얼굴을 보리니 깰 때에 주의 형상(形像)으로 만족하리이다(시 17:15).

여호와의 칼

마지막으로 고려해야 할 것은, 다윗은 자신이 잊을 수 없는 공개된 환상을 최소 한 번은 체험했다는 것을 성경에 실제로 기록되어 우리에게 확인해 주고 있다는 사실이다. 성경에 나오는 이야기는 아주 놀라운 것이다(대상 21:1-22:1 참조).

지독한 역병이 이스라엘 사람들 중에서 발생하여 수천 명이 죽었다. 다윗 왕은 그러한 병이 발생하게 된 것은 자신의 죄 때문이라고 자인하고 참회하는 마음으로 하나님에게로 향했다. 왕의 예언자인 갓은 다윗의 기도에 대해 하나님의 까다로운 대답을 가져왔다. 다윗은 세 가지 벌 중에 하나를 선택해야만 했다. ① 3년간의 기근, ② 3개월간 적의 수중에서 패배당하는 일, 또는 ③ 3일간 여호와의 칼 아래 있게 된 것 등. 다윗은 여호와의 자비심에 매달려 3일간의 여호와의 칼을 선택했다.

하나님은 사자를 보내 예루살렘을 파괴시켰고 7만 명의 이스라엘 남자가 쓰러졌다. 여호와는 사자에게 말했다. "족하다. 이제는 네 손을 거두라." 사자는 중지하고 오르난의 탈곡장(脫穀場) 옆에 서있었다. 그 순간 다윗이 "눈을 들어 보매 여호와의 사자가 천지 사이에 섰고 칼을 빼어 손에 들고 예루살렘 편을 가리켰는지라 다윗이 장로들로 더불어 굵은 베를 입고 얼굴을 땅에 대고 엎드렸다"(대상 21:16). 다윗은 나라를 위하여 중재에 나서서 심판을 자기에게만 내리시라고 간청했다.

사자는 다윗에게 여호와를 위해 단을 쌓으라고 지시했고, 다윗은 그렇게 했다. 다윗이 제단에 제물을 바치자마자, 하나님은 하늘에서 불을 내려 그에게 응답하셨다. 그리고 사자는 그의 칼을 칼집에 넣었다. 이로서 일은 끝났다.

다윗은 이에 크게 감동하여 즉시 여호와의 성전을 건축할 준비를 시켰다. "다윗이 가로되 이는 여호와 하나님의 전(殿)이요 이는 이스라엘의 번제단(燔祭壇)이라 하였더라"(대상 22:1). 이는 인간의 역사상 하나님의 영광을 위하여 지어진 성전 중에서 가장 큰 것이 될 것이었다. 성전 부지를 선택하고 그것을 천사의 지시를 통하여 다윗에게 계시하신 분이 하나님이었다는 사실이 얼마나 의미심장한 것인가!

하늘로부터의 청사진

신전은 앞으로 올 해에 솔로몬이 실제로 지을 것이지만, 그 청사진은 환상에서 다윗에게 주어졌다. "다윗이 전의 낭실(廊室)과 그 집들과 그 곳간과 다락과 골방과 속죄소(贖罪所)의 식양(式樣)을 그 아들 솔로몬에게 주고, 또 성신(聖神)의 가르치신 모든 식양 곧 여호와의 전의 뜰과 사면의 모든 방과 하나님의 전 곳간과 성물 곳간의 식양을 주고…다윗이 가로되 이 위의 모든 것의 식양을 여호와의 손이 내게 임하여 그려 나로 알게 하셨느니라"(대상 28:11-12, 19).

다윗은 하나님의 축복 아래 위대하게 되었다. 그는 유프라테스강으로부터 지중해에 이르기까지 국력을 뻗쳤다. 여호와께서는 그의 머리에 기름으로 부으시고 그의 잔이 차고 넘치도록 하셨다. 다윗 왕을 주위의 모든 나라들이 당연히 두려워했으니, 그것은 그의 목자이신 여호와께서 그의 원수들의 목전에서 그에게 성찬을 베풀어 주셨기 때문이다. 다윗의 평생에 선하심과 인자하심이 항상 그를 따랐기 때문이다. 그는 통치기간을 위엄과 외교로 잘 마무리했고 아주 평화로운 죽음 속에서 두 눈을 감았다. 홍안의 양치기 소년이며 이 새의 꼬마였던 그는 이제 주님의 집에서 영원히 살고 있다.

솔로몬 왕의 금광

다윗 왕이 죽은 후의 분위기는 가시지 않는 회의로 가득차 있어서 심상치 않았다. 다윗은, 어쨌든 간에, 여태까지의 이스라엘 왕들 중 가장 위대한 왕이었다. 물론 사울의 시대도 흥청거렸고 꽤 찬란했지만, 다윗이 등극하자 둘은 서로 비교가 되지 않았다. 사람들이 "사울은 천천을 죽였지만, 다윗은 만만을 죽였도다"라고 노래하지 않았던가?

위대한 사람의 행동을 따라 행동하기는 힘드는 일이다. 이렇기 때문에 인기 연예인은 시간 초반에 뜸들이는 순서에 나타나지 않는 법이다. 최고의 인기 있는 프로를 본 후에 누가 이름 없는 시시한 프로를 보려고 하겠는가? 쇠고기 스테이크 디너를 먹은 다음에는 소시지 샌드위치를 먹지는 않는다. 확실히 잠언을 쓴 지혜를 가진 솔로몬은 이러한 것을 알고도 남았을 것이다.

솔로몬은 다윗의 아들이다. 아니, 실제는 다윗과 밧세바의 아들이다. 그 왕국 사람으로서 그 치사스러운 이야기를 모르는 사람이 한 사람도 없었다. 아, 압살롬이 살아 있었더라면 그가 지금은 왕이 되어 있을 것이었다. 압살롬이 분명 평판이 좋아 선택의 대상이 되었을 것이고, 그의 유명한 아버지를 따를 자격을 갖춘 왕이 되었을 것이다. 그러나 그의 오만과 야심이 그의 마음을 삐뚤어지게 하고 그의 정신을 더럽혔다. 그는 군사 쿠데타가 실패한 후에 도망가다가 죽었다.

다음으로 가능성이 가장 컸던 후보자가 아도니야였다. 그러나 그도 왕위를 너무 일찍 탐냈다. 다윗이 죽기도 전에, 그는 정부의 지도자들과 군 장성들을 궁전에 불러 모아 놓고 스스로 새로운 왕위에 올라 자축을 했다. 그런데 문제는 그가 내정된 왕이 아니었다는 것이다. 다윗은 솔로몬이 왕이 될 것이라고 밧세바에게 약속했던 것이다.

"솔로몬이라고? 농담 말어! 그 친구 마마 보이야! 그 사람이 이스라엘 군대를 이끌고 적과 싸울 수 있을 것 같애? 왕들 앞에 서서 그들의 존경을 받고? 고위직에 있는 사람이 가져야 할 재치와 기지로서 우리의 국내 문제를 풀 수 있을 것 같애? 제발, 얼토당토 못할 소리 좀 작작해!" 솔로몬이 등극할 당시의 인심은 대체로 이러했던 것이다. 앞에서도 말했던 것처럼, 다윗 왕이 죽은 후의 분위기는 불확실성으로 가득차 있었다. 그런데 이러한 분위기를 솔로몬은 누구보다도 잘 알고 있었다.

국왕 만세!

축하의식의 장엄한 분위기는 가장 깊고 암울한 공포심도 무마해 주는 경향이 있다. 북과 나팔 소리, 사람의 마음을 들뜨게 하는 화려한 행사, 왕자다운 매력과 놀라우리 만큼 풍요로운 아름다움, 희망을 불어넣는 미사여구의 많은 정치 연설, 그리고 국가적 긍지로 묘사되는 전체적 분위기의 성공의 느낌, 이 모든 것은 가장 시끄러운 비판자들도 조용하게 할 수 있는 마력이 있다. 그러나 사람들이 말하듯이 허니문은 곧 끝날 것이다. 현실이 들이닥칠 것이며 현실은 차디차고 매서운 것이다!

왕들이 전통적으로 이스라엘의 하나님에게 제물을 받쳤던 장소인 기브온에서, 솔로몬은 그의 왕궁 침실에서 남모르게 깊은 한숨을 쉬었다. 요란한 경축 행사 중에 처음으로 솔로몬은 자기만의 시간을 가져 본 것이었다. 내일은 그의 즉위식의 마지막 단계로서, 말하자면, "성경에 손을 대고 선서"을 하게 되는 것이었다. 이스라엘 국민들이 자기들의 왕이 여호와에게 제물을 바치는 것을 보는 것으로서 솔로몬의 즉위식의 모든 예식은 끝나게 되어 있었다. 이는 솔로몬으로서는 단순한 식에 불과한 것이 아니었다. 제물을 바치는 순간에 하나님으로부터 어떤 총애를 받고 있다는 표적을 솔로몬은 간절히 바랐던 것이다. 다윗을 위대하게 한 것이 그 표적이었고, 솔로몬은 그와 같은 것이 없이는 성공할 수 없다는 것을 알고 있었다.

솔로몬은 또 한번 숨을 깊이 들이키고는 한숨지으며 천천히 내쉬었다. 그의 몸 전체가 침대의 편안함 속에 녹아 들어가는 것 같았다. 그러다가 갑자기, 예상밖에, 아주 엄하게 명령하는 태도로…이스라엘의 왕 솔로몬 앞에 서 있는 것은 하늘과 땅의 왕, 여호와 그 자신이었던 것이다! 솔로몬은 당연히 말문이 막혔고, 그래서 여호와께서 먼저 말씀하셨다. "내가 네게 무엇을 줄꼬 너는 구하라"(왕상 3:5).

"솔로몬이 가로되 주의 종 내 아비 다윗이 성실과 공의(公義)와 정직한 마음으로 주와 함께 주의 앞에서 행하므로 주께서 저에게 큰 은혜를 베푸셨고 주께서 또 저를 위하여 이 큰 은혜를 예비 하시고 오늘날과 같이 저의 위에 앉을 아들을 저에게 주셨나이다. 나의 하나님 여호와여 주께서 종으로 종의 아비 다윗을 대신하여 왕이 되게 하셨사오나 종은 작은 아이라 출입할 줄을 알지 못하고, 주의 빼신 백성 가운데 있나이다 저희는 큰 백성이라 수효가 많아서 셀 수도 없고 기록할 수도 없사오니, 누가 주의 이 많은 백성을 재판할 수 있사오리이까 지혜로운 마음을 종에게 주사 주의 백성을 재판하여 선악을 분별하게 하옵소서"(왕상 3:6-9).

"솔로몬이 이것을 구하매 그 말씀이 주의 마음에 맞은지라. 이에 하나님이 저에게 이르시되 네가 이것을 구하도다 자기를 위하여 수(壽)도 구하지 아니하며 부(富)도 구하지 아니하며 자기의 원수의 생명 멸하기도 구하지 아니하고 오직 송사(訟事)를 듣고 분별하는 지혜를 구하였은즉, 내가 네 말대로 하여 네게 지혜롭고 총명한 마음을 주노니 너의 전에도 너와 같은 자가 없었거니와 너의 후에도 너와 같은 자가 일어남이 없으리라. 내가 또 너의 구하지 아니한 부와 영광도 네게 주노니 네 평생에 열왕(列王) 중에 너와 같은 자가 없을 것이라"(왕상 3:10-13).

이제 진실을 알게 될 순간이다. 성경은 말한다. "솔로몬이 깨어 보니 꿈이더라"(왕상 3:15). 필자는 전에는 이것을 눈여겨보지 못했었다. 일생 동안 솔로몬의 이야기는 여러 번 들었다. 그것을 연구도 하고 그에 대해 실제로 설교도 했었지만, 주님과의 이 역사적인 만남이 꿈속에서 이루어졌다는 것을 몰랐던 것이다.

필자의 처음 생각은 실망이었다는 것을 고백해야겠다. "에이 이게 뭐야, 여태까지 주님께서 실제로 솔로몬에게 나타나셨다고 생각했었는데, 고작 꿈속에서였다는 것은 몰랐지." 그러나 다음 순간 필자는 깨달았다. 주님께서 솔로몬에게 과연 나타나셨던 것이다! 꿈에서 그런 일이 일어났다고 해서 그 사실이 덜 현실적일 수는 없는 것이었다.

좌우간, 솔로몬은 왕들 중 가장 현명한 왕이었나?

그렇다.

또한 가장 부유한 왕이 아니었던가?

맞다.

사실상, 그의 전과 후에 있었던 모든 사람을 능가하는 명예와 영광을 갖지 않았던가?

그렇다.

그렇다면, 이러한 사실이 얼마나 현실적인가?

주님의 말씀이 그렇게 영적으로 강력하여 우리가 깨어 있으나 잠을 잘 때나 우리의 가슴속에 들어올 수 있다는 것을 깨닫자, 필자의 실망은 경이로움으로 바뀌었다(내가 설교하고 있는 동안에 교인들이 졸고 있을 때 이것은 나에게 큰 위안이 되었다). 이 사실을 상상해 보시라. 주님께서 꿈속에 솔로몬에게 나타나 그의 인생에 관해 그에게 말씀해 주셨고, 그리고 솔로몬은 깨어서 역사 속으로 걸어 들어간 것이다. 꿈이 실현된 것이다. 성경에 있는 모든 잠언이 꿈속에서 말씀하시는 하나님께 대한 증거인 것이다. 바로 그것이 솔로몬 왕의 금광이었던 것이며, 여러분이나 내가 오늘날 그 점에 있어서 우리의 당연한 권리를 주장할 수 있는 것이다.

스룹바벨의 폐허

영광스러운 솔로몬의 성전은 폐허가 되었다. 유다 사람들은 바벨론에서 70년간 포로로 잡혀 있었고, 그 기간 중 예루살렘 도성은 도적과 짐승들의 소굴이 되었다. 하나님의 주권적인 개입으로 포로상태가 끝나자 유대인들은 신이 나서, 새 총독 스룹바벨 하에, 예루살렘에서 파괴된 성전을 재건하고 신앙을 되찾겠다는 희망에 부풀어 고국으로 돌아왔다.

그들은 예루살렘에 도착하자마자 그들의 과제가 불가능한 것이라는 사실에 직면했다. 성전은 아주 심하게 파괴되어 거의 알아볼 수 없는 상태였고, 타버린 돌들의 거대한 무더기는 사막의 바람이 몰고 온 먼지로 덮여 있었다. 스룹바벨은 어디서부터 시작해야 좋을지를 몰랐다. 파괴된 잔상은 넘을 수 없는 산처럼 높았고 폐허는 너무도 컸다. 그러나 절망이 들어서기 전에 하나님은 환상(이상)으로 충만되어 있는 선지자 스가랴를 보냈다.

한 환상에서, 스가랴와 주의 천사 사이에 대화가 전개되었다. 이 이상의 목적은 두 가지인 것 같았다. 첫째, 스가랴에게 이상을 보여주자는 것이고, 둘째, 그가 본 것을 어떻게 해석할 것인지를 가르쳐 주기 위한 것이었다. "내게 말하던 천사가 다시 와서 나를 깨우니 마치 자는 사람이 깨우임 같더라. 그가 내게 묻되 네가 무엇을 보느냐 내가 대답하되 내가 보니 순금 등대가 있는데 그 꼭대기에 주발 같은 것이 있고 또 그 등대에 일곱 등잔이 있으며 그 등대 꼭대기 등잔에는 일곱 관이 있고, 그 등대 곁에 두 감람나무가 있는데 하나는 그 주발 우편에 있고 하나는 그 좌편에 있나이다 하고, 내게 말하는 천사에게 물어 가로되 내 주여 이것들이 무엇이니이까."

"내게 말하는 천사가 대답하여 가로되 네가 이것들이 무엇인지 알지 못하느냐 내가 대답하되 내 주여 내가 알지 못하나이다. 그가 내게 일러 가로되 여호와께서 스룹바벨에게 하신 말씀이 이러하니라 만군의 여호와께서 말씀하시되 이는 힘으로 되지 아니하며 능(能)으로 되지 아니하고 오직 나의 신(神)으로 되느니라. 큰 산아 네가 무엇이냐 네가 스룹바벨 앞에서 평지가 되리라 그가 머릿돌을 내어 놓을 때에 무리가 외치기를 은총, 은총이 그에게 있을지어다 하리라 하셨고"(스 4:1-7).

스가랴가 소식을 전했다. 스룹바벨의 폐허는 이스라엘의 하나님 앞에서는 별것이 아니었다! 이 격앙된 지도자는 하나님의 말씀에 대한 새로운 믿음으로 충만되어 발벗고 나서서 일을 할 수 있었다. 기름이 많이 공급되어 어둠 속에서 밝게 빛나는 촛불의 불꽃처럼, 스룹바벨은 하나님께서 그에게 하라고 한 모든 것을 성취하기 위해 일을 착수했다. 그는 환상을 통하여 권능을 받아서 성령이 하시는 일을 믿게 되었다. 성전은 지어졌고, 하나님은 그것을 하나님의 영광으로 채워서 솔로몬의 시대보다도 더 위대한 것으로 만들었던 것이다.

역사상 두드러진 사건들

그러면 이제 성경의 책장에서 조심스럽게 역사의 책장으로 옮겨서, 세계의 유명한 군주들과 지도자들이 꿈이나 환상의 영향으로 결정적인 전투에서 어떻게 도움을 받았는지 또는 속았는지를 옛 문서와 사료에서 뽑아 추가적인 증거로 삼아 보자.[46]

한니발은 로마를 침공했고, 크세룩세스(옛 페르시아의 왕, 519?-465? B.C.)는 그리스에 침입했으며, 알렉산더 대왕은 튀루스(옛 페니키아의 항구 도시)를 정복했고, 나폴레옹은 워털루에서 참패했다. 저주스러운 히틀러조차도 한 꿈이 그의 목숨을 구했다고 생각한 후에 자신은 신이 주신 사명을 띠고 있다고 생각하고 있었다 (미치광이가 신의 권능을 받았다고 생각하면 그야말로 무서운 것이라는 것을 증명하고 있다). 그러나 다른 사람들은 진정으로 하나님으로부터 온 꿈을 꾼 사람들이다.

예루살렘을 구한 두 꿈

유명한 유대 역사가인 플라비우스 요세푸스는 고대사 속에 예루살렘의 유대인들의 놀라운 해방에 관해서 이야기체로 썼다. 이 사건은 알렉산더 대왕 시대에 일어난 것이다. 아래는 요세푸스가 쓴 이야기를 A. R. 실레토가 번역한 것이다.

알렉산더 대왕은 가자를 점령하고는 예루살렘으로 급히 진격해 갔다. 이 소식을 들은 대제사장 야두스는 고민과 공포에 사로잡혀서 마케도니아 사람들을 어떻게 맞이해야 할지를 몰랐다. 왜냐하면 앞서 야두스가 저항했기 때문에 알렉산더 대왕은 좋지 않는 감정을 갖고 있었다. 그래서 그는 국민들에게 명하여 간구하는 기도를 드리게 하고 자기와 함께 하나님에게 제물을 바치도록 했다. 그는 하나님을 향해 그들에게 닥쳐오고 있는 난국으로부터 국가를 보호하고 구원해 달라고 간절히 기도했다.

그러자 하나님은, 그가 제물을 받치고 잠이 든 사이 꿈속에서, 그에게 용기를 갖고, 예루살렘 도성을 잘 꾸미고, 성문들을 활짝 열어 놓으라고 일렀다. 그리고 다른 사람들은 모두 흰옷을 입고 나타나고, 그와 사제들은 각자 성직의 직급에 합당한 옷을 입고, 어떤 최악의 결과에 대한 두려움은 조금도 갖지 말라고 경고했다. 하나님의 섭리가 모든 악한 결과를 예방하실 것이라는 것이다.

이 말을 듣고 잠을 깬 야두스 대제사장은 크게 기뻐했다. 그리고 그는 하나님으로부터 받은 지시를 모두 공포하고, 꿈에서 들은 대로 시행하고는 대왕이 오기를 기다렸다. 그리고 대왕이 도성으로부터 멀지 않은 곳에 왔다는 소식을 듣고, 그는 사제들과 많은 시민들을 이끌고 행렬을 지어 나아갔다.

　행렬은 장엄했고, 그 모습이 다른 나라들의 그것과는 달랐다. 행렬은 수파라는 곳에 도달했다. 수파란 말은 그리스어로 번역하면 전망이란 뜻이다. 왜냐하면, 거기서 예루살렘과 성전의 모든 전방을 볼 수 있었기 때문이다. 대왕을 따라 원정 온 페니키아사람들과 갈데아 사람들이 생각하기를 자기들은 마음대로 예루살렘을 약탈하고 대왕에게 불쾌감을 준 대제사장을 고문해서 죽여야 한다고 단단히 생각하고 있었는데, 그 정반대 현상이 일어났던 것이다.

　알렉산더 대왕이 멀리서 흰옷을 입은 수많은 무리들을 멀리서 보았다. 사세들은 고운 아마포를 입고 서 있었고, 내세사상은 시주색과 황금색의 예복을 입고, 머리에는 관을 쓰고 있었는데 그 관에 있는 황금판에는 하나님의 이름이 새겨져 있었다. 그 때 대왕은 혼자 접근해 와서는 그 "이름"을 경배하고, 먼저 대제사장에게 인사를 했다.

　유대인들도 한 목소리로 알렉산더에게 인사하고 그를 둘러쌌는데, 그 때 시리아의 왕들과 여타의 사람들이 알렉산더의 그러한 행동을 보고 크게 놀라서 그가 미친 것이 아닌가 하는 생각을 했다. 그러나 파르메니오 만은 그에게로 다가가서 물었다. "다른 모든 사람들은 대왕을 숭배하는데, 어찌하여 대왕은 유대인들의 대제사장을 숭배해야 하십니까?" 이에 알렉산더 대왕은 대답했다. "짐이 숭배한 것은 대제사장이 아니고, 그를 대제사장의 직분으로 세우신 하나님을 경배했노라."

　알렉산더 대왕은 말을 계속 했다. "짐이 마케도니아의 디움에 있었을 때, 바로 이 사람이 바로 이 옷을 입고 있는 것을 꿈에서 보았노라. 짐이 아시아를 어떻게 정복할 것인가를 생각하고 있을 때, 이 사람이 짐에게 지체하지 말고 과감히 넘어오라고 간곡히 권고했으며, 그가 짐의 군대를 지휘해서 짐에게 페르시아의 통치권을 줄 것이라고 했노라."

"그래서 그런 옷을 입은 다른 사람을 보지 못했는데, 이 사람이 그런 옷을 입고 있는 것을 보고, 그 환상을 기억하면서, 짐의 꿈속에서 받은 권고를 기억하고 있는 짐은, 이 군대를 하나님의 지휘하에 두어, 다리우스를 정복하고 페르시아의 힘을 파괴해 버릴 것이요. 모든 일은 짐이 생각한 대로 성공하리라는 것을 믿는 바이오."[47]

콘스탄티누스의 불타는 십자가

왕들과 왕들의 환상에 관한 유명한 이야기들 중의 하나는 로마의 황제 콘스탄티누스 대제에 관한 것이다. 역사의 증언에 의하면, 독실한 기독교 신자였던 헬레나의 아들인 콘스탄티누스는 그의 아버지 콘스탄티우스 1세가 갑작스럽게 사망하자 왕으로 선포되었다. 치열한 왕위 쟁탈전이 벌어져서 이 젊은 통치자는 A.D. 312년 로마 부근의 밀비안 다리에서 필사적인 전투를 하지 않으면 안되는 처지에 빠졌다.

그의 어머니의 독실한 믿음의 영향으로 기독교에 이미 동정적이었던 콘스탄티누스는 환상 속에서 하늘에서 불타는 십자가를 보았다고 전해진다. 그날 밤늦게 그는 꿈을 꾸었는데 그리스도가 그에게 나타나서 그가 환상 속에서 보았던 것과 똑같은 문장(紋章)을 들고 "이 문장에 있는 깃발 아래서 정복하라"라는 말씀을 했다.[48]

그러한 환상과 꿈의 결과, 콘스탄티누스는 십자가의 문장을 채택했고 실제로 승리를 거두었다. 그 전투는 기독교를 위한 전환점으로 여겨지고 있다. 황실 내부의 사건들은 이미 황제들의 마음을 그리스도에게로 향하게 하기 시작했지만,[49] 콘스탄티누스의 놀라운 승리는 교회를 위한 새로운 시대의 여명을 알려 주는 것이었다.

콘스탄티누스가 승리한 해에 반포된 밀라노 칙령은 교회 생활에 새로운 시대를 열었다. 박해받았던 주님의 성도들은 콘스탄티누스의 광대한 제국의 존경받는 시민이 되었다. 켈시는 이렇게 썼다.

    교회 안에서는 폭발적인 활동이 일어났고 따라서 새로운 문학 작품이 넘쳐흘렀다. 위대한 기독교 지도자들이 일어나서 수많은 종교적인 문제들을 해결했다. 아다나시우스는 이후의 모든 기독교 사상의 초석을 놓았고, 어거스틴은 그의 방대한 저술로서 이후 천년 동안 서방 교회의 대체적인 방향을 설정했다.
    크리소스톰(教父)과 위대한 가바도기아인들(행 2:9) 이래 현재까지 내려오는 동방 기독교의 틀도 형성되었다. 이 위대한 지도자들 중 꿈의 문제를 무시한 사람은 한 사람도 없었다. 오히려, 이들 각자는 꿈이 하나님께서 자신을 인간에게 계시하시는 하나의 중요한 방법이라는 것을 여러 번 증명해 보려고 고심하고 있음을 우리는 알게 된다. 진정으로, 서구 문명의 이 새로운 시대는 로마를 위한 전투 전에 콘스탄티누스에게 왔던 꿈과 환상에 의해 열려졌던 것이다.[50]

십자군은 어떤가?

    일반적으로 생각하는 것과는 달리, 콘스탄티누스는 소위 십자군이라는 것에 대해서는 아무런 책임이 없다. 이 끔찍한 일은 콘스탄티누스가 사망한 지 5백년 후에야 일어났던 것이다. 그 때에, 교회는 예수 그리스도의 구원의 은총에 대해서는 아무것도 모르고, 주님의 사역에 대해 아무런 관심도 없는 신봉자들에 의해 부패되어 있었다. A.D. 450년에, 살비안이라는 이름의 성직자가 이렇게 썼다.

    부자나 가난한 사람이나, 이교도나 기독교도나 이 제국에는 역사상 유례가 없는 부도덕의 늪에 빠져 있다. 간음과 술주정이란 악덕이 유행하고, 덕행과 절제는 웃음거리가 되어버리고 말았다. 그리스도란 이름은 그를 하나님이라고 부르는 사람들 가운데서 신을 모독하는 악담

이 되어 버렸다.[51]

권력에 끌리고 부의 유혹을 받아 야욕이 있는 악한 사람들이 종교계로 들어갔다. 그리스도를 영광스럽게 한다는 명목으로 이들은 사실상 너무도 많은 해를 끼치어, 세계는 아직도 이들의 배교행위의 상처로부터 완전히 회복되지 못하고 있는 실정이다.

황제냐 교회냐 - 여기서 누가 우두머리인가?

콘스탄티누스를 계승한 데오도시우스 황제는 신앙심이 두터운 사람으로 여겨졌었다. 그러나, 폭도들이 로마 총독 데살로니가를 난폭하게 살해했다는 소식을 듣자 데오도시우스는 너무도 화가 나서 그의 군사를 보내 총독의 죽음에 복수하도록 했다. 7천여 명의 시민들이 하루에 죽임을 당했다!

이 학살의 소식은 빨리 퍼졌고, 밀라노의 주교 암브로즈는 이 소식을 듣고 병이 났다. 주님이 꿈속에서 암브로즈에게 말씀하시기를, 그가 황제에게 연락해서 공개적으로 회개하도록 하고 하나님과 국가에 대해 범한 죄를 고백하도록 해야 한다고 일렀다.

황제에게 쓴 편지에서, 암브로즈는, 회개하고 하나님의 축복을 받았던 왕들의 예를 몇 가지 들었다.

> 소신이 이 편지를 쓰는 것은 폐하를 당혹스럽게 하려는 것이 아니옵고, 이러한 왕들의 예를 따라 폐하도 깨달음이 있어 폐하의 왕국으로부터 죄를 없이 하자는 심정에서 나온 것입니다. 하나님 앞에 폐하의 영혼을 낮추심으로서 죄를 소멸시킬 수 있기 때문이옵니다.
> 폐하는 남자로서 그 일은 폐하의 손에 달려 있습니다―그것을 정복하십시오. 소신은 촉구하고, 간청하고, 권고하고, 경고하나이다―왜냐

하면, 남다른 신앙심의 모범이신 폐하께서, 성격이 유난히 온후하신 폐하께서, 그렇게 많은 사람이 죽었음을 애도하지 않아서는 안되겠기 때문입니다. 폐하께서 정복하실 수 있는 마음씨를 아직 갖고 계시는 동안 악마를 정복하소서.

이 명령을 시행하도록 하기 위해서 주님은 암브로즈에게 왕이 출석한 자리에서는 종교적 의식, 특히 성찬식을 하지 못하도록 금했다. 사도 바울은 말했다. "그러므로 누구든지 주의 떡이나 잔을 합당치 않게 먹고 마시는 자는 주의 몸과 피를 범하는 죄가 있느니라" (고전 11:27). 암브로즈는 순결한 주님의 피를 수천 명의 무죄한 시민을 죽인 자에게 마시게 함으로써 자신이 주님의 성찬을 조롱하는 데 가담할 수는 없다는 것이다.

암브로즈는 왜 자신은 황세에 만내하는가 하는 이유를 썼나.

    마지막으로, 저는 제 손으로 이 글을 쓰고 있으며 이는 폐하 혼자만이 읽을 것입니다. 주님께서 모든 어려움으로부터 저를 구원해 주시기를 바라고 있습니다. 저에게 성찬식을 집례하지 못하도록 경고하신 분은 사람이 아니라 명백하게 주님 자신이었습니다. 왜냐하면 제가 염려하면서 성찬식을 시작할 준비를 하던 바로 그날 밤에, 폐하께서 꿈에 나타나시어 교회 안으로 들어오셨습니다. 그런데, 저는 집례하도록 허락되지 않았습니다.

편지는 솔직하게 이렇게 끝맺는다.

    폐하께서 참석하시겠다면 저는 감히 성찬식 집례를 하지 못하겠습니다. 하나님께서는 여러 가지 방식으로 경고를 주시는데, 하늘의 표징으로, 선지자의 교훈으로, 그리고 심지어는 죄인에게 나타나는 환상으로도 경고를 주시는 것입니다. 하나님이 뜻하시는 바는, 우리가 깨달아서, 질서를 어지럽히는 모든 혼란을 해소하도록 주님에게 간구함으로써, 교회의 신앙과 평화가 계속 유지될 것입니다. 되도록 하자는 것입니다. 황제들이 신실한 그리스도인이 되는 것은 교회에 유익이 되는 것입니다.[52]

암브로즈는, 로마 제국 전체에 걸쳐서 다른 주교들도 그랬던 것처럼, 꿈에 나타난 하나님으로부터의 경고를 따랐다. 몇달 뒤, 거절당한 군주는 암브로즈 앞에 나가서 회개하고 자신의 죄를 고백했다.

이는 역사상 가장 중요한 순간이었는데, 왜냐하면 그것은 이후 몇 세기 동안 교회와 국가 사이에 왔다갔다 하는 추를 작동시킨 계기가 되었기 때문이었다. 그것은 오늘날까지도 불과 피를 끌어내는 질문을 제기하고 있다. ―"황제가 교회에 권능을 주는 것인가, 아니면 교회가 황제에게 권능을 주는 것인가?" 우리는 지금은 이 질문을 약간 다른 방식으로 하고 있다, "정부가 교회에 복종하는가, 아니면 교회가 정부에게 복종하는가?" 대답은 둘 다가 아니다 라는 것이다. 양자는 모두 하나님에게 복종하여 하나님의 백성을 섬기고 축복해야 하는 것이다.

미라의 주교 니콜라스

콘스탄티누스의 사랑을 받은 행복한 사람들 중의 하나는 니콜라스라는 사람으로서 소아시아 미라의 주교였다. 이 젊은 주교는, 많은 그리스도인들이 박해를 받았던 디오클레티아누스 황제의 통치시대인 주후 303년에 감옥에 갇혀 있었다. 그는 콘스탄티누스 황제가 모든 종교를 관용한다고 선포한 후에 석방되었다.

니콜라스는 기독교 신자이며 부유한 부모의 독자로서, 주후 280년 경에 소아시아의 리키아주의 파티라에서 태어났다. 그의 양친이

전염병으로 모두 사망하자, 이 소년은 많은 재산을 상속받게 되었다. 젊은 니콜라스는 일생을 하나님에게 바치고 자기가 태어난 주의 수도인 미라로 이사를 했다. 그곳의 주교가 사망한 다음 종교회의는 후계자를 뽑으려고 여러 번 투표를 했으나 한동안 성공하지 못했다.

마침내, 가장 나이가 많은 회원이 꾼 꿈속에서, 다음 날 성당 문 옆에 서서 제일 먼저 들어오는 니콜라스라는 이름을 가진 사람을 새 주교로 뽑으라는 지시를 받았다. 그 젊은 그리스도인은 늘 하듯이 아침 기도를 하러 교회로 가자, 그의 이름이 무엇이냐는 질문을 받았고, 곧 그는 종교회의에서 주교로 선정되어 임명되었다. 니콜라스는 나이가 어리다는 이유로 성직을 사양했지만 그는 회의의 결정에 따르지 않으면 안되었다.

그가 성직을 맡은 초창기에 성지를 방문하던 중에 그리스도인의 생애와 관련된 여러 장소에 너무도 감동되어 미라의 주교직을 사퇴하고 팔레스틴에 남아 있기로 결심했다. 그러나 하나님은 꿈속에서 그에게 소아시아로 돌아갈 것을 명했다. 그는 주님의 말에 복종하여 미라의 사람들 속에서 성실하게 일했다.

니콜라스는 주교로서 아주 인기가 있었고, 기적을 행할 수 있는 그의 능력에 관한 몇 가지 이야기들이 교회 전승을 통하여 우리에게까지 전해내려 오고 있다. 그가 성지에서 돌아오는 길에 강한 폭풍이 일어나서 배가 거의 난파되었다고 한다. 니콜라스가 조용하게 하나님께 기도했더니, 바람이 갑자기 잠잠해져서 선원들이 크게 놀랐고, 그들의 생명과 배는 무사하게 되었다는 것이다.

높은 돛대에서 떨어져서 죽은 선원의 생명을 그가 다시 살려 냈다는 전설도 있다. 또한 이 배에서 항해 중에 니콜라스가 꾼 꿈속의 계시에서 배 주인이 그를 파타라로 되돌려 보내는 것이 아니라 그를 노예로서 팔아버린다는 것을 그에게 알려 주었다. 니콜라스는 기도를 함으로써 어려움을 면했는데, 왜냐하면 강한 바람이 불어 배를 소아시아로 향할 수밖에 없게 만들었던 것이다.

그가 일으켰다고 하는 또 하나의 기적은 주후 325년에 일어났는데, 한 부유한 아시아 사람의 아들들이 아테네로 유학하러 가던 길에, 전에도 그런 범죄를 저질렀던 한 사악한 여관 주인에 의해 모두 살해되어 금품을 빼앗겼다. 이 자는 소년들의 시체를 소금물 통속에 각각 숨겨 두었다.

니콜라스는 니케아 회의에 참석차 가던 길에, 이 여관에 머물게 되었는데, 그날 밤 꿈속에서 그 범죄 사실이 그에게 계시되었다. 그는 그 악한 주인으로 하여금 범죄 사실을 고백하게 했고, 그리고 난 후에는 통들 위에 십자가의 표시를 하고 하나님에게 간절히 기도하였다. 전해 내려오는 이야기에 의하면, 세 소년이 즉시 되살아났다는 것이다.

니콜라스의 주요 특성 중의 하나는 그는 누구보다도 마음이 너그러웠다는 것이다. 그는 젊었을 때 사람들 속에 어울림으로서 얼마나 많은 사람들이 가난에 찌든 생활에 짓눌려 사는지를 알게 되었다. 하나님께서 그에게 부자가 되도록 축복해 주셨는데, 니콜라스 자신도 다른 사람들에게 축복이 될 수 있다는 것을 깨달았다. 그래서, 니콜라스는 가끔 변장을 하고 나가서는 선물을, 특히 아이들에게 많이 나누어주곤 했다. 사리를 분간할 줄 아는 어른들은 이런 일을 하는 그를 몹시 좋아했으며, 어른들은 그가 변장한 것을 알고 있었지만, 아이들을 위해서 니콜라스가 자기 신분을 감추고 있도록 했다.

이 희한한 인물에 대해 몇 세기를 내려오는 동안 여러 가지 이야기가 만들어졌지만, 일부는 전설적이고 어떤 것은 소설적인 것이다. 그러나 이 사람이 착한 마음씨와 그리스도 같은 정신을 갖고 세상을 살고 남에게 영향을 끼쳤다는 것은 사실로 남아 있다. 그가 죽은 후, 그가 한 많은 일과 관계되는 여러 가지 증언들을 확인 한 후 니콜라스는 어린이들의 후원 성자로 명명되었다. 오늘날 우리는 그를

유쾌한 세인트 닉 할아버지, 흔히 산타클로스 할아버지라고 부르고 있는 것이다!⁵³⁾

필자는 이 이야기가 아주 재미있어서, 조금 숙고해 본 다음 여러분의 참고가 되도록 이 책에 포함시키기로 결심했다. 최소한도 이것이 역사를 통해서 꿈과 환상의 신화적 성격의 한 본보기가 될 수 있을 것이다. 역사상 두드러진 꿈이 또 하나 있는데, 이것은 믿기에는 너무 전설적인 것 같다. 그러나 빼 버리기에는 자료가 너무 실질적이다. 그것은 1965년 미국 대통령에게 일어난 것이다.

에이브라함 링컨

링컨 대통령의 일생 동안 비밀한 이야기를 나눌 수 있는 절친한 친구였던 워드 힐 라몬은 그의 일기에, 링컨이 "밧모섬의 체험"과 같은 꿈을 꾸었다는 개인적인 이야기를 적고 있다.

> 링컨 대통령의 일생 중 가장 놀라운 사건은 그가 암살되기 며칠 전에 꾸었던 꿈이었다. 그에게 있어 그 꿈은 사활을 거는 의미가 있었는데, 왜냐하면 분명히 다른 어떤 꿈 이야기도 그 이후에 곧 일어난 실제적인 비극과 그처럼 똑같을 수는 없었기 때문이다. 링컨 대통령은 그 꿈을 비밀로 해 둘 수가 없었던 것 같았다. 그의 꿈 이야기를 들은 직후 내가 적어놓은 노트를 참고하면서, 나는 그가 사용한 말을 가능한 한 그대로 적어 본다.⁵⁴⁾

대통령은 자기가 지금 말하려고 하는 것을 잘 들으라고 라몬에게 주의하고는 천천히 또박또박 말했다. "성경에 꿈에 대한 얘기가 참 많은 것을 보면 이상한 것 같아"라고 링컨은 말했다.

내 생각에, 구약전서에는 약 16장이 신약전서에는 4~5장이 꿈 이야기를 하고 있고, 환상에 대해 언급한 구절은 성경 전체에 걸쳐서 여기 저기 많이 있지. 우리가 성경을 믿는다면, 예전에는 하나님과 그의 천사들이 사람들이 자고 있을 때 와서 꿈속에서 자신들의 모습을 들어냈다는 사실을 받아들여야 할 것이야. 오늘날에는 꿈은 아주 우스운 것으로 여겨져서 잘 얘기도 하지 않지만, 할머니들이나 사랑에 빠진 젊은 남자들이나 처녀들이나 꿈 이야기를 하고 있지.

링컨 부인은 여기서 말했다, "어머, 당신 무섭게 심각하게 보이네요. 당신 꿈을 믿어요?"

링컨 대통령은 대답했다. "내가 꿈을 믿는다고 말할 수는 없겠지만, 지난밤에 꾼 꿈은 그 후 나를 떠나지 않고 나를 괴롭히고 있어요. 꿈을 꾼 후에 내가 맨 처음 성경을 펴보니까, 참 이상하게도, 창세기 28장의 야곱이 꾸었던 그 희한한 꿈에 대한 내용이었지. 나는 성경의 다른 곳을 펴보았지만, 볼 때마다 꿈이나 환상에 대한 구절을 본 것 같았어. 오래된 성경 책장을 계속 넘겨보았지만, 나의 눈은 초자연적 방문, 꿈, 환상 등과 같은 내용을 보았는데 내 생각을 반영하고 있었어요.

대통령이 이제는 너무도 심각하고 불안해 보여서 링컨 부인은 소리쳤다. "당신은 나에게 겁주지 마세요! 무슨 일이에요?"
링컨 대통령은 자기의 말이 아내에게 끼친 영향을 관찰하면서 말했다. "꿈 이야기를 말한 것만으로도 잘못했다는 생각이 되는데."
이 말은 링컨 부인의 호기심을 더욱 자극했을 뿐 아니라, 꿈 같은 것은 믿지 않는다고 과감히 말하면서도, 남편을 사로잡고 있는 듯한 꿈 이야기를 해 달라고 강하게 졸라댔고, 옆에서 듣고 있던 또 한 사람(라몬 씨)도 이에 가세하여 이야기를 해 달라고 했다. 링컨 대통령은 주저하다가 마침내 그의 눈썹에 우울한 그림자를 드리우면서 아주 조심스럽게 말을 하기 시작했다.

링컨은 자신의 암살을 꿈꾸다

워드 힐 라몬은 후세의 사람들을 위해서 링컨이 한 말을 기록해 두었다.

한 열흘 전에 나는 아주 늦게 침실에 들었지. 전방에서 올라온 중요한 전갈 내용을 기다리느라고 늦게까지 잠을 자지 않고 있었어. 피곤했기 때문에 침대에 들어간지 얼마 안되어 잠이 들었는데, 나는 곧 꿈을 꾸기 시작했어. 내 주위에는 죽음과 같은 적막이 있는 것 같았어. 그러자 참으려고 애쓰는 흐느낌을 들었는데 많은 사람들이 울고 있는 것 같았어 나는 침대에서 일어나서 아래층을 방황한 것으로 생각돼. 거기서도 똑같은 슬픈 흐느낌이 정적을 깨뜨렸지만, 조문객은 보이지 않았어요.

이 방 저 방 가 봤지만 산 사람은 아무도 보이지 않았고, 내가 지나칠 때마다 똑같은 그 비탄의 슬픈 소리가 나를 맞이했다오. 모든 방에는 불이 켜 있었고, 모든 물건이 낯익은 것이었으나, 가슴이 찢어지듯이 슬퍼하던 그 사람들은 모두 어디 갔을까? 나는 이상한 생각이 들었고 겁이 났지. 이 모든 것은 무엇을 의미하는 것일까? 그렇게 신비하고도 충격적인 상황의 원인을 찾아 봐야겠다고 마음먹고 계속 가다가 마침내 이스트 룸에 도착해서 들어가 보았어요. 거기서 나는 넌더리나는 놀라운 것을 보게 되었어.

내 앞에는 수의로 싼 시체가 있었어. 그 주위에는 호위병들이 서 있었고, 많은 사람들이 모여 있었는데, 일부 사람들은 슬픈 눈초리로 얼굴이 가려져 있는 시체를 바라보고 있었고, 또 일부 사람들은 슬프게 울고 있었어요. "백악관에서 누가 죽었지?" 나는 군인 하나에게 물었다. "대통령입니다. 암살 당하셨습니다!" 라는 것이 그의 대답이었단다. 그 다음에 군중으로부터 큰 소리의 울음이 터져 나왔고, 그 소리에

나는 꿈에서 깨어났어요. 그날 밤 나는 더 이상 잠들 수가 없었어. 비록 그것이 꿈에 불과했지만, 그 이후 내 마음은 크게 편치 않는 상태라오.[55]

링컨 부인은 말했다. "그거 무섭군요! 당신이 그 얘기를 안했으면 좋았을걸. 저는 꿈을 믿지 않으니까 다행이지만, 그렇지 않았더라면 이 이후 계속 공포에 빠져 있을 거예요." 링컨 대통령은 생각에 잠긴 듯한 태도로 대답했다. "그래, 꿈에 불과 해. 여보, 그에 대해 더 이상 얘기하지 말고, 잊어 버리도록 합시다. 주님께서 좋겠다고 생각하시는 때에 좋은 방식으로 이 일을 잘 처리해주시겠지요. 하나님께서는 제일 좋은 것이 무엇인지 알고 계시니까."

정말 그렇다.

제 7 장
오래간만에 보여주신 꿈과 환상

 그 많은 사제들이 투표를 하기 위해서 성전 앞에 의무적인 태도로 모였다. 그들 중의 한 사람만이 선택되어 성스러운 장소에 들어가서 주님 앞에 향을 태울 수 있을 것이며, 일단 선택되면 다시 선택할 수 없었다. 60여년이나 기다렸던 늙은 사가랴가 결국에는 선택되는 것이 사리에 맞는 것 같이 보였다. 그는 그럴 수 없을 것이라고 생각했지만, 운명이 결정되는 이 날, 선택된 것은 그였다.
 60년이란 기다리기에는 긴 시간이었지만, 말라기가 구약전서의 마지막에 한 약속과 신약전서에서 그리스도의 도래로 개시되는 새 시대와의 사이를 연결하는 4백년에 비해서는 상대적으로 짧은 것 같다.
 이 기간 중에, 하늘로부터는 아무런 말씀도, 예언도, 꿈도, 환상도, 백성들 가운데 하나님의 움직임이란 없었다. 아무것도 없었다. 4세기간에 걸친 예언적인 침묵. 오랫동안 아무것도 없었다. 사람들은 과거의 기억들과 약속들을 굳게 간직하면서 믿음으로 앞으로 나가는 길밖에 다른 도리가 없었다. 그들은 하나님께서 언제 다시 말씀을 하실 것인가는 모르고 있었으나 하나님께서 좌우간 말씀을 하실 것이라는 것만 알고 있었다.

거의 아무도 들어가 보지 못한 곳을 들어가려고 준비하면서 그 노인의 심장은 젊은이처럼 흥분되어 두근거렸다. 그는 인간적인 호기심이 닿지 못하도록 법궤를 수호했던 커다란 자주색의 막 앞에 곧 서게 될 것이라는 것을 알고서 특권이 부여된 느낌이 들었다. 황금 향단 앞에 서있는 그는 하나님의 현존하심에서 단지 막 하나를 사이에 두고 떨어져 있는 것이었다. 사가랴는 숨을 깊이 들이키면서 그 외딴 지성소 안으로 들어갔다. 그의 의식 행사는 잠시 밖에 안될 것이었지만 귀중한 순간 순간을 철저히 맛보겠다고 마음먹었다. 이 길을 두번 다시는 지나가지 않을 것임을 그는 알고 있었다.

사람들은 밖에서 기대감에 차서 기다리고 있었고, 사가랴가 배정된 시간이 넘도록 오래 머물자 사람들은 무엇이 잘못된 것이 아닌가 하고 걱정하고 있었다. 배석하고 있던 사제들 간에는 불안한 눈초리들이 교환됐고, 각자는 다른 사람이 솔선해서 성전 안으로 들어가 일이 어떻게 됐는지 알아보기를 기대했다. 사가랴가 성소와 지성소 사이에 있는 신성한 장벽을 침범한 것은 아닌가? 그가 어떤 식으로든지 전능하신 하나님의 기분을 상하게 한 것은 아니었나? 그는 법궤 앞에서 죽어 있는 것이 아닌가? 왜 그는 성전 안에서 그렇게 오래 머물고 있는가? 밖에서 기다리고 있는 사람들의 마음속에는 여러 가지 의문들이 줄달음치고 있었다.

그 노인이 여호와로부터 말씀을 받고 있다는 것을 잠시라도 생각한 사람은 아무도 없었다. 수많은 해 동안 계속된 침묵은 사람들의 가슴속에 있는 기대감에 부정적인 영향을 끼쳤다. 그러나 이 날 그 침묵은 깨뜨려지고 있었던 것이다! 여호와의 천사 가브리엘이 향단 오른쪽에 서 있는 사가랴에게 나타나 그의 아내가 요한이라고 이름하는 아들을 낳을 것이고, 요한은 여호와의 길을 예비하는 선지자가 되어 "아비의 마음을 자녀에게로 돌이키게 할"(말 4:6) 것이라고 일렀다. 그에겐 400년이란 영원 속의 한 순간에 불과하지만 그 천사는 구약전서의 마지막에 있는 약속을 인용했고 그럼으로써 신약전서의 첫 페이지를 연 것이다.

사가랴는 이러한 것을 체험하고 놀라서 벙어리가 되어 성전을 나올 때 말을 할 수 없어 사람들에게 손짓을 하므로 사람들은 그가 천사를 본 것이라고 결론을 내렸다. 그가 두 팔을 날개처럼 펄럭이고 하늘을 가리켰을는지도 모른다. 사람들은 그날의 성전의 행사가 이상하게 전개되는 것에 놀랐다. 이것은 하나님께서 이스라엘을 곧 다시 한번 방문할 것이라는 신호였던가?

그 후 몇 달에 걸쳐 하나님께서 그의 백성들에게 계속 말씀을 하심에 따라 계시적인 내방이 많이 일어나곤 했다. 마리아에게는 그의 집에서 가브리엘의 이상(異像)을 통하여 그리스도의 탄생이 예고되었다. 요셉은 예수에 관한 네 번의 개별적인 꿈에서 지시를 받았다. 멀리서 온 박사들에게는 헤롯이 예수를 죽일 기회를 찾고 있으니 헤롯을 믿지 말라고 꿈속에서 하나님이 경고했다.

이렇게 신약전서는 모두가 예수 그리스도를 중심으로 한 여러 가지 이상(환상)을 보는 체험들로 시작되고 있다. 전체적으로 꿈과 환상은 신약전서의 역사에서 의미 깊은 시점에서 중요한 요소로서 작용하고 있다. 꿈과 환상 속에서 주어진 예언적인 통찰력의 충격으로 인해, 다소 사람 사울이 기독교로 개종되고, 시몬 베드로가 이방인에게 보내졌으며, 사도들이 에게해를 건너 유럽으로 인도되고 교회가 강화되는 역사가 일어나게 된다. 마침내, 이 경이적인 시대는 모두 꿈과 환상 중에서 아마도 가장 유명한 것, 즉 밧모섬에 갇힌 주님의 종 요한에게 주어진 예수 그리스도의 계시와 더불어 막을 내린다.

이러한 사실들은 이론의 여지가 없다. 꿈과 환상은 구약전서에서와 마찬가지로 신약전서에서도 중요한 특색을 이루고 있다. 사람들이 성경의 기록에 이의를 제기함은 결국 헛된 일이 되고 만다. 토마스 페인이 성경에 나오는 꿈이나 환상은 사실은 하나님의 영감에서 오는 것이 아니라 전쟁이나 위기에 처했을 때 암호적인 의사소통을 하기 위하여 인간이 꾸며낸 것에 불과한 것이라고 씀으로서 이성의 시대에 부합되는 정서를 표현했다. 페인은 이렇게 논했다.

> 에스겔, 다니엘, 그리고 밧모섬의 요한이 기록한 내용은 이들이 전쟁 포로로서, 또는 한 나라의 죄수로서, 외국의 감옥에 있을 때의 상황에서 집필된 것으로서, 가장 사소한 정보도 서로 알려야 했고 그들의 모든 정치적인 계획이나 의견을 모호하고 은유적인 용어로 전해야 했던 상황에서 나온 것이다. 사실을 말하거나 평이한 언어로 말하기에는 그들로서는 안전치 못했기 때문에 그들은 꿈을 꾸었다거나 환상을 본 것처럼 가장했다. 그러나 그들이 목표로 하고 쓴 상대방은 그들이 말하고자 하는 것을 이해했고 상대방 이외에 다른 사람이 알아서는 안되도록 했다는 것을 우리는 가정해야만 하는 것이다.[56]

성경에 나오는 꿈에 대한 이러한 주제넘은 관찰은 합리주의적인 철학의 특성으로서 오늘날 일부 교회에서 현대적인 사고방식의 주류를 이루고 있다. 일부 신학교 교수들은 그들 자신의 편견된 전통에 따라 성경을 해석학적, 주석적, 그리고 체계적으로 해체를 함으로써 열정적인 젊은 목사들의 마음을 그 틀에 넣어 교육한다. 그 결과, 꿈이나 환상 그리고 기타 기적적인 현상은 아무런 믿음의 대상이 되지 못하고 있다. 비록 이성이나 객관성의 옷으로 가장하고 있지만 이런 식으로 성경에 접근하는 것은 어디서나 찾아 볼 수 있는 편견과 주관성에 찬 가장 뻔뻔스러운 예 중의 하나이다.

정직한 사람이라면 누구나 성경이 말하고자 하는 것을 이미 굳어진 우리의 고정관념으로 해석해서는 결코 안되는 것이라고 말할 것이다. 오히려, 우리는 성경으로 하여금 우리의 마음이 잘못된 것이 있으면 고쳐 주고 우리가 잘못된 길로 가면 우리의 성격을 바로잡아

주도록 해야 할 것이다. 만약 성경이 우리의 삶에 규범이 되는 것이 아닌 것을 가르친다면, 우리는 주님에게 향하여 성경의 규범에 맞게 우리의 삶을 바꾸는데 주님의 은총을 구하도록 해야 할 것이다. 우리 마음속으로 이미 믿겠다고 작정한 것을 성경으로 하여금 말하게 할 수는 없다. 분명히 그렇게는 안된다. 우리 자신이 하나님의 거룩한 말씀인 불변의 진리에 의하여 바뀌어져야만 하는 것이다.

그러니까 성경이 꿈과 환상을 말한다면, 우리 자신이 그것을 경험하지 않는다고 해서 더 이상 일어나지 않는다고 말해서는 안된다. 그 대신에 우리는 하나님께서 우리를 선택하여 꿈이나 환상에서 말씀해 주십사 하고 기도해야만 하는 것이다. 하나님의 응답을 받고 우리는 기뻐할 수도 있을 것이다! 또한 사기꾼, 마녀들, 그리고 사이비 신비요법가들이 꿈이나 환상을 주제넘게 사용하여 사람들을 속인다고 해서 꿈이나 환상을 우리가 전적으로 거부해서도 안된다.

화폐위조자가 20불 짜리 위조 화폐를 유통시켰다고 해서 우리에게 주어진 20불 짜리 지폐를 다 버리지는 않는다. 그것은 바보 같은 짓일 것이다. 점술이나 마술을 하기 위해 꿈과 환상을 사용하는 사람들에 대한 과잉반응으로 순수한 꿈이나 환상을 거부한다는 것도 똑같이 바보짓이다. 성경은 예언을 멸시하지 말라고 우리에게 가르치고 있다. 우리는 "범사에 헤아려 좋을 것을 취해야" 하는 것이다. 분명히 예언 중에는 하나님으로부터 온 것이 있는가 하면 그렇지 않는 것도 있다. 꿈이나 환상의 경우도 마찬가지다. 악을 버리고 선을 취함으로서, 우리는 "성령의 불을 끄지 말아야" 하는 것이다(살전 5:19).

반대자는 이렇게 말할는지도 모른다. "우리는 성경이 있으니까 하나님께서 꿈과 환상에서 우리에게 말씀하실 필요가 없다." 그런 논리를 따른다면 설교자도 필요 없다는 결론이 쉽게 나온다. 이제는 성경은 언제라도 쉽게 구할 수 있으니까 다른 사람이 성경의 내용을 말하는 것을 구태여 앉아서 들을 필요가 무엇인가? 분명히 하나님은 우리의 삶에 구원을 가져올 수 있는 관점으로 성경의 의미를 해석할 수 있도록 목사를 사용하시는 것이다. 꿈이나 환상도 그와 같은 일을 하는 것이다! 이들은 하나님의 밤의 사자이며, 하나님의 야간 설교자인 것이다. 이들은 하나님의 거룩한 말씀의 진리를 잊혀질 수 없는 방식으로 예시하는 것이다. 한 장의 그림이 천 마디 말보다 더 가치가 있는 것임으로, 꿈과 환상은 때때로 설교자의 능력을 능가하기도 하는 것이다.

이 뿐만 아니라 성경 자체가 말세에는 하나님께서 꿈과 환상에서 우리에게 말씀하실 것이라고 말하고 있다. 성경은 믿지만 하나님이 꿈과 환상에서 말씀하신다는 것을 믿지 않는 사람들은 결국 난처한 상황에 빠지게 된다. 여기서 생각나는 것은 락탄티우스의 곤경인데, 그는 3세기의 교회 신부로서 꿈을 믿으면 안된다는 꿈을 꾸었던 것이다.[57] 이 친구의 경우 어떻게 해야 옳은 것인가?

반대자들이 잘 인용하는 성경 구절은 히브리 사람에게 쓴 서신에 나오는 것이다. "옛적에 선지자들로 여러 부분과 여러 모양으로 우리 조상들에게 말씀하신 하나님이, 이 모든 날 마지막에 아들로 우리에게 말씀하셨으니 이 아들을 만유의 후사로 세우시고 또 저로 말미암아 모든 세계를 지으셨느니라"(히 1:1-2). 어떤 해석가들의 가정에 의하면, 이 구절은 그리스도가 오셨고 우리가 성경을 가졌으니까 하나님께서는 더 이상 말씀을 하시지 않는 것을 의미한다고 해석한다. 그들의 이론은 예수가 하나님으로부터의 마지막 말씀이니까 더 이상 말할 것이 없다는 것이다.

이 점에 대해서 나의 생각을 세 가지로 나누어 간단히 말해 보겠다. 첫째, "이 모든 날 마지막에"는 일세기에 그리스도와 함께 걸었던 사람들뿐만 아니라 우리 자신들도 포함하는 시대라는 것이다. 그렇지 않다면, 이 마지막이 정확히 언제 끝나는 것인지를 말할 수 있는 사람이 있겠는가 라고 나는 물어보고 싶은 것이다. 우리가 지금 "마지막 날 이후에" 살고 있는 것인가? 그런데 사실은 마지막 날은 아직 끝나지 않았다. 끝날 때에는 모두가 그것을 알 것이다! 그러니까, 하나님께서는 그 때 말씀하신 것처럼 오늘도 말씀하시는 것이다. 왜냐하면, 그 말씀은 같은 섭리를 나타내 주시는 말씀이기 때문이다.

둘째, 성경에서 하나님께서 과거에는 여러 모양으로 말씀하셨지만, 지금은 그의 아들로 우리에게 말씀하신다고 했는데, 이는 하나님께서 말씀하시는 모든 방식들이 이제는 그의 아들 안에서만 발견된다는 의미이다. 이것은 설교의 가르침, 예언, 꿈과 환상, 비유, 계명, 신탁, 계시, 율법, 증언, 그리고 기타 예수 그리스도를 찬양하고 그의 교회에 덕을 세우기 위하여 하나님이 사용할 수 있는 모든 다른 의사소통 수단을 모두 포함하는 것이다.

셋째, 여기서 간단한 질문을 해 보자. 만약 하나님께서 그리스도가 온 이래 꿈과 환상에서 말하기를 그만두시기로 했다면, 왜 예수님이 승천하신 후에도 꿈과 환상은 계속되는 것인가? 신약전서에 나오는 다음의 예를 검토해 보자.

불꽃에 너무 가까이 서서

그 젊은 수행자는 상의를 들고 제사장들이 그 신성모독자에게 돌을 던지는 것을 보고 있었다. 그는 사람을 돌로 쳐죽인다는 말을 들어 본 적은 있지만 실제로 그런 것을 바로 옆에서 목격해 본 적은 없었다. 무시무시했다. 중동지방의 광신주의자들의 광란한 행동은 성난 그들 열광주의자들이 스데반의 머리를 돌로 쳤을 때 그 극에 달했다. 젊은 사울은 스데반의 피와 뼈를 보자 황홀해지는 것이었다. 그는 거짓 선지자 예수란 이름으로 불리는 사기꾼들을 성지에서 없애 버리기 위하여, 이스라엘 전역에 걸쳐서 보복전을 펼치겠다고 마음속으로 맹세했다.

그러나 사울의 마음속에서 지워 버릴 수 없는 것이 하나 있었다. 그것은 스데반이 죽을 때 그의 얼굴에 나타난 표정이었다. 그의 주위에서 뜨겁게 타고 있는 지옥 같은 증오의 불길에도 불구하고 그는 거의 천사 같이 보였던 것이다. 그리고 그의 말은 사울이 그의 랍비 선생들에게서 들은 것보다도 모세의 가르침의 핵심적인 진리에 더 가까운 것 같았다.

스데반은 소리쳤던 것이다. "보라 하늘이 열리고 인자(人子)가 하나님 우편에 서신 것을 보노라!" 바로 이 말이 재판 중 그에게 결정적으로 불리하게 작용한 것이었다. 장로들은 그에게로 달려가서 그 무시무시한 처형의 행동을 개시했던 것이다. 그러나 스데반은 무릎을 꿇고 큰 소리로 외쳤다. "주여 이 죄를 저들에게 돌리지 마옵소서"(행 7:54-60). 이러한 말은 비겁한 공포 속에서 죽어 가는 사람의 말이 아니며, 또한 심한 고통 속에서 나올 수 있는 말도 아니었다. 이 말은 믿음과 환상에서 나온 말이었다.

어쨌든 젊은 사울은 자꾸 떠오르는 스데반의 죽음의 이미지를 자신의 의식에서 떨쳐버릴 수 있었고, 그리고 제사장들의 승인을 구함으로서 그리스도인들에 대한 분노를 부추길 수 있었다. 제사장들은 사울의 그리스도인에 대한 공포정책을 기꺼이 승인해 주었다. 가혹한 조치를 승인하는 공문을 갖추고 사울은 예수 믿는 자들이 많이 사는 다메섹으로 향했다. 예수 믿는 자들이 죽을 곳도 다메섹이 되도록 하는 것이 사울의 의도였다.

사울이 다메섹으로 향하고 있는 도중에, 돌연 하늘에서 눈부신 빛이 그의 주위에 비추었고, 사울은 땅으로 쓰러졌다. 한 소리가 들렸고 모두가 그 자리에 얼어 붙어버렸다. 사울이 물었다, "주여, 뉘시오니이까?" 그 대답은 사울의 가슴 깊은 곳을 흔들어 댔을 것이다. "나는 네가 핍박하는 예수라." 놀라서 떨면서 사울이 말했다. "제가 무엇을 하길 바라십니까?" 주님은 그에게 대답했다, "네가 일어나 성(城)으로 들어가라 행할 것을 네게 이를 자가 있느니라"(행 9:1-6).

당신이 주님이십니까?

주님께서 전혀 있을 수 없는 일을 하라고 하시는 것 같아서, 그러한 생각을 여러분의 가슴속에 넣어준 분이 과연 주님이었나를 확인하기 위하여 재점검해야 했던 적이 있었는가? 주님께서 환상 가운데서 아나니아에게 말씀하셨을 때 아나니아의 심정이 어떠했을까를 상상해 보시라. "아나니아야, 일어나 직가라 하는 거리로 가서 유다 집에서 다소 사람 사울이라 하는 자를 찾으라 저가 기도하는 중이다." 아나니아의 마음속에 생긴 생각을 충분히 상상할 수 있다. "네, 알았습니다." 그러자 주님은 말을 이었다, "저가 아나니아라 하는 사람이 들어와서 자기에게 안수(按手)하여 다시 보게 하는 것을 보았느니라." 이는 재미있는 광경인데, 왜냐하면 사울과 아나니아는 같은 도시에서 서로 떨어져 있는데도 기본적으로는 같은 환상을 보고 있었기 때문이다.

아나니아는 그렇게 하는 것이 현명한 일이 아니라고 주님에게 확신시키기 위하여 최선을 다했다. "주여, 이 사람에 대하여 내가 여러 사람에게 듣사온즉 그가 예루살렘에서 주의 성도(聖徒)에게 적지 않은 해를 끼쳤다 하더니, 여기서도 주의 이름을 부르는 모든 자를 결박할 권세(權勢)를 대제사장들에게 받았나이다." 주님은 이 말에 아무런 영향도 받지 않고 말했다. "가라 이 사람은 내 이름을 이방인과 임금들과 이스라엘 자손들 앞에 전하기 위하여 택한 나의 그릇이라. 그가 내 이름을 위하여 해를 얼마나 받아야 할 것을 내가 그에게 보이리라"(행 9:10-16).

아나니아는 주님의 말씀에 복종하여 사울에게로 갔다. 그러기에는 많은 용기와 믿음이 필요했다. 만약 아나니아가 틀렸다면—그가 본 환상이 가짜였다면—그는 악명 높은 박해자에 의하여 다메섹에서 체포되는 첫 번째 그리스도인이 될 것이었다. 아나니아는 그 집에 들어가서 말했다. "형제 사울아, 주 예수께서 나를 너에게 보냈다"(행 9:17). 사실상 그는 다음과 같은 질문을 던지고 있었다. "그대가 나의 형제입니까? 그리고, 예수님이 그대의 주님이십니까?" 이 두 질문은 오늘날 서로를 사랑하기보다는 서로에게 돌을 던지려는 태세를 갖추고 있는 교회내의 적대자들 간에 하는 질문이 되어야 한다. 아나니아가 보여준 것과 같은 용기와 믿음을 하나님께서 우리에게 주시기를 바라는 마음 간절하다.

아나니아가 두 손을 사울에게 놓은 즉 사울의 눈에서 비늘 같은 것이 떨어져 다시 볼 수 있게 되었다. 이는 주님께서 하나님 나라의 신비를 알게 하기 위해 어떻게 사울의 영적인 눈을 뜨게 했는지를 알으켜 주고 있다. 여러 해 후에 그가 그리스도에게로 개종시킨 사람들에게 다음과 같은 편지를 쓰게 된 것도 이상할 것이 없다. "너희 마음눈을 밝히사 그의 부르심의 소망이 무엇이며 성도 안에서 그 기업의 영광의 풍성이 무엇이며, 그의 힘의 강력으로 역사하심을 따라 믿는 우리에게 베푸신 능력의 지극히 크심이 어떤 것을 너희로 알게 하시기를 구하노라"(엡 1:18-19).

마음의 눈

사울의 회심은 네 번의 환상으로 이루어졌다. 첫번 것은 스데반이 돌을 맞았을 때 스데반에게 주어진 것으로, 의심할 여지없이 그 영향이 사울에게 미쳤다. 두 번째는 다메섹으로 가는 길에서 일어났고, 세 번째는 사울이 기도하고 있을 때 유다의 집에서 일어났고, 네 번째는 아나니아에게 일어나 그로 하여금 사울에게로 가서 그를 위해 기도하여 그가 볼 수 있도록 한 것이다. 그 후 여러 해에 걸쳐서 사울은 간증할 때마다 주님께서 환상 가운데서 그에게 말씀했다는 것을 조심스럽게 지적했다. 더욱이, 그는 그를 이단자로 생각하는 사람에 대해서 방어하는 수단으로 환상을 사용했다. "하늘에서 보이신 것을 내가 거스리지 아니하였다"(행 26:19).

결국, 바울(사울은 이 이름을 더 좋아했다)은 환상에 크게 영향을 받은 그리스도인이었다. 여기에서 이미 다룬 것을 포함해서, 신약전서는 바울이 무려 14번의 환상을 보았음을 구체적으로 기록하고 있다.[58] 그는 자신의 마음의 눈으로 본 사람이었다. 회심 후 얼마 안되어 바울은 나라 전체를 개종할 수도 있을 것 같은 복음전도자의 열정에 가득 차서 예루살렘으로 돌아왔다. 그러나 사람들이란 우리가 그들을 구원하고 싶은 열정만큼 강한 열정으로 구원받고 싶어하지는 않는 법이다. 어느 날 성전에서 기도하고 있던 중 바울은 황홀한 중(비몽사몽간)에 주님이 그에게 말씀하시는 소리를 들었다. "속히 예루살렘에서 나가라 저희는 네가 내게 대하여 증거하는 말을 듣지 아니하리라"(행 22:18).

그는 예루살렘을 떠나서 그 후 3년간을 아라비아 사막에서 보내면서 주님 자신으로부터 계시를 받았다. 그 신비스러운 기간에 대해서 그 자신의 말로 이렇게 간단히 증언했다. "형제들아 내가 너희에게 알게 하노니 내가 전한 복음이 사람의 뜻을 따라 된 것이 아니라, 이는 내가 사람에게서 받은 것도 아니요 배운 것도 아니요 오직 예수 그리스도의 계시로 말미암은 것이라"(갈 1:11-12).

이를 확인시키기 위하여 바울은 에베소 교회에 보낸 서신에서 이렇게 말했다. "너희를 위하여 내게 주신 하나님의 그 은혜의 경륜(經綸)을 너희가 들었을 터이라. 곧 계시로 내게 비밀을 알게 하신 것은 내가 이미 대강 기록함과 같으니, 이것을 읽으면 그리스도의 비밀을 내가 깨달은 것을 너희가 알 수 있으리라. 이제 그의 거룩한 사도들과 선지자들에게 성령으로 나타내신 것같이 다른 세대에서는 사람의 아들들에게 알게 하지 아니하셨으니, 이는 이방인들이 복음으로 말미암아 그리스도 예수 안에서 함께 후사가 되고 함께 지체가 되고 함께 약속에 참예하는 자가 됨이라"(엡 3:2-5).

표적을 향해, 준비, 잠깐!

바울은 그 후 14년간 안디옥에 살면서 믿음의 단련을 체험하게 된다. 주님은 (바울의 경우처럼) 가끔 꿈과 환상으로 보여 주신 후에 천막 만드는 일을 계속 하도록 하신다. 주님은 우리가 너무 하늘의 일만 생각해서 세상일을 잘 못하는 것을 좋아하지 않으신다. 바울의 절친한 친구가 될, 바나바란 이름의 한 남자가 그를 안디옥에서 만나 은둔의 시기에 있는 그를 격려했다.

어느 날 안디옥 교회에서 그들이 선지자들과 선생들과 함께 주님에게 예배를 드리고 있는데, 성령이 말했다. "내가 불러 시키는 일을 위하여 바나바와 사울을 따로 세우라"(행 13:2). 성령의 지시를 받고 그들은 실루기아로 가서 거기서 구브로로 배를 타고 갔다. 그의 환상의 때가 도래한 것이었다.

순조로운 전도 여행을 한 후에, 안디옥에 돌아온 바울과 바나바는 유대인들이 일으킨 종교적 분쟁에 휩싸이게 되었다. 바로 그때 또 하나의 환상이 나타났고 그에 의하여 바울과 바나바는 예루살렘으로 여행해서 교회의 지도자들에게 그들의 견해를 제출하게 되었다. 이 여행에 관해서 바울은 이렇게 썼다. "계시를 인하여 올라가 내가 이방 가운데서 전파하는 복음을 저희에게 제출하였다"(갈 2:2).

바울이 사용한 그리스어는 아포칼룹프시스(apokalupsis)로서 그 뜻은 "폭로, 나타남, 비춤, 분명히 함, 드러남, 계시"[59] 등을 의미했다. 이 말은 신약전서에서 처음 사용됐는데, 늙은 시므온이 아기 예수를 안고 성전에서 높이 들어올리며, "이방을 비추는 (revelation) 빛"이 될 것이라고 말한 것이 그것이다(눅 2:32). 바울은 또한 이 말을 고린도 교인에게 보내는 서한에서도 사용했는데, 목사가 교회를 이롭게 할 수 있는 네 가지 방식 - 계시, 지식, 예언, 가르침 - 중의 하나로 들었다(고전 14:6).

전통적인 복음주의적 교회가 지식과 가르침에는 집착하면서 계시와 예언에서는 삼가 멀리 떨어져 있었다는 것은 재미있는 사실이다. 아마도 전자의 둘은 객관적이고 합리적인 반면에 후자의 둘은 주관적이고 신비적이라고 생각하기 때문인 것 같다. 그러나 이 네 가지는 한 덩어리로서 하나님의 거룩한 말씀을 설교함으로써 교회를 충분히 이롭게 하기 위해서는 이 넷이 모두 필요한 것이다.

계시와 예언 이외에는 말하지 않는, 카리스마적 성향의 형제 목사들에게 나는 지식과 가르침에도 마음을 쓰라고 촉구하고 싶다. 그럼으로써 우리는 참으로 완전한 복음을 설교하게 되는 것이다.

산 위에 우뚝 솟은 멋진 전도 여행자

세계 도처에서 굶주린 심령들이 하늘의 살아있는 빵을 갈망하고 있다. 바울은 독자들에게 이런 질문을 던졌다. "그런즉 저희가 믿지 아니하는 이를 어찌 부르리요 듣지도 못한 이를 어찌 믿으리요 전파하는 자가 없이 어찌 들으리요. 보내심을 받지 아니하였으면 어찌 전파하리요 기록된바 '아름답도다 좋은 소식을 전하는 자들의 발이여' 함과 같으니라"(롬 10:14-15).

이는 바울에게는 이론에 그치는 것이 아니었다. 그 자신이 실제로 실행했던 것이다. 가장 두드러진 예는 그와 그의 동료 선교사들이 아시아와 비두니아에 복음을 전하려고 노력하던 중, 좋은 생각이 떠오르지 않아 곤경에 처해 있을 때였다. 어떤 이상한 이유로 해서, 그들에게 "성령이 아시아에서 말씀을 전하지 못하게" 한 것이다(행 16:6). 예수님은 "가거라"라고 했는데, 이제는 성령이 "안된다!"라고 한 것이다. 이는 모순이 아니라 해명인 것이다. 그들은 모든 세계에 가도록 되어 있었지만, 바로 지금 구체적으로 아시아에는 가지 말라는 것이었다. 설교의 타이밍이 복음 그 자체와 마찬가지로 중요한 것이다.

에게해를 등에 지고 어디로 향할 지를 모르고 있는 상황에, 선교자들은 어둠의 시기에 빛을 받았다. 밤중에 바울은 환상을 보았는데 마게도냐 사람 하나가 서서 그에게 청하기를, "마게도냐로 건너와서 우리를 도우라"고 하는 것이었다. 영감을 받은 역사가 누가는 덧붙였다. "바울이 이 환상을 본 후에 우리가 곧 마게도냐로 떠나기를 힘쓰니 이는 하나님이 저 사람들에게 복음을 전하라고 우리를 부르신 줄로 인정함이라"(행 16:9-10).

마게도냐에 도착하여 그들의 설교가 효과가 있음을 보자, 선교단은 그 지역의 다른 도시들로 향했다. 바울은 고린도로 갔고 처음에는 열풍 같은 저항을 받았다. 그 도시를 떠나려고 할 찰나에 하나님께서 다시 바울의 여행 계획을 바꾸었다. "밤에 주께서 환상 가운데 바울에게 말씀하시되 '두려워하지 말며 잠잠(潛潛)하지 말고 말하라. 내가 너와 함께 있으매 아무 사람도 너를 대적하여 해롭게 할 자가 없을 것이니 이는 이 성중에 내 백성이 많음이라' 하시더라. 일 년 육 개월을 유(留)하며 그들 가운데서 하나님의 말씀을 가르치니라"(행 18:9-11). 이렇게 해서 그 위대한 고린도 교회가 창설되었고 일 세기에 기독교를 위한 주요한 힘이 되었던 것이다.

모든 도시가 고린도처럼 개방적인 것은 아니었다. 이고니온이라고 하는 도시에서는 한 무리의 종교적인 반대자들이 바울에게 대항하여 폭도를 선동해서 이들이 바울에게 돌을 던지고 그가 죽은 줄로 알고 성밖으로 끌어낸 적도 있었다(행 14:19). 바울이 후에 다음과 같이 기록한 것은 이 때 이 사건을 두고 한 말이라는 것이 널리 받아들여지고 있다. "무익하나마 내가 부득불 자랑하노니 주의 환상과 계시를 말하리라. 내가 그리스도 안에 있는 한 사람을 아노니 십 사 년 전에 그가 셋째 하늘에 이끌려 간 자라(그가 몸 안에 있었는지 몸밖에 있었는지 나는 모르거니와 하나님은 아시느니라). 내가 이런 사람을 아노니 (그가 몸 안에 있었는지 몸밖에 있었는지 나는 모르거니와 하나님은 아시느니라), 그가 낙원으로 이끌려 가서 말할 수 없는 말을 들었으니 사람이 가히 이르지 못할 말이로다"(고후 12:1-4).

바울이 유대인 폭도 앞에 선 적이 또 있있는데 돌에 맞아 죽기 싫은 바울은 그들을 이성에 호소해서 진정시키려고 애썼다. 잘 나가다가, 주님께서 자기에게 이방인에게로 가라고 지시했다고 말함으로써 완고한 신앙으로 굳어진 그들의 편협된 자존심을 건드리게 되었다. 로마 군인들이 개입하여 그를 체포하지 않았더라면, 군중들이 그를 돌로 쳐서 산산조각을 낼 뻔했다. 다음 날 밤중에 감옥에 누워 있는 바울 곁에 주께서 서서 이르시되, "담대하라 네가 예루살렘에서 나의 일을 증거한 것같이 로마에서도 증거하여야 하리라" 하셨던 것이다(행 23:11).

다른 모든 땅은 가라앉는 모래로다

폭풍은 지옥 같은 노도로 배를 몰아쳤다. 배에 탄 사도는 로마 제국의 심장부를 향하고 있었고, 사단은 무슨 수를 써서라도 이 임무를 중지시키려고 했다. 그의 설교는 벨릭스와 베스도를 납득시켰고 아그립바도 거의 설득시켰다. 나사렛 사람을 송사 하는 일 때문에 로마의 가이사 황제를 귀찮게 할 필요는 없었다.

하늘은 더욱 어두워졌고 바람은 싸우는 악마들의 군대처럼 맹위를 떨쳤다. 노련한 선원들도 공포로 얼굴이 파래졌고, 더 이상 감당할 수 없겠다는 것을 알았다. 배에 탄 모든 사람들은 혼비백산하여 정신이 나간 상태였고 물에 빠져 죽는 일이 어느 때고 닥치려는 상황이었다.

돌연, 바울은 이 혼란 속에 뛰어들어 말했다. "내가 너희를 권하노니 이제는 안심하라 너희 중 생명에는 아무 손상이 없겠고 오직 배뿐이리라. 나의 속한 바 곧 나의 섬기는 하나님의 사자가 어제 밤에 내 곁에 서서 말하되, '바울아 두려워 말라 네가 가이사 앞에 서야 하겠고 또 하나님께서 너와 함께 행선하는 자를 다 네게 주셨다' 하였으니, 그러므로 여러분이여 안심하라! 나는 내게 말씀하신 그대로 되리라고 하나님을 믿노라"(행 27:22-25).

결국 그의 말이 맞았다. 그 환상은 죽어 가는 사람의 환각이 아니었고, 살아 계신 하나님의 계시였다. 그것은 바울을 믿음과 용기로 충만시켰고 선원들을 경외감으로 사로잡았다.

몇 사람이 배에서 뛰어 내리려고 시도했지만, 바울은 개인행동을 하면 죽을 것이라고 경고했다. 그들은 그의 충고를 따라서 배 위에 남아 있었다. 이는 오늘날 사람들이 교회를 버리고 각자 개인행동을 하려는 시점에서 들어 둘 필요가 있는 메시지이다. 찬송가 작가가 이를 잘 표현했다. "그리스도의 단단한 바위 위에 나는 서노니, 다른 모든 땅은 가라앉는 모래로다." 믿음을 지키고, 가던 길을 그대로 가서, 달리기를 끝까지 할 것이다. 그러면 우리는 구원받을 것이다! 하나님이 말씀하신 바로 그대로 될 것이다!

변론

로마는 그들의 황제를 권력의 호사스러운 장식으로 치장하는데 돈을 아끼지 않았다. 그들은 그를 하나의 신으로 여겼고 따라서 신성에 합당한 웅장함을 갖추려고 애를 썼다. 바울은 황제의 궁전에서 있어도 별로 감명을 받지 못했다. 왜냐하면, 그 궁전은 여호와의 성전의 영광에는 근처에도 따라오지 못했기 때문이다.

분위기는 정치적인 권력의 냄새가 팽배했다. 군인들이 죄수들을 지하 감옥으로 데리고 가고 거기서 데리고 나오면서 행진하는 발자국 소리가 거대한 통로를 통해 울려 퍼지고 있었다. 원로원 의원들과 서기관들은 로마 법정으로 들어설 때 조심스러운 걸음걸이로 걸었다. 잘못된 몸짓, 잘못된 말 한 마디, 조금이라도 무례한 행동을 했다가는 괴물 로마의 무시운 분노를 사게 될 것이었다.

거기 법정 한가운데 홀로 서 있는 것은 죄수 바울이었다. 또 다른 왕이 있음을 설교함으로서 황제에 대한 모반의 혐의를 받고 있어, 그 옆에서 그를 변호하려는 변호사가 아무도 없었다. 로마에 대한 반역에 연루되는 것은 너무나 위험스러운 일이었다. 바로 그 때 일이 벌어진 것이다. 바울은 이제는 아주 익숙해진 어떤 존재를 느꼈던 것이다. 눈을 들어보니 주님이 그 옆에 서 계신 것이었다!

감옥으로 돌아온 후에 바울은 그의 젊은 제자 디모데에게 흥분한 마음으로 서신을 보냈다. "내가 처음 변명할 때 나와 함께 한 자가 하나도 없고 다 나를 버렸으나," 바울은 이에 서운한 마음을 갖지 않고 덧붙였다. "저희에게 허물을 돌리지 않기를 원하노라." 다음에 그는 요점을 말했다, "주께서 내 곁에 서서 나를 강건(康健)케 하심은 나로 말미암아 전도(傳道)의 말씀이 온전히 전파되어 이방인으로 듣게 하려 하심이니 내가 사자(獅子)의 입에서 건지웠느니라."

바울은 사법적 기적을 목격한 것이다. 로마 법정의 재판관은 복음을 설교하고 기록되도록 허락했을 뿐 아니라 바울에게 아무런 해도 가하지 않고 감옥으로 돌려보낸 것이다. 바울은 그리스도에 대한 찬양으로 가슴이 뿌듯해졌다. "주께서 나를 모든 악한 일에서 건져내시고 또 그의 천국에 들어가도록 구원하시리니 그에게 영광이 세세 무궁토록 있을지어다. 아멘!"(딤후 4:16-18).

환상의 체험을 한 사도는 바울뿐만이 아니다. 사도 요한도 꿈과 환상을 통하여 그에게 주어진 통찰력으로 유명한 데, 가장 유명한 것은 계시록이다. 그리고 시몬 베드로는 보통사람의 사도로서 꿈과 환상에 대한 깊은 체험을 갖고 있었다.

신선한 공기를 한번 맡고

욥바로의 여행은 베드로가 기대했던 것보다 더 오래 걸렸다. 그를 알아보고 그에게 급하게 도와 달라고 부탁하는 사람들이 많아서 그의 여행이 지체되었던 것이다. 이제는 그가 도움이 필요한 상황이었다. 주님께서 "떨어져서 잠시 쉬어라"고 하지 않았던가? 라고 그는 생각했다. 시몬으로부터 해변 가에서 시간을 좀 보내자는 초청이 왔을 때 베드로는 그것이 주님의 뜻임을 알고 있었다.

무두장이 시몬—자 이제 무두장이가 할 일이 있다. 무두장이가 무두질을 하려면 온 마을의 개의 똥을 모아서 자기 집에 있는 특별 통에 저장해야 된다고 목사가 설명하는 것을 필자는 들은 적이 있다. 아마 부패된 폐기물의 산성 성질이 가죽을 무두질하는데 긴요했을 것이다. 시몬의 집 주위가 어떤 냄새가 풍길는지는 쉽게 상상할 수 있다. 아마 이렇기 때문에 베드로가 지붕 위에 있었던 것인지도 모른다! 이것이 또한 그가 황홀한 중(비몽사몽간)에 있었던 이유인지도 모른다! (물론 필자는 농담을 하고 있다.)

성경에 의하면 베드로가 지붕 위에 있으면서 경치를 즐기고 점심을 기다리고 있는 동안에 황홀한 상태에 빠졌다는 것이다(행 10:10). 그리스어의 에크스타시스(ekstasis)에서 영어의 엑스타시 (ecstasy: 황홀경, 몰아, 환희)란 말이 왔다. 글자 그 대로의 의미는 "바깥에 서다"라는 의미이다. 그 뜻은 자리를 바꾸다라는 것으로 특히 마음에 관한 언급을 의미한다. 다시 말하면, 사람의 정상적인 상황이 바뀌어 환희의 상태에 몰입하게 되어, 자신으로부터 밖으로 나와 하나님으로부터 오는 계시 속으로 들어간다는 것이다.[60] 바로 이런 일이 베드로에게 일어났던 것이다.

"하늘이 열리며 한 그릇이 내려오는 것을 보니 큰 보자기 같고 네 귀를 매어 땅에 드리웠더라. 그 안에는 땅에 있는 각색 네 발 가진 짐승과 기는 것과 공중에 나는 것들(유대인에게 금지된 음식)이 있는데, 또 소리가 있으되 '베드로야 일어나 잡아 먹어라' 하거늘, 베드로가 가로되 '주여 그럴 수 없나이다 속되고 깨끗지 아니한 물건을 내가 언제든지 먹지 아니하였삽나이다' 한대, 또 두 번째 소리가 있으되, '하나님께서 깨끗케 하신 것을 네가 속되다 하지 말라' 하더라"(행 10:11-15).

이는 베드로로서는 감당할 수 없는 것이었다. 필자가 생각하기로는, 주님께서 베드로가 황홀 중에 있을 때(그 자신의 밖에 있을 때) 말씀하신 것은 베드로가 바야흐로 편협하게 자라난 여건에서 벗어나려고 하는 상황이기 때문일 것이다. 하나님은 문자 그대로 베드로를 "그 자신의 밖으로" 끌어내고 있었던 것이다!

그 환상은 세 번 일어났다. "베드로가 본 바 환상이 무슨 뜻인지 속으로 의심하더니 마침 고넬료의 보낸 사람들이 시몬의 집을 찾아 문 밖에 서서, 불러 묻되 베드로라 하는 시몬이 여기 우거(寓居)하느냐!"(행 10:10-18).

고넬료? 이건 유대인의 이름이 아니다

고넬료는 로마 군대의 이탈리야 연대의 백부장으로서 가이사랴 도성에 살았다. 그는 신앙심이 두터운 사람으로 아주 경건한 사람이었으며 그의 가족도 모두 그러했다. 그는 자선을 많이 했고 기도하는 사람이었다. 어느 날 오후 약 3시쯤에 눈을 크게 뜬 채 환상을 보게 되었는데, 그 환상 가운데서 그는 하나님의 사자가 그에게 다가오는 것을 보았다.

천사가 "고넬료야!" 하니 고넬료는 공포에 싸여 그를 바라보았다. "주여 무슨 일이니이까?" 라고 물으니, 천사가 가로되, "네 기도와 구제가 하나님 앞에 상달(上達)하여 기억하신 바가 되었으니, 네가 지금 사람들을 욥바에 보내어 베드로라 하는 시몬을 청하라. 저는 피장 시몬의 집에 우거하니 그 집은 해변에 있느니라." 하였다 (행 10:1-6).

고넬료가 "주님, 안됩니다!" 라고 말하지 않은 것이 얼마나 흥미로운 것인가! 그는 그저 복종했던 것이다. 왜 주님을 모르는 사람이 주님과 한동안 같이 걸어 왔던 사람보다 때로는 더 고분고분하게 주님의 뜻에 따르는 것일까? 어느 시점에서 우리는 영적인 문제에 자신감을 갖는 것인가? 주님께서 우리를 "우리 자신의 밖으로" 데리고 갈 필요가 있을 때마다 우리에게 많은 환상을 주시기를 기원한다.

한편, 목장에서는

"베드로가 그 환상에 대하여 생각할 때에 성령께서 저더러 말씀하시되 세 사람이 너를 찾으니, 일어나 내려가 의심치 말고 함께 가라 내가 저희를 보내었느니라 하시니" (행 10:19-20). 킹 제임스 판 성경에는 "Go with them; doubting nothing" 이라고 했다. 이 말은 디아크리노(diakrino: dia는 "떨어져서", 그리고 krino는 "판단하다"란 뜻)로서, 차별을 두기 위해서 서로 떨어진다는 뜻이다.[61]

이 환상은 세 번 일어났다. 베드로가 그 환상에 대해 고민하고 있는 동안에 세 명의 이방인이 문을 두드렸다. 이것이 무엇을 의미한다고 생각하는가? 오순절 날에 베드로가 한 설교를 기억하는가? 그는 일어나서 사람들에게 말했다. "이는 곧⋯⋯"(행 2:16). 세 명의 이방인이 불결한 것에 관한 세 환상과 관련이 있다고 지붕 위에 있던 베드로에게 생각이 났던 것인가? "내가 깨끗이 한 것을 속되고 불결한 것이라고 하지 말라"고 주님은 베드로에게 말했다. 문을 두드리는 소리가 나자 베드로는 '이것이구나!'라고 생각했을 것이다.

이는 고넬료가 그의 집에 도착했을 때 베드로가 고넬료에게 한 말로 증명된다. "유대인으로서 이방인을 교제하는 것과 가까이 하는 것이 위법인줄을 너희도 알거니와 하나님께서 내게 지시하사 아무도 속되다 하거나 깨끗지 않다 하지 말라 하시기로, 부름을 사양치 아니하고 왔노라 묻노니 무슨 일로 불렀느뇨"(행 10:28-29).

문제는 고기나 술이 아니라, 유대인이 이방인에게 갖고 있는 편견이다. 그 환상은 베드로 속에 깊이 박혀 있는 종교적 독선에 대한 하나님의 대응 방식이었다. 베드로가 이방인들에게 가서 그리스도의 구원의 사랑을 전하기 전에 이 문제를 처리해야만 했던 것이다.

베드로는 고넬료와 그의 가족들에게 그리스도를 설교했다. 그가 설교를 끝마치기도 전에 성령이 오순절 날에 그랬던 것처럼 그들에게 강하게 임했다(행 10:44-47). 베드로와 그와 같이 있던 사람들은 크게 놀랐다. 그들은 또 하나의 역사적 전환점—이방인이 그리스도의 구원에 포함되는 것—을 목격한 것이었다!(오, 누군가가 "영광!"이라고 소리칠 필요가 있다).

대탈주

사악한 헤롯왕은 사도 요한의 형제인 야고보를 체포하고 한 칼로 그를 처형했다. 이것이 사람들을 즐겁게 하는 것을 본 헤롯왕은 다음에 베드로를 체포하고 그를 견고한 지하감옥에 가두었다. 그의 계획은 무교절 다음에 그를 끌어내어 죽이자는 것이었다. 예루살렘의 모든 믿는 자들은 베드로의 안전을 위해 간절히 기도하기 시작했다.

"헤롯이 잡아내려고 하는 그 전날 밤에 베드로가 두 군사 틈에서 두 쇠사슬에 매여 누워 자는데 파숫군들이 문 밖에서 옥을 지키더니, 홀연히 주의 사자가 곁에 서매 옥중에 광채가 조요(照耀)하며 또 베드로의 옆구리를 쳐 깨워 가로되 '급히 일어나라' 하니 쇠사슬이 그 손에서 벗어지더라. 천사가 가로되 '띠를 띠고 신을 들메라' 하거늘 베드로가 그대로 하니 천사가 또 가로되 '겉옷을 입고 따라 오라' 한대 베드로가 나와서 따라갈새 천사의 하는 것이 참인줄 알지 못하고 환상을 보는가 하니라. 이에 첫째와 둘째 파수를 지나 성으로 통한 쇠문에 이르니 문이 절로 열리는지라! 나와 한 거리를 지나매 천사가 곧 떠나더라. 이에 베드로가 정신이 나서 가로되 '내가 이제야 참으로 주께서 그의 천사를 보내어 나를 헤롯의 손과 유대 백성의 모든 기대에서 벗어나게 하신 줄 알겠노라!'"(행 12:6-11).

아마도 이 순간에 베드로는 유대 소년으로서 예루살렘에 순례 여행할 때 무수하게 불렀던 승천의 노래가 생각났을 것이다.

"여호와께서 시온의 포로를 돌리실 때에 우리가 꿈꾸는 것 같았도다. 그 때에 우리 입에는 웃음이 가득하고 우리 혀에는 찬양이 찼었도다 열방 중에서 말하기를 여호와께서 저희를 위하여 대사를 행하셨다 하였도다. 여호와께서 우리를 위하여 대사를 행하셨으니 우리는 기쁘도다!"(시 126:1-3).

꿈꾸는 사람들처럼

감옥으로부터 구출이 실제로 일어나고 있었지만 베드로는 그것이 꿈이나 환상이라고 생각했다. 필자는 이것이 흥미로운 것이라고 생각한다. 베드로는 꿈과 환상을 많이도 체험했음으로 이것도 다른 것처럼 꿈이나 환상이라고 생각한 것이 아니었나 하는 해석을 할 수 있을 것 같다.

꿈과 환상은 분명히 초현실적인 성질을 갖고 있다. 꿈속에서는 날 수도 있다. 동물이 말을 한다. 불가능한 일도 일상적인 일 같고 아무런 도전도 받지 않는다. 장면이 불규칙하게 바뀌고 우리가 말하는 대상도 급작스럽게 바뀐다. 마치 자신을 영화 속에서 보는 것처럼 어떤 일을 하는 자신을 자신이 본다. 남자가 때로는 여자이고, 여자가 때로는 남자이다. 아기가 고래만 할 수도 있고, 고래가 어항 속에 들어갈 수도 있다.

베드로의 마지막 말

베드로는 사실 꿈을 꾸었지만, 경멸적인 뜻으로의 몽상가는 아니었다. 부활하신 예수님에 의해 들림을 받았고 거듭나게 되어 살 희망을 가지게 된 베드로는 확실한 성품의 사람이었다. 옛날의 야곱처럼, 베드로는 천사와 씨름한 후 일생을 절름발이로 살았다. 그의 이름도 단단한 바위로 바뀌었다. 그는 예수님의 가장 가까운 친구 중의 한 사람이었음으로, 그가 예수 그리스도에 대해 말할 때 그 말을 신용할 수가 있는 것이다.

베드로는 그의 마지막 서신에서 이렇게 썼다. "우리 주 예수 그리스도의 능력과 강림하심을 너희에게 알게 한 것이 공교(工巧)히 만든 이야기를 좇은 것이 아니요 우리는 그의 크신 위엄을 친히 본

자라. 지극히 큰 영광 중에서 이러한 소리가 그에게 나기를, '이는 내 사랑하는 아들이요 내 기뻐하는 자라' 하실 때에 저가 하나님 아버지께 존귀와 영광을 받으셨느니라. 이 소리는 우리가 저와 함께 거룩한 산에 있을 때에 하늘로서 나옴을 들은 것이라. 또 우리에게 더 확실한 예언이 있어 어두운 데 비취는 등불과 같으니 날이 새어 샛별이 너의 마음에 떠오르기까지 너희가 이것을 주의하는 것이 가하니라. 먼저 알 것은 경(經)의 모든 예언은 사사로이 풀 것이 아니니, 예언은 언제든지 사람의 뜻으로 낸 것이 아니요 오직 성령의 감동하심을 입은 사람들이 하나님께 받아 말한 것임이니라"(벧후 1:16-21).

그러므로 우리가 알고 있는 것은, 우리가 손에 들고 있는 성경이라고 부르는 것은 정말로 성스럽다는 것이다. 그것은 하나님의 영감을 받은 것으로 그 자체가 완전한 것이어서, 그에 가할 것도 그에서 감할 것도 없는 것이다.

우리가 또 알고 있는 것은, 꿈과 환상은 그 거룩한 말씀의 일부를 이루고 있어서 하나님께서 인간에게 의사 소통하시는 하나의 수단으로서 존경되어야 한다는 것이다. 더욱이, 우리가 아는 바는, 하나님께서 예수 그리스도 안에 모든 계시를 총괄하셨는데, 그 예수 그리스도는 승천하신 후에도 그의 사도에게 계속 말씀하신다는 것이다.

우리가 이제 묻는 질문은, 사도 시대가 끝난 후에도 예수님은 꿈과 환상가운데서 계속 말씀하시는가 하는 것이다. 이에 대한 대답은 "예"이다.

제 8 장

꿈과 환상의 2천년

나사렛 예수가 십자가에 못 박힌 일은 유대라는 작은 지역에 사람들을 아연케 하는 영향을 끼친 데 지나지 않았다. 만일 예수님의 부활이 없었거나 그 이후 교회 위에 성령의 임재하심이 없었더라면, 그 이야기는 유대 역사의 한 각주(脚註) 정도로 처리되고 말았을 것이었다. 그러나 예수는 죽음에서 살아나셨고, 성령을 보내시어 그의 제자들에게 진리의 증인으로서 권능을 부여하셨던 것이다. 그리하여, 그를 십자가에 못박았던 증오심은, 곧 그의 이름으로 감히 계속해서 증언하는 사람들을 표적으로 삼아 방해하기 시작했다.

사도행전에서 우리는 베드로와 요한이 종교회의에 의해 매를 맞게 되고, 예수의 이름으로 더 이상 말하지 말라는 협박을 당한 내용을 읽게된다. 그러나 그러한 협박도 아무런 효과가 없었다. 교회는 기도를 통하여 영적 공격을 가하면서 주님의 말씀을 전하기 위해 더 담대함을 달라고 하나님께 간구했다. 그들이 "아멘"으로 기도를 끝내자마자, 그들이 모였던 장소는 성령이 또다시 임재하심으로 진동을 했다. 하나님께서는 그들의 기도를 들으시고 응답하셔서 교회 위에 예수의 이름을 가르치기 위한 불같은 열정을 주셨던 것이다.

종교 지도자들은 예수를 따르는 사람들의 담대함에 격분했다. 그러한 긴장상태는 예수님의 제자 중의 한 사람인 스데반이 법정에서 힘있는 변론을 펼치자 발화점에 도달했다. 그의 말은 성경에서 찾아 볼 수 있는 가장 포괄적인 역사의 기술 중의 하나이다.

스데반의 환상 (주후 35)

"스데반이 성령이 충만하여 하늘을 우러러 주목하여 하나님의 영광과 예수께서 하나님 우편에 서신 것을 보고 말하되 보라 하늘이 열리고 인자가 하나님 우편에 서신 것을 보노라"(행 7:55-56). 오순절 날에 베드로가 "젊은 사람들은 환상을 볼 것이다"라고 말하지 않았던가? 주님께서는 즉시 표적을 보여주심으로서 베드로의 말을 확인시켜 주셨던 것이다.

스데반의 환상에 대한 말을 듣자마자 교회 지도자들은 소리를 지르고 자신들의 귀를 막고 그에게 달려들었다. 그들은 스데반을 도성 밖으로 끌어내어 돌로 쳤다. 스데반은 기도했다. "주 예수여 내 영혼을 받으시옵소서." 다음에 무릎을 꿇고 크게 불러 가로되 "주여 이 죄를 저들에게 돌리지 마옵소서" 했다. 이 말을 하고 그는 잤다〔죽었다〕(행 7:57-60). 스데반이 죽은 날 예루살렘의 교회에 대해 큰 박해가 시작되었다. 예수 믿는 자들은 유대와 사마리아로 흩어졌다. 많은 사람들이 박해자의 손에 죽었다.

몇 년 후 예수의 제자이며 폴리캅(그 자신도 순교 당했다)의 친구인 피오니우스는 기독교 순교자들(스데반으로 시작됨)이 죽음의 순간을 맞는 놀라운 태도에 감복하여 존경을 표했다.

그리고 정말로, 그들 마음의 숭고함, 그들의 인내심, 그리고 그들이 표시한 주님에 대한 사랑을 누가 감탄하지 않으리요? 채찍으로 갈기갈

기 찢기고, 그들의 몸은 몸 깊은 내부에 있는 핏줄과 동맥까지 모일 정
도로 찢어져 열려 있는 상태인데도 인내력으로 견디어 내었다. 그 동
안 옆에 서 있는 사람들까지도 그들을 향해 동정하고 몹시 슬퍼했다.
누가 감탄하지 않으리요? 그러나 그들의 고결함은 최고조에 달해 그들
중 한 사람도 탄식이나 신음소리를 내지 않았다. 이러한 사실이 우리
모두에게 증명해 주는 것은 그 거룩한 그리스도의 순교자들은 그러한
고통을 받는 순간에 그 육체에서 떠났거나, 아니 주님이 그들 옆에 서
서 그들과 영적 교감을 했다는 것이다.[62]

 스데반의 순교는 교회에 대한 맹렬한 박해의 불을 붙인 계기가
되었다. 그러나 동시에 믿는 사람들의 가슴속에 그리스도는 실망시
키는 법이 없다는 믿음의 불을 붙였던 것이다. 순교자들이 확실한
환상을 보게 되었다는 것을 확인하는 성서적 증거를 스데반이 보여
준 것과 마찬가지로, 다른 많은 사람들도 고통 속에서 죽어 가는 순
간에 주님을 보았다는 것을 누가 의심할 수 있겠는가? 그리고 누가
여기서 그렇게 어두운 순간에 그러한 위로를 해 주신 주님의 인자하
심을 감사하게 생각하지 않는 사람이 누가 있겠는가?

안디옥의 이그나티우스(주후 40-107)

 이그나티우스는 데오포루스(Theophorus: 하나님이 안아 주신
사람)라는 별명을 가졌는데, 그 이유는 예수님께서 어린아이를 팔로
안으시고 제자들에게 어린아이와 같이 자기를 낮추는 자가 천국에
서 큰 자라고 말씀하시고 어린아이를 제자들 가운데 세우셨는데, 바
로 그 아이가 이그나티우스라고 사람들이 믿기 때문이었다(마
18:2). 이런 주장의 신빙성에는 믿을만한 증거가 있다.[63]
 이그나티우스는 개인적으로 사도 요한의 제자로서, 그를 아는 사

람은 그를 "모든 면에 있어서 사도의 성격을 갖춘 사람"으로서 존경하고 있었다. 그는 도미티안 치하에서 악몽 같은 박해를 겪으면서 아주 조심스럽게 안디옥의 교회를 다스렸다. 교회가 평화로운 시절로 회복된 것에 대해 기뻐했지만, 제자로서 완벽한 경지에 달하지 못했다는 것을 마음속으로 슬퍼했다.

그는 순교 당하면서 하게되는 신앙 고백이 주님과 더욱 가까운 관계를 이루게 할 수 있을 것이라는 생각을 강하게 하고 있었다. 마침내 그는 바라는 목표를 달성했다. 주후 107년과 주후 116년 사이의 어느 때에 트라얀은 복음을 설교한다는 죄목으로 이그나티우스를 체포하고, 안디옥에서 형식적인 재판을 거친 후, 다음과 같은 판결을 발포했다. "십자가에 못 박힌 자가 자기 안에 함께 계신다고 확실히 말한 이그나티우스는 군인들에게 결박당하여, 위대한 도시 로마로 운송될 것이며, 거기서 사람들을 즐겁게 해 주기 위하여 짐승들에게 먹히도록 할 것을 명령한다."[64]

사형 선고를 듣자 이그나티우스는 기쁘게 소리쳤다. "오, 주님, 감사하옵니다. 당신에 대한 완벽한 사랑으로 저를 영광스럽게 해 주시고, 저로 하여금 당신의 사도 바울처럼 쇠사슬에 묶이도록 해 주셔서 감사하옵나이다." 그리고서 이그나티우스는 기쁜 마음으로 자기 몸 둘레에 쇠사슬을 꼭 동여매고, 순교자의 죽음을 하러 로마로 끌려갔다.

사나운 사자들은 그의 몸에서 뼈밖에 남겨 두지 않았고, 그 뼈는 제자들이 아마 포에 싸서 안디옥으로 가져왔다. 이그나티우스의 편지에 의하면, 필로와 아가도푸스가 이그나티우스를 대동하여 로마까지 가서 그가 순교 당하는 장면을 지켜보았다. 그들은 그의 최후를 증언하면서 다음과 같은 아주 놀라운 환상을 본 말로 결론을 맺고 있다.

이러한 일을 우리 자신들이 실제로 목격하였다. 집안에서 눈물로 밤을 지새우며, 주님께서 벌어진 일에 대한 확신을 우리 연약한 사람들에게 주시도록 무릎을 꿇고 기도하다가, 잠시 잠이 들었다. 우리들 중 몇 사람은 축복 받은 이그나티우스가 갑자기 우리 옆에 서서 우리를 껴안고 있는 모습을 보았고, 한편 다른 사람들은 그가 우리를 위해 기도하고 있는 것을 보았고, 또 다른 사람들은 그가 큰 일을 방금 하고 온 것처럼 땀을 뚝뚝 흘리면서 주님 옆에 서 있는 것을 보았다는 것이다. 그래서 우리는 아주 기쁜 마음으로 우리가 본 환상을 증언하고 비교도 해보면서, 우리는 모든 좋은 것을 주시는 하나님을 찬양했으며, 거룩한 순교자에 대한 우리의 기쁨을 표현했다.[65]

스미르나의 주교 폴리캅(주후 69-155)

그리스도인들에 대한 박해는 맹렬한 기세로 계속됐다. 나이가 많은 폴리캅은 자신에게 무슨 일이 나던 겁을 내지 않고 도성 안에서 기다리고 있는 것으로 만족했다. 그의 친구들은 그에게 도성에서 멀지 않은 곳에 있는 작은 저택으로 은거하도록 설득했다. 거기서 그는 가까운 몇몇 친구들과 시간을 보내면서, "전 세계에 있는 모든 사람들과 교회를 위해 주야로 기도했는데, 그것이 그의 습관이 되었다. 그가 체포당하기 3일 전에, 기도하고 있던 중 황홀 중(비몽사몽간)에 자기의 베개가 불이 붙는 것을 보았다. 그래서 그는 친구들을 돌아보고서 말했다, '나는 산채로 화형에 처해져야 한다.'"

그 후 얼마 안되어 폴리캅은 체포되어 도성 안으로 끌려갔다. 지방총독은 그에게 타일렀다. "그리스도를 저주하면 내 그대를 석방할 것이다."

폴리캅은 대답했다, "86년 동안 그 분을 섬겨왔는데, 그 분은 나에게 아무런 나쁜 일을 하지 않았습니다. 어떻게 나의 왕이시며 나의 구원자이신 분을 모독할 수 있겠습니까? 내가 가이사의 이름으로 맹세하라고 그대가 쓸데없이 나를 종용하고, 또 그대는 내가 누구이며 무엇을 하는 사람인지 모르시는 것 같으니까, 내가 대담하게 선언하는 것을 들으시오, 나는 그리스도인입니다."

그러니까 지방총독은 폴리캅을 위협하기를, 처음에는 야수들에게 던져버릴 것이요, 그 다음에는 불에 태워버리겠다고 했다.

폴리캅은 대답했다, "그대는 나를 불로 위협하는데, 불은 한 시간 동안 타고, 잠시 후면 꺼질 것이지만, 그대는 하나님을 공경하지 않는 사람에게 예정된 앞으로 올 심판과 영원한 형벌의 불은 모르고 있습니다. 하지만 왜 지체하십니까? 그대가 원하는 것을 빨리 시작하시오!"[67]

폴리캅은 말뚝에 묶였고 그의 주위에는 그를 태울 장작더미가 쌓였다. 그는 하늘을 향해 눈을 돌리고 기도했다. 그가 "아멘"을 말하자, 화형을 위해 임명된 사람들이 불을 붙였다. 그 다음에 무슨 일이 일어났는지 목격자들은 이렇게 말한다.

> 불이 맹렬하게 타오름에 따라, 그것을 목격하게 된 우리는 큰 기적을 보았다. 그래서 우리는 그 당시 일어난 일을 다른 사람들에게 보고해야 되겠다고 생각했다. 불은, 바람으로 채워진 돛처럼 아치의 형태를 취하더니 순교자의 몸을 원으로 둘러쌌다. 그리고 그 안은 육체가 타는 것 같지 않고, 빵이 구워질 때나, 용광로에서 금이나 은이 빛을 내는 것처럼, 마치 거기에서 유향(乳香)이나 어떤 귀한 향료가 타는 것처럼 불 더미에서 달콤한 향내가 나는 것을 감지했다.[68]

폴리캅을 죽이기 위해 단도로 옆구리를 찔렀어야 했다고 역사는 우리에게 말해 주고 있다. 그러니까 그의 환상과 일치되게 그는 분명히 "산채로 화형을 당했던 것이다." 폴리캅의 믿음과 용기가 그를 죽음의 순간까지 견디게 했고, 그리고 그가 본 환상이 그를 죽음의 시련을 통해 견딜 수 있게 한 것은 의심할 여지가 없다.

테르툴리안의 증언(주후 160-230)

「영혼론」에서 테르툴리안은 이렇게 썼다. "꿈은 잠자는 동안의 사건이요, 그리고 영혼의 적지 않는 자극을 주는 것이다. 때문에 꿈에 대한 기독교인들의 의견이 무엇인가를 설명해야만 한다." 그는 꿈에서 발생한 것을 환희라는 말로 기술했다. "사실, 우리는 얼마나 사실적인 감정, 근심, 그리고 고통과 함께 우리의 꿈속에서 기쁨, 슬픔, 그리고 놀람을 경험하는 것인가!"

그러나 모두가 테르툴리안의 견해를 갖고 있는 것은 아니었다. 에피쿠루스라고 하는 반대자는 꿈과 환상을 비웃고 신랄하게 풍자했다. 오늘날 꿈과 환상을 비웃는 사람들에게, 테르툴리안이 에피쿠루스에게 한 대답이 아마도 적절하게 대응하는 대답이 될 것이다.

> 에피쿠루스는 꿈이란 전혀 헛된 것임을 그의 의견으로 내놓았다. 그러나 꿈에서 때때로 약간의 진리를 깨닫지 못할 정도로 인간 경험이 생소한 사람이 누구란 말인가? 뚜렷한 예를 몇 개 들어보기만 해도 에피쿠루스가 부끄러워서 얼굴이 붉어질 것이다.[69]

테르툴리안은 그 꿈의 가치가 높이 인정된 여러 역사적인 예를 비교적 상세하게 들었다.

- 메데스의 왕 아스티아게스는 꿈에 그의 딸의 자궁에서 나온 홍수가 아시아를 범람시키는 것을 보았다. 두 번째 꾼 꿈에서는, 그의 딸의 자궁에서 덩굴이 자라더니 아시아 전체를 뒤덮는 것이었다. 결국 사실로 판명된 것처럼, 아스티아게스의 딸

에서 태어난 아들이 고레스 대왕이 되었고, 여호와 하나님은 그를 "기름 부음 받은 자"(사 45:1-6)라고 불렀다.

- 마케돈의 필립은, 자신이 아버지가 되기 전에 그의 배우자인 올림피아스의 하복부에 왕가의 문장(紋章)인 사자가 새겨진 옥새(玉璽) 반지가 찍혀 있는 꿈을 꾸었다. 필립은 이 꿈의 의미가 올림피아스가 아기를 배지 못하는 것이라고 결론을 지었다. 그러나 이 해석은 사실과는 너무도 동떨어진 것이었다. 왜냐하면 올림피아스가 밴 아들은 다름 아닌 알렉산더 대왕이었던 것이다.

- 키케로는 꿈속에서 알게된 것은, 지금은 아직 소년이며 평범한 신분을 가진 사람이지만 줄리어스 옥타비우스(키케로의 시대에는 알려지지 않은 이름)란 이름을 가진 사람이 아우구스투스 로마 황제가 될 것이라는 것을 알았다. 그가 바로 우리가 줄리어스 시저의 대를 이어 로마의 집권자가 된 사람이다.

테르툴리안은 그의 논문을 일부러 과장해서 끝냈다, "전 세계는 이와 같은 이야기의 신의 계시로 충만되어 있다!" 그는 모든 꿈이 하나님으로부터 온 것이라고 가르치지는 않았지만, 이런 말은 했다. "이 모든 환상들은 하나님으로부터 온 것으로 간주되어야 하며, 실제적으로 하나님의 은총으로 비유될 수 있는 것으로, 정직하고, 거룩하고, 예언적이고, 영감을 주고, 교훈적이며, 덕을 행하라는 뜻으로 생각해야 한다."[70] 필자와 전적으로 같은 생각이다!

제롬의 놀라운 증언(주후 345-420)

제롬은 신앙심이 두텁고 지능이 탁월한 사람이었다. 그는 성경을 보통 사람의 언어로 처음 번역한 라틴어역 성서(벌게이트 Vulgate)로 가장 잘 알려져 있다. 그는 여러 해에 걸쳐 적지 않은 비용을 들여 축적한 자신의 도서관에 큰 자부심을 갖고 있었다. 그는 선지자들의 단순한 말보다는 키케로와 그 당시의 기타 저명한 철학자들의 어려운 저술들을 선호한다고 솔직히 고백하고 말하기를 "선지자들의 문체는 거칠고 거부감이 생긴다. 나의 어두워진 눈으로는 빛을 볼 수 없었다."라고 했다.

예루살렘으로 여행하던 중, 제롬은 심한 병에 걸려 불같은 신열에 의식을 잃었다. 병이 낳은 후, 그는 환상을 통하여 삶을 바꾸는 체험을 했음을 증인하고 있다.

나는 느닷없이 영으로 들림을 받아 심판관 앞에 끌려갔다. 여기서 빛이 너무도 밝고 내 주위에 서 있는 사람들이 너무도 빛나서 나는 눈길을 아래로 내리깔고 감히 쳐다보질 못했다. 내가 누구이며 무엇을 하는 사람이냐는 질문을 받고 대답했다. "저는 크리스천입니다." 주재하는 분이 말했다. "그대는 거짓말을 하고 있다, 그대는 키케로를 따르는 사람이지 그리스도를 따르는 사람이 아니다. 왜냐하면 그대의 보물이 있는 곳에 그대의 마음도 있느니라."

그 순간 나는 말문이 막혔고, 수없이 채찍을 맞았다.—그 분은 나에게 채찍질 할 것을 명령했기 때문이다—나는 양심의 불에 의하여 심한 고문을 받았다. 나는 울기 시작했다. "오 주님, 저에게 자비를 베푸소서, 저에게 자비를 베푸소서." 채찍 소리 가운데에서도 이 소리는 들렸다.

마침내 옆에 서 있던 사람들이 주재하는 분의 무릎 앞에 부복하여 기도하기를, 주님께서 "나의 젊음을 불쌍히 여기사, 나의 잘못을 참회할 기회를 허락해 주시옵소서"라고 했다. 내가 다시 이교도의 작품을 읽으면 그 분은 나에게 더욱 고통을 가할 수 있다고 그들은 말했다. 그 무서운 순간의 중압감에서 나는 이보다 더한 약속이라도 기꺼이 했을 것이다.

따라서 나는 선서를 하고 그 분의 이름을 부르며 말했다. "주님, 제가 다시 세속적인 책들을 소유하거나 그러한 책을 다시 읽거나 하면, 저는 주님을 부정한 것이 되는 것입니다." 이 선서를 하고 석방되어, 현 세계로 돌아오니, 보라, 모든 사람이 놀란 표정이었다. 내가 완전히 눈물로 흠뻑 적은 두 눈으로 사람들을 쳐다보았기 때문에 나의 비탄에 찬 모습을 보고 회의적인 사람들에게까지도 확신을 심어주게 되었다.

제롬이 자신의 증언을 다음과 같이 끝낸 것은 이해가 간다.

우리가 꿈 때문에 흔히 조롱의 대상이 되기도 하지만, 이번 꿈은 잠도 아니고 쓸모 없는 꿈도 아니었다. 내가 법정 앞에 섰던 일이나, 또한 내가 무서워했던 판결이나 너무도 생생하다. 다음부터는 그와 같은 종교재판 앞에 서는 운명이 되지 않기를 간절히 기원한다. 나의 두 어깨는 시퍼렇게 멍이 들어 있고, 잠에서 깬 후 한참이 지났는데도 상처가 아팠으며, 그 이후부터는 이전에 사람의 책에 바쳤던 열정보다 훨씬 큰 열정을 가지고 하나님의 책들을 읽었다.[71]

히포의 어거스틴(주후 354-430)

어거스틴은 기독교 신앙을 가진 탁월한 신학자들 중의 한 분으로서 역사상 두드러진다. 그는 "로마 카톨릭 교회의 신부들 중 가장 위대한 천재"[72]라고 일컬어졌으며, 그의 저술은 기독교계 전반에 걸쳐서 높이 평가되었다. 이러한 사람에 대해 우리는 하나님에게 감사하면서, 이 사람의 어머니에 대해 특별한 축복을 얼른 덧붙여야 할 것이다. 주님의 말씀에 대한 그의 어머니의 믿음, 즉 꿈을 통하여 아주 놀랍게 불붙은 믿음이 없었더라면, 역사는 예수님을 따른 어거스틴과는 전연 다른 사람을 보았을 것이다. 왜냐하면, 그의 어머니가 그의 개종에 관한 꿈을 꾸기 전까지는, 어거스틴은 여러 가지 점에서 아주 고질적인 죄인이었기 때문이다.

어거스틴의 어머니의 꿈

어거스틴은, 그의 참회록에서, 그의 어머니가 꾼 잊을 수 없는 꿈에 대해 기록하고 있다. "저의 어머니의 마음을 달랜 그 꿈은 어디서 온 것입니까? 저의 엄청난 신성 모독적인 잘못을 미워하고 증오하셔서, 저와 같이 살고 저와 같이 한 집에서 식사하기를 피하기 시작하시던 어머니가, 저를 한 집에서 함께 살게 하시고 한 식탁에서 식사하게 하신 그 말씀입니다."

꿈속에서 그 어머니는 한 잣대 위에 서 있었는데, 그 잣대는 믿음의 잣대를 의미했다. 한 천사가 그녀에게 접근하여 슬퍼하는 이유가 무엇이냐고 물었다. 그녀가 슬퍼하는 까닭은 자기 아들의 영적인 파멸 때문이라고 대답했다. 그러자 천사는 꿈속에서 그녀에게 확신시켜 주기를, 어머니가 있는 곳에 그 아들도 있을 것이라고 말했다. 이 잣대는 믿음의 잣대로서, 그 위에 함께 서 있었던 것이다. 그 꿈이 그 어머니에게 준 격려와 희망은 동요시킬 수 없는 것이었다.

어거스틴은 이렇게 썼다. "어머니가 이 환상을 나에게 말씀하시고, 내가 그 꿈에 대해 해석을 붙여 '내가 장래에 어떤 인물이 되던지 어머니가 절망하지 말라'는 뜻이라고 말하자, 어머니는 즉시 대답하시기를, '그런 것이 아니란다, 왜냐하면 그 꿈은 그 분이 계신 곳에 네가 있을 것이라고 한 것이 아니라, 네가 있는 곳에 그 분이 계실 것이다'라고 나에게 일렀기 때문이다."

어머니의 대답을 듣고, 어거스틴은 훗날 다음과 같이 하나님에게 고백했다. "오 주님, 제가 기억하는 바로는 (그리고 이건 여러 번 말씀 드렸습니다만), 저의 주의 깊은 어머니를 통한 주님의 대답이야말로 꿈 그 자체보다도 더 저를 감동시켰음을 고백하옵니다. 말하자면, 어머니는 저의 크게 잘못된 해석으로 불안해하시지 않으시고, 오히려 한순간에 저의 장래 될 일을 보신 겁니다. 그러나 저 자신은 어머니가 말씀해 주시기 전에는 사실 그러한 진실을 인식하지 못했습니다. 이런 때도 저는 주님의 말씀을 어머니를 통해 들은 것입니다."

어거스틴은 그 꿈, 그 꿈의 해석, 그리고 그가 기독교로 개종하게 되는 그 꿈의 결실에 대해 하나님을 찬송했다. "당신을 신실하게 믿는 저의 어머니가, 자식들의 죽음을 보고 어머니들이 우시는 것보다, 저 때문에 당신 앞에서 더 많이 울었을 때, 당신은 저 높은 곳에서 당신의 손을 펼치사 깊은 어둠에서 저의 영혼을 인도해 주셨습니다. 어머니는 당신에게로부터 받은 믿음과 영으로 제가 죽어 있었음을 보셨던 것입니다. 그리고 당신은 어머니의 기도를 들어 주셨습니다. 오, 주님."[73]

어거스틴에게는 예수님을 아는 것이 꿈이 진실로 이루어지는 것이었을 것이다!

단지 공상의 산물이라고?

우잘라의 주교이며 어거스틴의 친구였던 에보디우스는 꿈과 환상에 너무도 시달려서 물었다, "죽은 다음에 우리는 무엇이 되는가?" 어거스틴은 이 질문을 받고, 죽어서 주님 곁으로 간 사람들이 꿈속에서 그를 방문한 개인적 체험을 증언함으로서 대답을 대신했다. 어거스틴의 목적은 에보디우스에게 죽음 후에도 삶이 틀림없이 있다는 것을 확신시켜 주기 위한 것이었다. 그렇지 않으면, 어떻게 그의 친구들이 그에게 나타날 수 있었겠는가?

나는 이 순간 배우지 못한 사람들의 감정으로 형성되는 공상의 산물에 불과한 것에 대해 신경 쓰자는 것이 아니네. 그것이 아니라, 요셉의 꿈에 나타났던 환상처럼, 잠 잘 때 찾아오는 것을 말하는 것이네. 이와 같이, 우리보다 앞서서 이승을 떠난 우리의 친구들이 때로는 꿈속에서 우리에게 다가오고 나타나서 말을 한다네.

나 자신이 기억하는 것으로, 프로푸투루스, 그리고 프리바투스, 그리고 세르빌리우스 등의 성인들은 우리 수도원에서 돌아가신 분들인데, 나에게 말을 했고, 그 분들이 말한 그대로 모든 사건이 일어났단 말이야. 또는 이 분들의 형상을 띤 높은 영이 우리의 마음속에 나타난다고 하면, 나는 모든 것을 보시는 그 분에게 이 문제를 맡기겠네. 그 분 앞에서는 가장 높은 것에서부터 가장 낮은 것에 이르기까지 모든 것이 드러나는 법이니까.[74]

이 문제에 결론을 내리기 위해, 어거스틴은 "게나디우스의 야간 방문"이라고 알려진, 아주 재미있는 이야기를 했다.

간단히 한 사실을 얘기하겠는데 자네가 잘 생각해 보시기 바라네. 자네도 아시다시피 우리 형님이신 게나디우스라는 분이 계시는데, 거의 모두에게 알려진 의사이며, 우리가 아끼는 분으로서, 지금은 카르타고에서 살고 있으나, 전에는 로마에서 의사로서 명망이 높았었네. 자네도 아시다시피, 그는 종교적 성격이 강하고 아주 인자한 분으로서, 자발적인 동정심이 강하고 가난한 사람들을 잘 돌보시는 분이시지.

그럼에도 불구하고, 그 분이 아직 젊었을 때, 그리고 이러한 자선 사업을 열심히 하고 있었을 때, 그가 나에게 말한 그대로 말한다면, 그 분도 죽은 다음에 삶이 있는 것인지 의심하고 있었네. 그래서 하나님께서는 성품과 행실이 그렇게 자비로운 사람을 버리시지 않는 고로, 그가 자고 있는 동안에 외모가 준수하고 풍채가 당당한 한 젊은 사람이 나타나서 그에게 말했네. "나를 따르시오."

그를 따라서 어느 도시에 도착했는데, 거기서 그는 전에 들어보았던 그 어떤 소리보다도 더 절묘하고도 달콤한 멜로디 소리를 도처에서 듣기 시작했다네. 그 소리가 무엇이냐고 물으니까 안내자는 대답했다네. "그것은 축복 받은 거룩한 사람들의 찬송 소리지요." 잠을 깨고 보니 꿈은 사라졌고, 그는 그것을 단지 꿈이라고만 생각했네.

그러나 두 번째 날 밤에, 같은 젊은이가 게나디우스에게 나타나 자기를 알아보겠느냐고 묻기에, 조금도 불확실한 것이 없이 그를 잘 안다고 대답했다네. 그러자 그는 게나디우스에게 어디서 자기를 알게 되었느냐고 물었다네. 그는 아직 전날 밤의 일을 기억하고 있기에 적절한 대답을 했는데, 그가 본 환상 전체를 말하고, 그 때 그의 안내를 받아서 들었던 성도들의 찬송가에 대한 것을, 아주 최근에 경험한 것을 회고할 때처럼, 자연스럽게 술술 이야기 했다네.

이에 그 젊은이는 방금 이야기한 것을 본 것이 잠 잘 때인가 깨어 있을 때인가를 물었다네.

게나디우스가 대답했다. "잠 잘 때입니다."

그러자 젊은이는 말했다. "잘 기억했습니다. 이 모든 것을 잘 때 본 것은 사실이지만, 지금 이 순간도 그대는 자면서 보고 있다는 것을 알고 있으면 좋겠소."

이 말을 듣자 게나디우스는 그것이 사실이라는 것이 납득되었고, 그것을 믿는다고 말했다네. 그러자 그의 안내자는 계속해서 물었다네. "당신의 육체는 지금 어디 있습니까?"

그는 대답했다. "나의 침대 위예요."

그 젊은이는 물었다. "그대의 이 육체에 있는 눈은 지금 가려져서 닫혀 있고 쉬고 있는데, 이 눈으로 또 다른 육체를 보고 있다는 것을 알고 있습니까?"

"알고 있습니다," 라고 그는 대답했다.

"그렇다면, 그대가 나를 보고 있는 눈은 어느 눈인가?" 라고 젊은이는 물었다.

이에 어떻게 대답해야 할지를 모르는 게나디우스는 가만히 있었다네.

그가 주저하고 있자, 그 젊은이는 이러한 질문들을 함으로써 그에게 가르침을 주려고 한다는 것을 말해 주고는 즉시 말을 했다네. "그대가 잠들어 침대 위에 누워 있는 동안 그대의 육체의 두 눈은 지금은 사용하지 않고 아무것도 하지 않는데도, 그대는 나를 보는 눈을 가지고 이 환상을 보고 즐기고 있는 것이다. 그대가 죽은 다음에도 그대의 육체의 눈은 전혀 활동을 하지 않지만, 그대 속에는 여전히 살고 있는 생명이 있고, 여전히 지각할 수 있는 지각 기능이 있는 것이다. 그러니까 차후로는 사람의 생명이 죽은 다음에도 계속할 것인지에 대해 의심을 갖지 않도록 주의하시오." 게나디우스는 이렇게 되어서 이 문제에 대한 모든 의심이 자신으로부터 사라졌다고 말해주었다네.

그리고는 어거스틴은 물었다, "자비롭고 섭리하시는 하나님의 돌보심이 아니고는, 누가 이를 그에게 가르쳐 주었겠는가?"[75]

어거스틴은 이에 대한 답으로 다음과 같은 생각이 깊은 말을 했다.

> 이런 이야기를 함으로써 나는 문제를 푼 것이 아니라 더욱 복잡하게만 한 것이라고 말하는 사람이 있을는지도 모른다. 그럼에도 불구하고, 이 이야기를 믿거나 믿지 않느냐 는 자유이지만, 누구든지 자기 자신의 의식이라는 것이 있으니까 이를 선생으로 삼아 가장 심오한 이 질문에 대한 답을 구해 볼 수 있을 것이다.[76]

사실 그렇다.

성(聖) 패트릭의 참된 고백 (주후 389-461)

「성 패트릭의 참회록」은, 한 소년의 삶을 하나님께서 기적적으로 돌보아주셨음을 증언하는 이야기가 몇 가지 실려 있다. 이 소년은 아일랜드의 해적에게 붙잡혀 영국에서 아일랜드로 끌려가 거기서 노예로 살았다. 그의 노예 생활은 만 6년간이나 계속되었고 하나님께서 꿈속에서 패트릭에게 말씀했을 때 끝났다.

> 어느 날 밤 꿈에서 나에게 이렇게 말하는 소리를 들었다. '너는 그 동안 금식하기를 잘 했다, 왜냐하면 너는 곧 너의 나라로 돌아갈 것이기 때문이다; 보아라, 너의 배가 준비되어 있다.' 패트릭은 해안에서 200마일이나 떨어져 있었기 때문에 이 꿈을 어떻게 해석해야 좋을지를 몰랐다. 그러나 이 꿈에 감동되어 그는 도망을 쳤다. 그의 말을 들어보자, "나는 좋은 결과로 나를 인도하시는 하나님의 권능의 손안에 들어오게 되었고, 따라서 나는 아무런 두려움 없이 마침내 배에 도달할 수 있었다.[77]

패트릭은 하나님의 개입을 극적으로 설명을 했다. 그는 배를 탔는데, 그날 밤 그는 또 주님의 지시를 들었다. "너는 두 달 동안 그들과 함께〔배에 타고〕있을 것이니라." 하루도 틀리지 않고 주님의 말씀대로 되었다.[78]

패트릭은 집으로 돌아왔고 모두가 크게 기뻐했다. 그를 잃어 크게 상심한 그의 부모는 다시는 부모 곁을 떠나지 말라고 타일렀다. 패트릭은 다음과 같이 썼다.

> 밤중에 본 환상에서 빅토리쿠스라는 사람이 분명히 아일랜드로부터 셀 수 없이 많은 편지를 갖고 왔는데, 그 중에 하나를 나에게 주었다. 그 제목을 읽어 봤더니 "아일랜드 사람들의 외침"이었다.
> 그 편지의 제목을 큰 소리로 읽고 있는 동안, 나는 순간적으로 서해 부근에 있는 볼컷트의 숲 옆에 있는 사람들의 목소리를 들었다고 상상하고 있었다. 그들은 한 목소리로 이렇게 소리치는 것이었다, "거룩한

소년, 이리 와서 우리들 가운데 다시 걷기를 부탁하는 것이요." 나는 가슴 속 깊이 감동이 되어 더 읽을 수가 없었다. 그 순간 잠을 깼다. 몇 년 후에 주님께서 그들의 외침을 들어 주셨으니 하나님께 감사할 따름이다.[79]

페트릭은 아일랜드로 돌아갔고 여생 동안 열심히 전도했다. 그의 노력은 아주 성공적이어서 "그가 올 때는 아일랜드는 모두 이교도뿐이었는데 그가 떠날 때는 모두 기독교인들이 되게 한 사람"으로 알려지게 되었다. 성패트릭은 300여개의 교회를 세우고 12만명이상의 사람에게 세례를 주었다고 추정되고 있다.[80]

주님께서 꿈과 환상 속에서 그를 방문한 이야기를 패트릭은 몇 가지 더하고 있다. 그는 교회사 상 선명한 꿈을 많이 꾼 사람으로 두드러진다. 시간이 있으면, 패드릭의 「참된 회고록」에서 다음과 같은 사항을 읽어보기를 바란다.

- 기도의 응답으로 기적적으로 음식이 제공됨[81]
- 사탄이 그에게 던진 돌[82]
- 예수님의 절묘한 목소리[83]
- 그 사람 안에 내재하시는 성령의 간절한 중보 기도[84]
- 하나님의 종을 비방하는 사람들에 대한 하나님의 노여움[85]

패트릭은 그의 「참회록」을 다음과 같이 변명이 아닌 선언으로 끝을 맺는다.

나를 비웃거나 욕하고 싶은 사람은 마음대로 하시라. 나는 침묵을 지키지도 않을 것이며, 그런 사건이 실제로 일어나기 수년 전에 주님이 나에게 보여 주신 표적과 기사를 숨기지도 않을 것이다. 왜냐하면 그 분은 영원한 시간 이전에도 모든 것을 아시는 분이시기 때문이다.[86]

토마스 아퀴나스(주후 1225-1274)

이탈리아의 도미니크 수도승이고 신학자이며 철학자인 토마스는 스콜라 철학의 뛰어난 대표적인 학자이다. 역사가 우리에게 증언하는 바는, 아퀴나스는 "크고 휘청거리며, 말이 없고 약간 멍한 사람"[87]이라고 말해 주고 있다. 쾰른의 그의 급우들이 그를 "벙어리 황소"라고 놀리자, 선생인 알버트 마그누스는 언젠가 이 황소의 울음소리가 세계를 채울 것이라고 말한 적이 있다.[88] 아퀴나스는 그의 야심작 「신학대전」(神學大全: Summa Theologica)으로 가장 잘 알려져 있는데, 이 책에서 그는 기독교 신학에 아리스토텔레스의 방법을 적용했다.

아리스토텔레스는 오감으로 경험될 수 없는 것은 아무것도 실재하는 것이 아니라고 주장했다. 아퀴나스가 이러한 세계관을 기독교에 도입하자 하나님과의 직접적인 영적 만남이란 설자리가 없어졌다. 따라서, 꿈과 환상은 기타 초자연적인 신앙의 국면(천사, 기적, 방언과 예언)과 더불어 가볍게 다루어졌다. 아퀴나스의 영향으로, 하나님의 일들에 대한 지식이 점차적으로 하나님 그 자신을 실제로 아는 것을 대신하기 시작했다. 성경에 대한 철학적인 접근이 오늘날까지 서방 교회에 팽배해 있다.

아퀴나스는 정말로 뛰어난 사람이었다. 그는 비만증 때문에 종종 조롱을 받았지만, 그의 마음은 결코 비판받지 않았다. 그는 한번에 세 책을 세 필사자에게 받아쓰게 했지만 각각의 책에서 사고의 연속성을 잃지 않았다. 이와 같은 지능의 소유자가 지성을 존경하게 되고, 그리고 필연적으로 같은 생각을 가진 추종자들에 의해 학파의 계보가 생겨나는 것은 이해할 수 있는 일이다. 이해하는 것과 용납하는 것은 서로 다르다. 신앙을 위해 싸우는 우리는 신앙의 모든 국면, 즉 좋은 점이든 어처구니없는 것이든, 모든 국면을 포용해야지,

우리 구미에 맞는 것만을 택해서는 안될 것이다.

아퀴나스로 말할 것 같으면, 그의 마지막 말이 그 자신보다 더 큰 무게가 실려야 한다. 그의 생애는 그의 「신학대전」이 완성되기 전에 끝났다. 그가 그 책을 완성할 수 없었던 것이 아니고, 차라리 그 책을 완성하고 싶지 않았던 것이라고 봐야 할 것이다. 비록 합리적으로 이해할 수 없는 것을 반대하도록 오랫동안 가르쳐 왔지만, 아퀴나스는 사실상 꿈에서 하나님과 만남은 심오한 경험을 갖게 되었으며, 그 후 그는 집필과 받아쓰게 하는 일을 중단했던 것이다.

그의 동료들이 집필을 계속하라고 촉구하자, 그는 대답했다. "더 이상 할 수 없다네. 그러한 일들이 나에게 계시된 이 마당에, 내가 쓴 모든 것은 지푸라기 같이 하찮은 것이 된 것 같네. 이제 나는 나의 인생이 끝나기를 기다린다네."[89] 아퀴나스는 3개월 후에 죽었다.

존 번연 (주후 1628-1688)

> 이 세상의 광야를 통하여 걸어가다가, 굴이 있는 곳을 우연히 보게 되어, 거기에 잠자기 위해 자리를 잡았다. 자다가 한 꿈을 꾸었다. 꿈에서 보니까 남루한 옷을 입은 한 사람이 어떤 곳에 서 있었는데, 그의 얼굴은 자기 집을 바라보고 있었고, 그의 손에는 책이 한 권 들려 있었으며, 그의 등에는 큰짐을 지고 있었다.[90]

이 꿈에서 영감을 얻은 이야기는 문학에서 확고한 자리를 차지하고 있는 온 시대의 고전이 되었다. 이것이 다름 아닌 「천로역정」(Pilgrim's Progress)으로서, 최근까지도 미국의 학교 교실에서 필독서였었다. 번연은 빈번히 하는 설교의 부산함에서 손을 떼고, 베드포드 브리지에 있는 작은 감옥에서 조용히 명상하고 있는 동안에 이 책을 썼다. 이는 희한한 꿈으로 설명된 저자 자신의 영적 순례의 이야기이다.[91]

이 책은 개종에서 천국에 이르기까지의 그리스도인의 여정을 우화적으로 그린 이야기이다. 어디서나 구할 수 있고 그 내용이 잘 알려진 이야기를 자세히 설명한다는 것은 불필요한 일이다. 그러므로, 하나님께서 당신이 사랑하는 사람들에게 꿈과 환상을 통하여 어떻게 말씀하시는지를 보여주는 아주 좋은 예가 됨으로 이 책을 여러분에게 진심으로 추천한다는 말만을 해 두고자 한다.

존 뉴톤의 놀라운 은총(주후 1725-1807)

사실상 세계의 거의 모든 나라는 국가(國歌)를 갖고 있는데, 이는 국민을 단결시키는 숭고한 주제를 가사로 하여 국민의 사기를 진작시키는 노래이다. 교회도 이와 비슷한 효과를 내는 찬송가가 있다. 다른 신자들과 함께 "나 같은 죄인 살리신"(Amazing Grace: 찬송가 405장)을 부를 때, 전 세계의 모든 크리스천들 중에서 영혼과 가슴 속 깊이 감동되어 귀를 기울이고 듣지 않을 사람이 있을까?

존 뉴톤이 자신의 생명에 대한 하나님의 자비를 생각하며 이 찬송을 썼다. 그는 자신의 노래가 수 세대를 통해서 수백만의 가슴을 사로잡을 줄을 몰랐다. 그 찬송이 꿈에서 유래한 것이라는 것을 오늘날 우리는 거의 모르고 있다! 뉴톤은 그의 자서전에서 그의 꿈속에서 있었던 "가장 뚜렷한 경고"에 관해서 쓰고 있다.

장면은 베니스 항이었다. 때는 밤이었고, 나는 선창에서 야경을 서고 있었다. 혼자서 왔다갔다 거닐고 있었는데, 누군가가 나에게 반지 하나를 갖다 주면서, 그것을 갖고 있는 동안은 나는 행복하고 성공할 것이라고 다짐하면서 잘 간수하라고 특별히 주의를 시켰다. 그러나 만일 내가 그것을 잃어버리거나 버리면 나는 어려움과 비참함만을 당하게 될 것이라고 했다. 나는 그 선물을 그 조건과 더불어 기꺼이 받았다. 그것을 갖고 있는데 나 자신이 주의해야 한다는 것은 조금도 의심할 여지가 없었고, 나의 행복을 나 자신이 간직하고 있다는 것에 대해서 크게 만족스럽게 생각했다.

그러자 두 번째 사람이 와서, 내 손가락에 있는 반지를 보더니, 그 반지에 관해 몇 가지 질문을 했다. 나는 그에게 그의 장점을 신나게 말해 주었다. 그는 반지 하나에서 그러한 효과를 기대한다는 나의 연약함에 놀라움을 표시했다. 그는 나를 잠시 설득한 다음, 드디어는 나보고 그 반지를 던져 버리라고 했다. 처음에 나는 그의 제안에 충격을 받았지만, 결국 그의 감언이설이 그럴듯하게 들렸다. 나는 이성적으로 생각하고 의심하기 시작했으며, 마침내 그 반지를 손가락에서 빼서 배 한쪽 위로 물 속으로 던져 버렸다. 바로 그 순간 무서운 불이, 베니스 시 뒤에 저 멀리 떨어져 있어 보이는 알프스 산의 한 부분인 어느 산맥에서 터져 나왔다. 깨어 있을 때처럼 산들이 뚜렷하게 보였고 모든 산들이 화염에 싸여 있었다.

나의 잘못이라는 것을 깨달았지만, 이미 너무 늦었다. 나를 유혹한 그 사람은 모욕적인 태도로, 나에게 베풀려던 하나님의 모든 자비가 그 반지 속에 있었는데, 그것을 내 마음대로 버렸다고 말했다. 나는 이제 그와 함께 불타는 산으로 가야만 했고, 눈에 보이는 모든 화염이 나 때문에 일어난 것이라는 것을 알았다. 나는 벌벌 떨었다. 그리고 큰 고뇌 속에 빠졌지만, 꿈은 계속되었다.

내가 자책감에 사로잡혀 탄원도 하지 않고 또한 희망도 없이 서 있자니까, 돌연 세 번째 사람이, 아니면 처음에 반지를 갖고 온 사람이 (누군지 나는 확실히 모르겠다) 나에게로 와서 나의 슬픔의 원인이 무엇이냐고 물었다. 나는 내 멋대로 행동하여 나 자신을 파멸시켰으니까 동정을 받을 가치도 없다고 고백하면서 솔직하게 그에게 말했다. 그는 나의 경솔함을 꾸짖고는 내가 반지를 다시 가질 수 있다면 이제 더 현명해 질 것이냐고 물었다. 나는 반지는 다시는 찾을 수 없다고 생각했기 때문에 대답을 할 수 없었다. 그런데 내가 대답도 채 하기 전에, 나는 이 뜻밖의 친구는 내가 반지를 떨어뜨렸던 바로 그 지점에서 물 속으로 들어가는 것을 보았다. 그는 반지를 가지고 되돌아 올라왔다.

그가 배에 올라오자, 산 속의 불은 꺼졌고 나를 유혹한 자는 떠나버렸다. 강자의 손아귀에서 먹이를 빼앗아 법적으로 포로된 자를 풀어 주었던 것이다. 나의 두려움은 끝났다. 기쁨과 감사의 마음으로 친절한 구출자에게 가까이 가서 반지를 다시 받으려고 했다. 그러나 그는 반지를 되돌려 주기를 거절하면서 나에게 이렇게 말했다. "이 반지를 그대에게 다시 맡기면, 그대는 곧 다시 그대 자신을 똑같은 곤경에 처하게 할 것이다. 그대는 그 반지를 간직할 능력이 없으니까 내가 그대를 위해 이 반지를 보관하고 있겠다. 이 반지가 필요할 때면 언제나 나는 그대를 위해서 이 반지를 내어놓겠다."

잠을 깨고 난 나의 기분은 무엇이라고 표현하기가 쉽지 않았다. 2, 3일 동안 나는 거의 먹을 수도 잠 잘 수도 없었고 일도 제대로 되지 않았다. 그러나 그 때의 충격은 곧 가셔졌고 아주 잊어버리게 됐다. 그 후 몇 년이 지날 때까지 그에 대한 생각이 거의 떠 오르지 않았다.

그러자 이 진귀한 꿈이 암시하는 것과 아주 흡사한 상황에 내가 처하게 된 때가 왔다. 나는 무시무시한 영원의 가장자리에 서서 아무런 도움도 희망도 없이 서있게 되었다. 나의 마음의 눈이 떠 있었더라면, 나의 종교적인 소명을 마음대로 포기하고, 복잡한 범죄에 연루되도록 나를 유혹했던 그 대적을 볼 수 있었을 것이었다. 나의 고뇌를 보고 희희낙락하고 나의 영혼을 낚아채서 고통의 장소로 잡아 가지고 가기를 기다리고 있는 그를 알아보았을 것이었다.

마찬가지로, 내가 박해하고 모독했던 예수님께서 사탄을 꾸짖으시면서 나를 주님의 사람이라고 주장하시고는 화인(火印)을 불 속으로부터 빼내어 던져 버리고 "지옥으로 빠져 떨어지는 것을 구원하라. 내가 그의 몸값을 치뤘느니라." 하고 말씀하시는 것을 알아 볼 수 있어야 했다. 그러나 비록 내가 이런 것을 보지 못했음에도, 나는 은총을 입어 사랑을 받게 되었던 것이다. 주님은 내가 곤경에 빠진 날에 나에게 응답하셨으니, 주님의 이름이 찬양을 받을 지어다. 그 반지를 (또는 그것이 의미하는 것을) 다시 찾아 주신 그 분은 그 반지를 맡아 두고 계시는 것이다. 내가 그 반지를 보관하고 있지 않다는 것이 얼마나 큰 위안이 되는지 말로 표현할 수 없는 일이로다! 이루 말할 수 없는 것이다.

여호와는 나의 목자이시다.[92]

시편 기자가 이렇게 선언했을 때 정말 맞는 말이었다. "여호와께서 시온의 포로를 돌리실 때에 우리가 꿈꾸는 것 같았도다. 그 때에 우리 입에는 웃음이 가득하고 우리 혀에는 찬양이 찼도다"(시편 126:1-2). 다음에 여러분이 "나 같은 죄인 살리신"(Amazing Grace)을 부를 때에는 그 찬송의 작사자의 가슴속에 그 가사가 어떻게 타올랐었는지를 더욱 깊이 이해할 수 있을 것이다.

윌리엄 부스 대장(주후 1829-1912)

이 주제에 대한 필자의 연구 중 만나게 된 가장 감동적인 환상 중의 하나는 구세군의 창시자인 윌러엄 부스 대장이 전한 것이었다. 이 환상에서 부스는 수백만의 사람들이 어둡고 폭풍우 치는 바다물에 이리저리 떠밀리고 있는 모습을 보았다. 가끔가다 번개가 치고 큰 천둥소리가 났다. 대양 한가운데에 아주 거대한 바위 하나가 폭풍 이는 구름 위로 솟아올랐다. 이 바위 밑의 주위에는 나무로 만든 단이 있었는데, 그 위에는 소수의 기진맥진한 사람들이 피난해 있었다.

부스는 다른 사람들이 그 단 위로 기어오르려고 애쓰는 모습을 보았다. 그의 흥미를 제일 끈 것은 단 위에 이미 안전하게 있던 몇 사람들이 아직도 표류하는 사람들을 구원하기 위해 바다로 다시 몸을 던지는 모습이었다. 부스는 썼다,

어떤 것이 나를 가장 기쁘게 했는지 잘 모르겠다.—물에 빠진 그 불쌍한 사람들이 바위 위로 기어 올라와서 안전한 장소에 도달하는 것인지, 아니면 물에 빠진 사람들을 구하려고 온 몸에 물을 뒤집어 쓰고 노

력하는 헌신과 자기희생인지.[93]

환상은 계속되었고, 부스는 단 위에 여러 가지 부류의 사람들이 있음을 관찰했다. 거기에는 물론 아직도 바다 속에서 죽어 가는 사람들을 구하려는 용감한 사람들이 소수 있었다. 그런데 대다수의 사람들은 여러 가지 일을 하면서 즐기고 일하고 있었다.

부스는 위험에서 구출된 사람들이 어떻게 그렇게도 빨리 그 사실을 잊어버리고 바다의 위험을 전연 몰랐던 사람들처럼 살아가고 있는지를 모르겠다는 심경을 토로했다. 그가 놀란 것은, 그들 주위의 바다를 막아 놓고 아무도 죽어가고 있지 않는 것처럼 일상 생활을 계속하고 있다는 것이다. 부스는 또한 구출된 사람들이 바위 위에 모여서 바위가 나타나도록 한 그 경이로운 존재를 향해 소리치는 모습에 관한 이야기도 한다. 그들은 "우리에게 와서, 도와주소서!" 라고 소리치는 것이었다.

부스 대장의 말을 더 인용해 보자.

  어떤 사람들은 그 분이 오셔서 그들과 함께 머물면서 그들을 보다 더 행복하게 하는데 그 분의 시간과 힘을 쓰시기를 원했다. 그런가 하면 어떤 사람들은 그 분이 오셔서 그들에게 써 보냈던 편지들의 진리에 관해서 그들이 품고 있던 의심과 불안을 해소시켜 주기를 원했다.
  어떤 사람들은 그 분이 오셔서 자기들이 바위 위에서 더욱 안전감을 느끼도록 해 주시기를 원했는데, 너무나 안전해서 바다 속으로 다시 미끄러 떨어지지 않는다고 확신할 수 있도록 해 주기를 바랐다. 다른 많은 사람들은 그 분이 와서, 그들이 바위를 떠나서 언젠가는 본토에 갈 수 있음을 확신시켜 주기를 바랐다. 이러한 여러 가지 이유로 해서 사람들은 "우리에게 오소서! 우리를 도와주소서!" 라고 자꾸 자꾸 그 경이로운 존재를 소리쳐 부르는 것이었다.
  그런은 동안 그 경이로운 존재는 [그의 성령에 의해서] 아래로 내려와서, 성난 깊은 바다 속에 허우적거리며 빠져 죽어 가는 사람들을 그의 두 팔로 끌어올리려고 노력하면서, 바위 위에 있는 사람들을 향하여, 애원하는 눈초리로 바위 위를 올려다보면서, 목이 쉬도록, "나에게로 와서! 나를 좀 도와주어요!" 라고 외치고 있는 것이었다. 그러나 아무런 효과도 없었다.

부스는 말을 맺었다.

바로 그 때 나는 그 환상의 의미를 깨달았다.

이 꿈이 "죽어 가는 사람들을 구원하려는" 구세군의 열정의 배후에 있던 원동력이 되었던 것이다.[94]

찰스 H. 스펄전(주후 1834-1892)

1868년 4월 16일 찰스 스펄전은 가슴속에 불타고 있는 주님으로부터의 말씀을 지니고 강단에 올라갔다. 그는 메트로폴리탄 태버나클의 그 유명한 강단을 전에도 지금과 똑같이 여러 번 올라왔었지만, 이번에는 달랐다. 이번에는 그의 손에 성경만 있는 것이 아니고 그의 가슴속엔 한 꿈이 있었다.

스펄전은 간밤에 아주 심상치 않은 꿈을 꾸었기 때문에 그의 교인들을 위해 설교를 준비했었다. 그는 그 꿈의 진실성을 너무나 확신했기 때문에 그 꿈 이야기를 교인들과 나누기 전에는 마음을 가라앉힐 수가 없었다. 그 설교를 위해 준비한 성경 구절은 다름 아닌 사도행전 2장 17절로서, "너희의 젊은이들은 환상을 보고 너희의 늙은이들은 꿈을 꾸리라"였다.

스펄전은 평상시의 그의 설교 스타일과는 달리 교인들로 하여금 설교 내용을 잘 듣도록 하기 위하여 서론 부분을 길게 잡았다. 서론에서 꿈이나 환상이 모두가 다 하나님으로부터 온 것만은 아니라는 전제를 먼저 말했다. 그가 말하기를 "많은 환상들은 가장 비극적인 결과를 초래했습니다."라고 하니까, 그 말에 사람들은 "아멘"이라고 응답했다.

스펄전은 계속했다.

'많은 환상은 극히 기만적이었습니다. 사람들은 어두운 죄의 숲 속에서 동화 같은 향락을 찾으려는 꿈을 꾸었습니다. 육욕적인 쾌락이 사막의 신기루처럼 유혹하듯이 그들의 눈앞에서 아른거렸고, 이 세상에서 환영(幻影)의 현상을 좇다가 곤경에 처했고, 내세에서 영원한 파멸에 이르렀습니다.' 다시 사람들은 아멘 했다.

'하지만, 이 모든 것에도 불구하고,' 스펄전은 선언했다, '선하고 장엄한 환상이 알려지지 않은 것은 아닙니다. 뛰어난 영광에서 온 환상이 있습니다. 말하자면, 젊은 사람이나 나이 많으신 분이나 환상을 보았을 때, 그 환상은 그들을 지혜와 은총과 거룩함으로 채우는 것입니다. 그런 환상은 사람들의 마음에 좋은 영향으로 작용하기 때문에 사람들은 인간의 아들의 수준을 넘어서 하나님의 아들, 즉 영원자와의 동반자로 이끌어 올린 것입니다.'

교인들은 스펄전이 그렇게 빨리 터득한 차원 높은 경지를 보고 크게 놀라 앉아 있었다!

자신의 꿈 이야기의 진수를 사람들에게 이야기하기 전에 듣는 사람들의 마음 상태를 준비시켜야겠기에, 스펄전은 왜 하나님께서는 꿈과 환상 가운데서 인간들에게 말씀하시려고 하시는지를 설명해 나갔다.

그는 말했다. '모든 하늘의 일들이 주님으로부터 사람들에게 처음 보여질 때는 환상으로 나타난다. 그 이유는, 인간이 하나님의 생각과 방식을 믿기에는 너무나 준비가 되어 있지 않기 때문이다. 하나님이 주시는 인상을 받아드리기에 가장 깨끗하고 적합한 사람이라 할지라도 우리는 인간은 너무나 조잡하고 육욕적이기 때문에, 우리에게 주시는 하나님의 영적 메시지와 지시가 처음에는 몹시 희미하게 떠올랐다가, 숙고해본 뒤에야 분명해지고 구체화되는 것입니다.'

꿈과 환상 같은 것이 중요한 의미가 있다는 것을 강조하기 위해서, 스펄전은 이렇게 진술했다. "망상가로 취급될까보아 두려워서 하늘의 훈계를 무시하지 말도록 조심해야 합니다. 광신자라거나 미친 사람으로 분류된다 하더라도 동요되지 말아야 할 것입니다. 왜냐하면 하나님으로부터 온 생각을 묵살한다는 것은 적지 않은 죄이기 때문입니다."

그의 서론을 정리하는 의미에서, 스펄전은 조지 폭스(1624-1691, 영국 퀘이크파의 창시자)를 높이 평가하여 "다른 누구보다도 더 많이 더 생생하게 꿈을 꾼, 가장 탁월한 꿈꾸는 사람"이라고 했다. 영적 부흥을 위한 그의 업적, 자선 전도 사업, 공동체 내에서의 평화의 수립, 노예 폐지 운동—"이 모든 것들을 어떻게 수행할 수 있었겠습니까? 만일 이 극성스런 퀘이커교도가 이 모든 인상을 받아서 그냥 지나쳐 버리게 하고 잊어 버렸다면?"라고 하면서 스펄전은 청중들에게 물었다. 그리고 그는 폭스를 더욱 변호하면서 이렇게 말했다, "이러한 일들은 오늘날에는 일반적인 기독교 교리이지만, 그 당시에는 광신자의 헛소리로 간주되었던 것입니다."

끝으로, 그는 꿈을 꾸는 사람 모두에게 격려의 말을 했는데, 그의 말은 오늘날 우리의 가슴에도 와 닿게 된다.

'오 젊은이들이여, 여러분의 시대를 앞서가는 어떤 생각을 받았다면, 그것이 어떤 결실이 맺히게 될 때까지 간직하고 꾸준히 노력하라.

주님으로부터 온 꿈을 꾸었다면, 그 꿈이 열받은 두뇌에서 나는 김이 거나 지옥에서 온 연기가 아니란 확신이 설 때까지 곰곰이 생각해 보라. 그 꿈이 주님의 제단에서 온 불이란 것이 여러분의 가슴속에 분명해지면—그러면 일하고 기도하고 그리고 여러분의 때를 기다려라!'

분쟁의 소지가 많은 주제를 가지고 설교함으로써 그의 사랑하는 교인들의 심금을 어느 정도 울렸다고 만족스럽게 생각한 스펄전은 이렇게 선언했다. "그러면 이제 고백하건대 저도 나름대로 하나의 환상을 보았습니다. 앞으로 여러분께서 '저거 보게, 몽상가가 오네'라고 말할는지 모르겠지만, 꿈을 꾼 사람은 그 꿈 얘기를 하도록 명령받았음으로 이제 제 꿈 얘기를 할까 합니다."[95]

그러면 스펄전의 꿈은 어떤 것이었나? 그는 영국의 잃어버린 영혼들과 또한 전 세계의 여러 국가들을 위한 열화 같은 전도자의 열정으로 영국의 젊은이들의 마음을 흔들어 그들 젊은이들 사이에 대부흥 운동이 일어나는 꿈을 꾸었다. 그 부흥 운동은 그에게는 "그리스도의 대전차"가 영국의 한쪽 끝에서 다른 쪽 끝으로 굴러가면서 빠른 승리를 거두는 것처럼 보였다. 스펄전은 이러한 꿈의 실현을 위해 자신과 자신의 설교를 바친다고 했다.

그는 이렇게 기도했다.

오 하나님, 저희에게 성령을 보내 주시옵소서! 저희에게 영적 삶의 호흡과 정복할 수 없는 열정의 불을 주시옵소서. 당신은 우리의 하나님이십니다. 불로 저희들에게 응답해 주시기를 당신에게 기도 드립니다! 저희들에게 바람과 불로 응답해 주시옵소서. 그리하면, 저희들은 진정코 당신은 하나님이심을 보게될 것입니다. 하나님의 왕국은 오지 않고 하나님의 역사는 시들해지고 있습니다. 오, 당신께서 바람과 불을 보내 주시옵소서! 우리 모두가 한 마음으로 믿고, 기다리며, 기도로 준비하고 있을 때, 당신은 이 일을 해주실 것입니다.

주님, 저희들을 이렇게 기다리는 상태로 되게 하시옵소서! 하나님, 저희에게 영광스런 무질서의 계절을 보내 주시옵소서. 바람이 한번 획 불어 바다를 움직여 놓고, 지금은 닻을 내려놓고 조용히 누워 있는 우리의 굳어진 형제들을 이물에서 고물까지 흔들어 놓게 말입니다!

오, 불이 다시 떨어지기를—아주 둔감한 사람도 움직일 수 있는 불을 주시옵소서! 오, 그 불이 처음에는 제자들에게 임재하게 하시고, 그 다음에는 주위 사방으로 확산되게 하셨지요! 오 하나님, 당신께서 그 때 하신 것처럼 오늘도 우리에게 역사 하실 준비가 되어 있는 줄 믿습니다. 간절히 간구하오니, 지체하지 마시고 즉시 역사하여 주시옵소서. 당신의 권능이 임하는 것을 막는 모든 장벽을 허물어 버리시옵소서! 당신의 화해시키는 말씀을 전하도록 불타는 마음과 불의 혀 같은 성령을 이제 저희에게 주시옵소서. 예수님의 이름으로 기도하옵나이다! 아멘.[96]

결론

이제 그러니까 필자는 히브리서의 기자와 같은 기분이 든다, "더 이상 무슨 말을 하리!" 교회사의 페이지를 채우는 그 많고 많은 꿈과 환상의 이야기들 중에 극소수만을 필자는 다루어 본 것뿐이다. 테르툴리안의 말을 빌리면, "전 세계가 이런 하나님의 계시로 충만되어 있도다!" 시·공의 제한 때문에 필자는 여기서 끝내야겠다. 그러나 이 정도로서 필자의 과제에는 충분하리라고 생각한다. 독자 여러분, 하나님께서는 꿈과 환상을 통하여 하나님이 사랑하시는 아들과 딸들에게 가장 명확하게 말씀하시고 계시다는 것을 수용하도록 성경의 구절과 더불어 위에 든 증언들의 힘으로 납득이 가셨을 줄 믿는다.

그렇지 않다면, 친구여 안녕히 주무시고, 하나님께서 그대를 지극히 사랑하고 계시다는 것을 아시라. 그러나, 잠들기 전에, 또 하나의 증거를 보시라고 부탁할까요? 이제부터는 오늘날의 그리스도인들의 삶을 감동시켜놓은 꿈과 환상에 대해서 얘기할까 한다.

제 9 장
꿈은 계속된다

　때는 1989년 1월 7일 토요일이었다. 새벽에 잠을 깬 나는 이상한 꿈이 생생하게 마음속에 자리잡고 있는 것이었다. 꿈속에서 나는 우리 교회의 통로에 서 있었는데 내가 모르는 한 여인이 나한테로 걸어오는 것이었다. 그녀는 깊은 고민에 빠져 있었다. 그녀는 그 때 우리 교회에 참석하고 있는 어떤 사람을 내가 알고 있느냐고 묻는 것이었다. 그렇다고 하니까 그녀는 말했다. "사실은 그 남자는 저와 밀애를 하고 있는데 그가 그만 두기를 저는 바라고 있어요." 내가 그녀를 위해 그 문제를 처리하겠다고 하자, 꿈은 끝났던 것이다.
　그 날이 밝자 나의 사무실에 꼭 가보고 싶은 마음이 생겼는데, 나는 토요일에는 사무실에 나가지 않는 것이 보통이었다. 나는 책상에 앉아 무엇을 할까 하고 생각에 빠져 있는데, 교회의 문이 열리는 소리가 들렸다. 고개를 돌리고 보니 꿈속에서 말한 바로 그 사람이 나의 사무실 출입구에 서 있는 것이었다. 나는 너무도 놀라서 그 사람에게 꿈 얘기를 해 주고 그것이 사실인가고 물어 보는 일 이외에 다른 일을 할 수가 없었다. 그는 얼굴이 창백해지더니 고개를 떨어뜨리고 말했다. "하나님께서 목사님에게 말씀하실 줄 알았습니다." [97] 나는 말문이 막혔다. (나를 아는 사람은 누구든지 그건 기적이라고 말할 것이다!)

나는 침착하게 목사로서의 자세를 유지하면서 그 남자를 사무실 안에 들어와 앉게 한 다음, 그를 파멸의 나락으로 몰게 한 문제점들을 같이 상의했다. 그는 그 후 주님의 말씀을 따르면서 살기로 했고 하나님을 계속 두려워하면서 살아가고 있다. 교회에서 가끔 그를 만나면, 나는 "보세요, 지난밤에 당신 꿈을 꾸었지!"라고 말해 준다. 그러면 그는 공연히 안절부절못하는 것이다. 왜 그럴까요.

그 사건은 나에게는 아주 놀라운 것이었다. 주님께서는 이전에도 여러 번 나에게 꿈속에서 말씀을 하셨지만, 그처럼 구체적이며 즉각적인 효과를 거둔 적은 없었다. 그렇기 때문에 나는 마음속으로 자연히 하나님께서 꿈이나 환상을 통해서 나에게 말씀해 주시기를 은근히 바라는 것 같았다. 그 때부터 지금까지 나의 삶에서 꿈과 환상의 빈도, 범위, 정확도, 그리고 실현의 회수가 분명히 늘어났다. 그리고 또한 이렇다 할 꿈이나 환상이 없는 기간이 길어지는 수도 많았다(어떤 이유에서든지 주님께서는 균형에 큰 관심을 갖고 계신 것 같다).

나는 꿈이 많은 사람이다. 그렇다고 내가 꿈에 대한 전문가라고 자처하는 것도 아니고 예언자라고 주장하는 것도 아니다. 단지 주님께서 때때로 꿈이나 환상을 통해서 나에게 말씀을 하시기를 좋아하신다는 것을 분명히 말하고 싶다. 이것은 부정하고 싶지 않은 사실이다. 물론 내가 꾸는 꿈이 모두가 하나님으로부터의 말씀이라고 증명된 것은 아니지만, 몇몇 꿈은 확실히 그랬다. 솔직히 말해서, 이런 일이 벌어질 때는 나 자신도 남들처럼 놀라는 것이다.

이와 같이 하나님과의 친교가 넘치는 가운데서 몇 가지의 사례를 신중하게 골라서 이 장에서 얘기해 볼까 한다. 시인 예이츠는 이렇게 썼다. "하지만 저는 가난해서 꿈밖에 없나이다. 저의 꿈을 당신의 발 밑에 깔았나이다. 살살 밟아 주세요, 저의 꿈을 밟는 것이니까요."[98] 그리고, 만약 최종적인 분석에서 필자가 말하려고 하는 이 꿈들과 환상들이 결국은 고도로 활성화된 상상의 산물이거나, 기지가 풍부한 사람의 교묘한 창작물에 불과한 것이라 할지라도, 최소한도 꿈과 환상에서 나타날 수 있는 어떤 좋은 일 때문에 하나님에게 영광을 돌릴 수 있다면 다행으로 생각한다.

한편, 꿈과 환상이 어떤 해를 끼치거나 무책임하다는 것이 판명된다면, 겸손한 참회의 심정으로 나 혼자 그 책임을 질 것이다. 여하튼, 나는 보고들은 것들을 말하지 않으면 안되는 심정에 있다.

풍차

어느 날 아침 교회에서 우리가 함께 무릎을 꿇고 기도하고 있을 때 우리 교회 부 목사는 무슨 일이 벌어지고 있는지를 몰랐다. 하나님께서 일상적으로 하는 기도 시간에 우리에게 임재하시리라고는 나는 전연 예상치 못했다. 솔직히 말해서, 그 날 아침 우리의 기도는 오히려 형식적인 것이었다. 따지고 보면, 기도란 것은 성경을 공부하거나 교인들을 보살피고 일요예배 안내서를 인쇄하는 일 등과 같이 목사들이야 언제나 하는 일인 것이다. 그런데 갑자기 주님이 우리를 방문하셔서 의무를 환희로 바꾸셨던 것이다.

기도 중에 눈을 꼭 감고 있는데, 풍차 하나가 들판 한가운데에 있는 것이 분명하게 보였다. 이 환상 속의 장면이 너무도 생생하고 실물과 똑 같아서 잊혀지지 않는다. 나는 내가 본 환상을 골똘하게 생각하고 있는데, 성령이 나에게 말씀하셨다. "이 환상은 교회가 이 세상에서 그의 목적을 달성하는데 긴요한 아홉 개의 요소를 보여주는 비유이니라."

그러자 순식간에, 내 앞에 펼쳐진 환상을 곧 이해할 수 있게 되었고 그 풍차의 여러 작동 부분들을 자세히 살펴보았다. 과연, 각 부분이 교회 생활의 긴요한 부분에 상응하고 있었다. 이 환상의 정

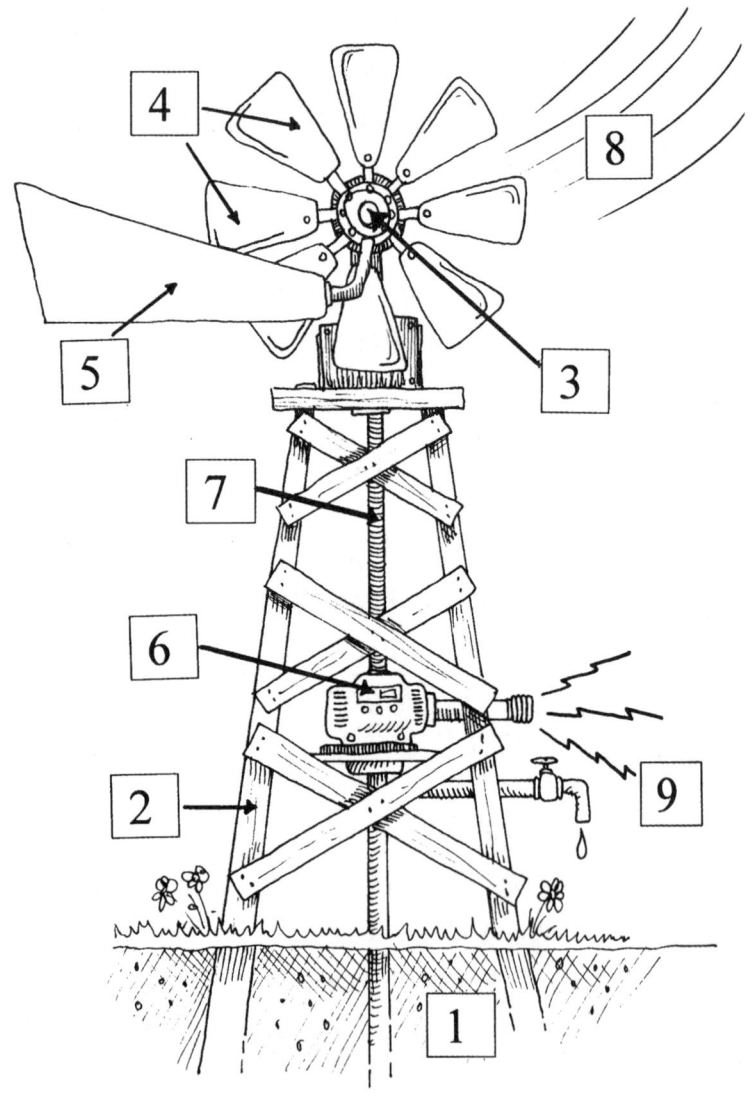

확함과 단순함에 나는 매료되었다. 나는 또한 주님께서 교회를 성장시키는 사역에 도움이 되는 일을 나에게 알려 주시는 축복을 받은 것이다.

나는 이 환상을 전국의 목사님들과 교회 지도자들에게 알렸고, 곳곳에서 주님은 목사들에게 축복을 내리시어 그들의 소명을 완수하는데 새로운 자신감과 기쁨을 갖도록 하셨다. 그러면 환상에서 본 것을 소개하고자 한다.

풍차의 아홉 개의 작동 부분들을 간략히 설명하겠다. 그러면 여러분도 이 풍차를 확실히 이해할 것이며, 여러분의 교회에서 구체적으로 무엇에 초점을 맞추어야 할지를 알 수 있도록, 주님께서 이 풍차를 이용해서 여러분들을 도와주실 것임을 필자는 확신한다.

1. 사랑

풍차(즉, 교회)는 사랑 속에 뿌리가 박히고 터가 굳어진 터전 위에 세워지는 것이다(엡 3:16-19). 이 점이 아주 중요하다. 만약 토대가 부실하면, 바람이 불 때 구조물 전체가 무너질 것이다. 바로 이런 이유 때문에 일부 교회에서는 성령이 강하게 역사하지 않는 것이다. 사랑이 부족하면 교회는 하나님의 현존하시는 무게를 감당하지 못하고 무너지는 원인이 될 것이다.

하나의 간단한 질문을 자신에게 해 보고 정직한 답을 해 보도록 하자. "이번 주일에 만약 주님께서 능력과 영광 가운데 실제로 예배에 참석하시러 오신다면 우리 교회에는 무슨 일이 일어날 것인가?" 사람들이 울까? 기쁨에 넘쳐서 소리를 지를까? 웃고, 뛰고, 춤추고, 달릴까? 얼굴을 땅에 대고 긍휼이 여겨 주십사 하고 빌 것인가? 용서와 화해 속에 서로를 껴안을 것인가? 그렇다. 위의 모든 행동에 더하여 다른 많은 의미 있는 행동을 표현할 것이다.

이제 다소 날카로운 질문을 해 보자. 이런 모든 일이 일어나지 않는다면, 주님의 현존하심이 거기에는 없다는 말인가? 반드시 그렇지는 않을 것이다. 주님께서 전혀 다른 어떤 일을 하시기 위해 거기 계실 수도 있다. 조용함과 안식함 가운데 당신의 힘이 있을 것이다. 잠잠하고 하나님의 임재하심을 알지어다.

어려운 문제점을 알 수 있겠죠? 어떤 사람에게는 주님의 현존하심은 평화와 정숙을 가져다주는데, 말하자면 현세의 시끄러움을 초월해서 마음을 고양시켜 주는 반성적 명상에 적합한 성스러운 조용함을 가져다준다. 그런가 하면 또 어떤 사람에게 주님의 현존하심은 원자력적, 아니 핵폭발적인 것이라는 것이다! 폭발적인 권능의 연쇄 반응이 우리를 앞으로 올 왕국으로 몰아친다는 것이다! 그렇다면, 누가 옳고 누가 틀린 것인가?

이는 우리가 관심을 가져야 할 질문이 아니다. 우리 앞에 놓인 질문은 언제나, "당신은 주님을 온 마음을 다하여 사랑하고, 그리고 네 이웃을 네 몸과 같이 사랑하는가?"라는 것이다. 왜냐하면, 예수님에 의하면, 이것이 율법과 선지자의 강령이기 때문이다(마 22:37-40). 사랑이란 참고 친절한 것이며, 자신을 높이지 않는 것이며 자신의 주장만 고집하는 것이 아니다. 사랑은 남의 의견에 따르고, 다른 사람에게 가치 있는 것을 존중하도록 노력하는 것이다. 사랑은 남의 축복을 추구하는 섬기는 자이지, 정복을 추구하는 전사(戰士)가 아니다.

종파간에 서로 싸우고 있는 것은 사랑 속에 걸어가지 않기 때문이다. 같은 교회 내에서도 온유한 사람의 마음을 무한히 상처 나게 하는 악의에 찬 험담이 있다. 이런 가운데에도 우리 모두는 주님께서 능력으로 임재하셔서 우리를 영광으로 인도해 주십사고 간구한다. 우리가 서로 사랑하기 시작하기만 하면 주님은 그렇게 하실 것이다. 사랑이 토대이다. 교회는 사랑 속에 뿌리 박혀, 하나님 사랑의 기름진 흙 속으로 내려간 깊이보다 더 높이는 올라가지 않는다.

우리가 위쪽에 열매를 맺기 위해서는 먼저 아래쪽으로 뿌리를 내려야만 한다(왕하 19:30; 사 37:31). 그리고 바울이 말한 것처럼, "뿌리가 거룩한즉, 가지도 그러하니라"(롬 11:16).

2. 관계

평원 가운데 서 있는 풍차처럼, 교회도 "잘 맞도록 함께 짜여져"(엡 2:21) 있어야 한다. 들판에서 풍차가 맡은 바 중압감 아래서 서로 함께 견디며 그 구실을 다하려면, 그의 각 부분이 제자리에 확실하게 고정되어 있어야만 한다. 마찬가지로, 교회도 목회의 어려움 속에서 함께 꾸려나가려면 교인들 상호간의 관계에서 각자의 자리가 공고해 있지 않으면 안된다. 교회는 그 교인들이 "서로 화합하지 않으면" 어려움을 겪는다.

사람들이 교회에 나가는 것은 여러 가지 이유가 있다고 하시만, 그 교회에 계속 나가는 것은 단 한가지 이유, 즉, 관계 때문이다. 사람들이 교회에 나오는 것은 목사님이 좋고, 예배 내용이 우수하고, 어린이를 위한 목회가 멋있고도 신성하고, 또는 기도회가 풍요롭고 선교 활동도 왕성하다는 것 등의 이유가 있는데, 모두가 선하고 숭고하고 필요하다. 그러나 교인들 간에 강한 관계를 이루어 주는 것이 그 교회에 없다면, 사람들은 그 교회에 머무르지 않을 것이다.

관계는 어떤 어려운 일이 닥치더라도 우리를 지탱해 주는 것이다. 우리가 서로를 알고 사랑하면, 우리는 서로 힘을 합하여 강해지면서 큰 일을 이루어 낼 수 있는 것이다. 또한 하나님께서 자기 백성들에게 나누어주신 각자 고유한 재능과 은사를 우리는 더욱 기꺼이 인정하고, 서로 격려하여 하나님의 영광을 위하여 각자의 능력을 발휘할 수 있게 되는 것이다. 우리는 실제로 서로 도와서 그리스도의 몸된 교회에서 우리가 어디에 맞을 것인지를 발견할 수 있게 된다.

예수님은 교회의 머리이다. "그에게서 온 몸이 각 마디를 통하여 도움을 입음으로 연락하고 상합(相合)하여 각 지체의 분량대로 역사하여 그 몸을 자라게 하며 사랑 안에서 스스로 세우느니라"(엡 4:16).

3. 환상(혹은 묵시)

"묵시가 없으면 백성이 방자히 행하거니와"(잠 29:18). "방자히 행한다"은 말은 "모든 제약을 벗어버린다. 사방으로 흩어진다"는 뜻이 있다. 풍차의 날개들이 중심 축에 함께 고정되어 있지 않다고 하면 어떤 일이 벌어질지를 상상해 보라. 그리고 교인들이 무엇에 헌신해야 할지 아무런 비전이 없는 교회에 무슨 일이 일어날지를 생각해 보라. "사방으로 흩어져 날아가 버릴 것"이 아니겠는가?

이와 같이 묵시(비전)는 교회의 핵심이 되는 것이다. 비전이 없으면 일어날 수 없는 일이 너무도 많다. 예를 들어, 아마도 이것이 제일 중요한 것인지도 모르겠지만, 먼저 비전이 없으면 전망이 있을 수 없다. 전망(provision)이란 단어는 "환상(vision)을 향하여"란 뜻이다. 주일마다 헌금이 얼마 안되면 목사들은 고민한다. 이는 비전이 불충분하다는 것이 아닐까? 목사가 비전이 있으면, 사람들은 그것을 보고 분명히 헌신할 것이고, 그러면 전망이 있을 것이다.

교회는 그 공동체내에서 하나님의 뜻을 이룩하기 위해서는 교회의 비전으로 단합해야 한다. 잠언과 솔로몬의 노래에서 우리의 눈(비전)과 말(간증)이 우리의 상황에 합당하면 은쟁반에 금사과와 같다고 했다(잠 25:11; 아 5:12). 우리가 서로 우정으로 잘 맞게 짜여져 있으면, 우리의 비전과 증언에서도 서로 화합되어, "한 마음과 한 입으로 하나님 곧 우리 주 예수 그리스도의 아버지께 영광을 돌리게"(롬 15:6) 될 것이다.

4. 교인들

풍차의 날개는 교회가 효과를 발휘하기 위해서는 어떠한 교인들이 있어야 하는가를 보여주는 좋은 예이다. 첫째, 이 날개들은 중심에 고정되어 있어 비전에 전적으로 충실하고 있다(빌 1:27-28). 둘째, 이들은 바람에 순응하여 각자가 같은 방향을 향함으로써 이들 위에 작용하는 바람의 힘의 혜택을 완전히 받고 있다(롬 6:13-19).

이러한 교인들을 바라지 않는 목사가 있을까? 교회의 문을 드나들면서도, 비록 그 비전이 분명하고도 숭고하지만, 교회에 헌신하지 않은 사람이 참으로 많다. 그런가 하면, 교회에 헌신한다고 말을 하지만, 결과적으로 자신의 일을 교회의 일보다 우선하는 사람도 있다. 이런 사람들은 사실 상 자신의 일에만 신경을 쓰는 사람들이다.

그리고 또 사람들 중에는 그야말로 완전히 고정되어 있어 아무것도 그들을 움직일 수 없다. "우리는 당신들이 오기 전에 여기 있었고, 또한 당신들이 간 후에도 여기 오래 있을 것이다!" 바람이 불때 날개가 잘못된 방향을 향하고 있으면, 기계장치 전체가 쓸데없는 스트레스를 받게 된다. 풍차는 기능장애를 일으키고 부서질 수도 있다.

비전에 충실히 따르고 성령에 순응하는 교인들이 교회의 선교 활동에 중요한 역할을 하다.

5. 리더십

풍차에서 두드러진 장치는 방향타이다. 이는 다른 장치들과는 달리 유난히 눈에 띤다. 리더십이란 그와 마찬가지이다. 그런데 주의할 것은, 방향타의 목적은 바람이 부는 방향을 분간하여, 바람의 힘을 최대한으로 받기 위해서 가장 적당한 위치로 풍차의 상부구조를 돌리기 위한 것이다. 방향타는 자신을 날개들을 돕는 봉사하는 위치에 놓음으로서 이러한 임무를 달성하는 것이다. "너희 중에 누구든지 크고자 하는 자는 너희를 섬기는 자가 되라"고 예수님은 그의 제자들에게 말씀하셨다(마 20:26).

물론, 또 다른 관점으로서, 방향타는 날개들을 적당한 위치로 돌리기 위하여 지도자가 어떻게 "위험을 돌보지 않고 각오를 해야" 하는지를 예시하는 것이라고도 할 수 있다. 필자는 나처럼 목회를 하시는 형제분들을 대신해서 한가지 호소를 할까 한다. 두 성경구절을 드릴 테니 잘 음미해 보시라는 것이다.

"잘 다스리는 장로들을 배나 존경할 자로 알되 말씀과 가르침에 수고하는 이들을 더할 것이니라"(딤전 5:17) 그리고, "너희를 인도하는 자들에게 순종하고 복종하라 저희는 너희 영혼을 위하여 경성(警醒)하기를 자기가 회계(會計)할 자인 것같이 하느니라 저희로 하여금 즐거움으로 이것을 하게 하고 근심으로 하게 말라 너희에게 유익이 없느니라"(히 13:17).

노력한 만큼 대가를 받지 못하는 나의 동료 목사들에게 나는 다음과 같은 생각을 해 보라고 한다. "하나님이 불의치 아니 하사 너희 행위와 그의 이름을 위하여 나타낸 사랑으로 이미 성도를 섬긴 것과 이제도 섬기는 것을 잊어버리지 아니하시느니라"(히 6:10). 형제여 계속 노력하시라, 바람이 곧 불어 올 것이니!

리더십은 교회의 선교사업에 아주 중요하다. 풍차에 방향타가 없으면 어떤 일이 벌어질는지 상상해 보았나요? 그러면 이 어리석은 물건은 빙글빙글 돌기만 하다가는 마침내는 해체되고 말 것이다. 마찬가지로, 리더십의 재능과 소명을 가진 사람이 없이 사람들이 무슨 일을 하려고 하면 이와 같은 일이 벌어질 것이다. 지도자는 일어서서 방향을 제시해야 하고 사람들은 그를 따라야 할 것이다.

6. 동기

우리가 평원에서 풍차가 돌아가고 있는 것을 보노라면 항상 한가지 의문, 즉, "저게 무슨 일을 하고 있지?" 하는 의문이 떠오른다. 그것이 단지 소들을 즐겁게 해 주려고 있는 것은 분명 아니다. 그것이 거기 있는 목적이 분명 있을 것이다. 그 기계 장치의 중심에 위치한 곳에서 해답을 찾을 것이다. 발전기가 전기를 생산하고, 펌프가 물을 빨아올린다. 빛과 생명—바로 이것이 풍차란 기계장치가 있는 동기이다.

교회가 세상의 평원 속에 외로이 서 있으면서 같은 일을 한다는 것이 참으로 교묘한 우연의 일치이다! 우리는 어둠 속에 있는 사람들에게 예수님의 빛을 가져다주며, 그리고 범죄와 죄 가운데 죽어 있는 사람들에게 예수님의 생명을 가져다주기 위해 존재하는 것이다.

예수님께서는 말씀하셨다. "이같이 너희 빛을 사람 앞에 비취게 하여 저희로 너희 착한 행실을 보고 하늘에 계신 너희 아버지께 영광을 돌리게 하라"(마 5:16). 하나님께서 그리스도 안에 계시사 세상을 자기와 화목하게 하시며, 우리에게 화목하게 하는 직책을 주신 것이라고 사도 바울은 말했다(고후 5:17-21). 따라서 우리는 희망이 없는 사람들에게 희망의 등불로서, 그리고 생명이 없는 사람들에게 생명의 탑으로서 서 있는 것이다.

이것이 우리가 하고 있는 모든 일의 핵심이 되어야 한다. 이것이 교회에게 그 사명을 주시는 동기이며, 물론 모두가 하나님의 영광을 위한 것이다. 이런 맥락에서, 독자 여러분, 필자는 여기서 이 책의 핵심이 되는 것을 여러분에게 제의할까 한다. 예수 그리스도를 믿는 믿음을 통해서 하나님과 화목하시도록 여러분에게 권고함에 있어서 내가 하나님과 함께 일하고 있다고 감히 말하고 싶다.

확실히 지금쯤은 성령이 여러분의 마음을 실질적인 하나님의 사랑과 신실하심으로 사로잡았으리라 생각한다. 하나님께서 여러분과 같은 남자와 여자들에게 자신을 드러내 보이셨다는 수많은 시대에 걸쳐 전해 내려온 이야기들은 지금쯤은 당신의 가슴 속 깊은 곳에 감동을 주어서, 하나님께서 당신에게도 자신을 드러내 보이시기를 간절히 바라시는가?

이것이 진리임을 아시라—하나님께서는 당신을 훨씬 더 간절히 바라고 계시다는 것을! 만약 여러분이 자기 자신을 믿는 것으로부터 방향을 바꾸어, 여러분의 생명의 관리를 우리의 주님이신 예수 그리스도에게 맡긴다면, 성령이 정결케하는 예수님의 보혈의 권능으로 여러분의 영혼을 충만하게 하실 것이다. 여러분들의 죄는 용서받을 그인가, 여러분은 하나님의 가족으로 다시 태어나게 될 것이다. 악몽은 가시고, 예수님이야말로 여러분의 꿈이 이루어진 것이 될 것이다!

이렇게 기도하자. "사랑의 하나님, 나는 죄인입니다. 바로 이것이 나의 모든 고민의 핵심입니다. 아무리 선하려고 최선의 노력을 다해보지만 부족하기만 합니다. 아무리 더욱 착해지기를 원해도, 나의 마음을 변화시킬 수 없습니다. 오직 당신만이 할 수 있나이다. 나의 모든 죄를 용서하시고, 모든 죄악으로부터 나를 정결하게 씻어 주시옵소서. 오 하나님, 나의 마음을 변화시켜 주셔서, 나를 당신이 원하는 사람으로 만들어 주시옵소서. 예수 그리스도가 주님이심을 고백하며, 그 분만을 나의 구세주로 받아들이옵니다. 성령님, 나를 충만하게 채워 주시고, 나에게 권능을 주셔서 하나님의 영광을 위해서 그리고 나의 동료 인간의 선을 위해서 살 수 있게 하시옵소서. 아멘."

온 정성을 다하여 이렇게 기도했으면, 이제는 당신이 헌신할 수 있는 교회를 보여달라고 하나님께 간구하라. 목사님에게 가서 이렇게 말하라. "나는 날개입니다. 나를 중심에 고정시켜 주시고, 바르게 돌려서, 예수님을 위해서 돌도록 합시다!"

7. 지혜

상부구조의 움직임을 발전기에 연결시키는 전력추진축은 극히 중요하다. 이것은 모든 활동을 동적으로 이용하여 가장 효과적으로 적용하는 수단이다. 이 전력추진축이 없으면 풍차는 소란만 피웠지 아무 일도 해내지 못할 것이다.

마찬가지로, 교회는 기품 있는 남자와 여자들이 제공하는 신성한 지혜가 있어야만 한다. 이 지혜는 동적인 교인들의 힘의 추진력이다. 이들을 당회, 제직회, 노회, 이사회, 자문회 등 무어라고 부르던지 간에, 이들은 지도자들과 함께 일하면서, 교회가 그 비전을 성취하기 위한 일을 실제로 하고 있는지를 보아야 한다.

성경은 비전이 없으면 사람들이 방만해진다고 했을 뿐 아니라, "도략(韜略)이 없으면 백성이 망한다"(잠 11:14)고 했다. 많은 교회들이 하나님께서 주신 지혜가 없어서 파멸에 이르렀다. 잠재력은 컸지만 이를 실용적인 목적에 동력으로 이용하질 못했던 것이다. 아마도 실용적인 것보다 카리스마적인 것을 지나치게 중요시했는지도 모른다. 이 두 가지가 균형을 이루어서 실행되어야 한다는 것을 깨닫지 못한 것인지도 모른다.

한편, 어떤 지역에서는 그 반대쪽의 극단으로 흐른 교회도 있다. 이는 비유컨대 사람들이 동력 추진을 위해서만 풍차를 지어 놓고, 바람이 불어도 풍차를 돌아가게 할 날개가 전연 없는 것같이 보인다. 이것도 마찬가지로 잘못된 것이다.

교회가 하나님으로부터 받은 사명을 성취하는데 효과적이 되려면, 성실한 성경 공부와 실용적인 지도와 더불어, 성령의 권능 가운데서 움직이는 교인들이 있어야 하는 것이다.

8. 바람

바람이 불지 않으면 모두가 허사란 것은 말할 필요도 없다. 농부가 자기 헛간 안에 풍차를 세웠다면 우스운 일일 것이다. 누군가가 그에게 그건 소용없다고 얘기해야 할 것이다! "왜 소용이 없어?" 라고 그는 물을 것이다.

"허어, 참, 헛간 안에서는 바람이 불지 않잖아!"

목사님, 탐색적인 질문을 하나 해 보겠다. 당신의 풍차를 헛간 안에 세우신 건 아닌가? 교인들 위에 불어야 할 성령의 역사를 막고 있는 구조물 안에 붙잡혀 있는 것은 아닌가? 건조더미 위에 서서 당신의 설교로 풍차 날개를 불어서 돌리려고 애쓰느라 지쳐있는 것 은 아닌가?

내가 충고하고 싶은 것은 문들을 다 활짝 열어 노라는 것이다. 성령님께서 들어 오시도록 하라. 그러면 성령이 교인들을 너무 빨리 돌리기 때문에 목사님이 따라가지 못할 정도일 것이다. "홀연히 하늘로부터 급하고 강한 바람 같은 소리가 있어 저희 앉은 온 집에 가득하며"(행 2:2). 그들은 더 이상 앉아 있지 않았다.

하나님의 권능은 이 교회를 성전 밖으로 나오게 하여 거리로 내보내고, 그 결과 수많은 영혼의 집결지가 될 것이다. 이런 일은 한 두 번이 아니라 여러 번 일어났다. 이런 일이, 오늘, 바로 목사님의 교회에서도 일어나는 것이 하나님의 뜻이다. 예수님이 니고데모에게 말했다. "바람이 임의로 불매 저가 그 소리를 들어도 어디서 오며 어디로 가는지 알지 못하나니 성령으로 난 사람은 다 이러하니라"(요 3:8). 하나님은 다음에 누구에게 하늘로부터 생명을 주실 지 우리는 모르는 것이다.

하나님의 바람이여, 오셔서 불어 주소서!

9. 결과

최종적으로 분석하면, 풍차는 어떤 가치 있는 일을 성취해야만 한다. 그렇지 않으면, 귀중한 부동산을 점령하고 있는 쓸모 없는 구경거리밖에 되지 못한다. 풍차(교회)가 과거의 유물처럼 서 있어서, 미래 세대가 감상하는 박물관의 전시물 이외의 아무런 가치 있는 목적에 부합하지 못한다면, 허물어서 그러한 목적으로 사용되도록 제쳐두어야 할 것이다.

어린이들이 그 옆을 걸어가면서 선생님이 이렇게 말하는 것을 들을 것이다. "애들아, 이것이 우리 나라의 초창기에는 주민들에게 힘과 물을 줌으로서 많은 도움이 되었단다. 그러나 오늘날에는 이런 옛 유물은 더 이상 필요가 없단다. 지금 우리는 훨씬 더 좋은 것을 갖게 됐단다."

필자는 이 글을 쓰면서, 여행 안내자가 딸린 관광객들이 얼마나 많이 목사님의 풍차 옆을 지나갔을까 하는 생각을 해 본다. 목사님 동네 사람들이 목사님의 교회를 하나의 유물, 구식 방식에 대한 하나의 추억거리로 생각하는 것은 아닌가? 아니면, 사람들이 가까이 갈 때마다 하나님의 사랑을 느끼는가? 사람들이 풍차의 날개들이 박자를 맞추어 일제히 제창하며 윙윙 돌아가는 소리를 듣고, 하나님의 영광의 빛이 목사님의 수고로 말미암아 빛나고 있음을 보는가?(마 5:13-16). 생명수에 목이 마른 자가 들어올 때 그 물을 마실 수 있는가?(사 55:1-2; 요 7:37-39; 계 22:17).

개요

이상의 아홉 개의 요소는 없어서는 안되는 것으로서, 그 하나라도 없으면 교회는 제구실을 할 수 없다. 사랑이 빠지면, 구조 전체가 허물어진다. 관계가 빠지면, 교인들이 하나님의 방문 기회를 놓치게 된다. 비전이 빠지면, 모두가 제각각 사방으로 흩어지고 만다. 마음을 바치고 순종하는 교인들이 없으면 교회 안에는 아무런 움직임이 없다. 리더십이 없으면 교인들은 한 곳에서 뱅뱅 돌기만 한다. 동기가 없으면 지역사회에 대한 봉사활동이 없다. 지혜가 없으면, 카리스마적(은사) 활동의 실용적 마무리가 없다.

바람이 없으면, 아무 일도 일어나지 않는다. 모두가 그저 가만히 앉아서 녹슬고 있다. 결과가 없으면, 아무도 자신의 삶의 영역에 교회의 사역을 활용하지 않을 것이다.

약간의 조립이 필요하다

목사들을 위한 집회에서 위의 풍차의 내용을 강의한 후, 필자는 질의·응답 시간을 가졌다. 일이 잘 진행되어 가는데, 한 사람이 말했다. "기도는 어떻게 되는 겁니까? 풍차에는 기도가 언급되어 있지 않군요. 기도가 교회에서는 핵심적인 요소라고 생각하지 않습니까?" 그는 내가 얼마나 기도를 중요시하는 가를 인식하지 못하고 있었다. 왜냐하면 바로 그 때 나는 열심히 기도하기 시작했기 때문이다.

이 위대한 가르침을 간단히 실행에 옮겨 보려고 하던 바로 그 순간에, 성령이 나에게 말했다. "이것은 네가 기도하고 있던 중에 너에게 계시된 것이니라. 그리고 바로 기도만이 이것을 조립할 수 있는 것이니라!"

그러니 이렇게 하는 것이 좋지 않을까요? 기도 안에서 주님 앞으로 나가서, 당신의 교회에서 빠진 것이 무엇이냐고 여쭈어 보라. 일단 필요한 부분을 분별해냈으면, 이 문제를 교인들 앞에 제시하고, 이 문제를 위해 "끝까지 기도하라." 풍차가 세워져서 가동될 때까지 각 부분을 위해 기도로 당신의 교회를 이끌어 가도록 하라. 그런 다음, 당신이 하나님의 생명을 어둡고 죽어 가는 세계에 가져다줌에 따라 빛이 비치도록 하라!

비유의 명수

예수님은 비유의 명수이시다. 예수님은 아무 것이나 예로 들어 그것을 하늘나라에 대한 교훈으로 바꾸어 놓는다. 주님께서 나에게 이렇게 풍차를 비유해서 설명해 주신 후에는, 나는 풍차를 다시는 그전과 같은 눈으로는 볼 수 없었다. 풍차를 볼 때마다 나는 예수님과 교회를 생각한다. 내가 본 환상을 이렇게 서술한 것을 읽은 독자도 분명히 그럴 것이다. 바로 이것이 주님의 비유의 힘이다.

예수님이 지상에 살아 계실 때 예수님은 비유로 사람들을 가르치셨다. 흔히 그의 제자들이 후에 이렇게 묻곤 했다. "그게 도대체 무슨 뜻입니까?" 그러면 주님은 그들에게 비유를 설명해 주시는 것이었다. 마가는 우리에게 말한다. "비유가 아니면 말씀하지 아니하시고 다만 혼자 계실 때에 그 제자들에게 모든 것을 해석하시더라"(마 4:34).

예수님께서 오늘날도 그렇게 하고 계신다는 것을 아는가? 지금은 갈릴리 해안을 걸어가시면서 비유들을 말씀하시는 대신에, 꿈과 환상을 통해서 우리의 마음속에서 우리와 대화하시면서, 하나님의 거룩한 말씀의 진리를 설명하는 현대적 비유를 우리에게 들려주시며, 우리의 마음과 삶에 더욱 친근감을 주고 계신 것이다. 그리고 만약 예수님의 제자들처럼 우리도 예수님과 함께 있게 된다면, 예수님은 모든 것을 설명해 주실 것이다!

목사들은 항상 자신의 설교를 알기 쉽게 설명하기 위해서 좋은 이야기를 찾는다. 좋은 이야기를 발견하면 그 교인들에게는 참 다행스러운 일이다! 하나님의 말씀을 설교하는 일이 무미건조하고 지루할 때가 많다. 적절한 비유를 들어 설명하면 그것을 듣는 사람의 삶에 크나큰 영향을 미치는 것이다.

꿈과 환상을 통해서 주님께서 가끔가다 그러한 비유를 자신의 종에게 하사하시니 얼마나 자비롭고 인자하신 분이신가.

늙은 잿빛 노새가 예전 같지 않아

월리 목사는 착한 사람이었다. 그는 자신의 교회를 사랑했고, 교인들의 신앙심을 북돋고, 교인들이 곤경에 처했을 때 그들의 고충을 살피느라 피로한 줄도 모르고 일했다. 아침 일찍 일어나 개인 기도를 드렸고, 교회에 도착해서는 오전 내내 사람을 만나 끝없는 상담을 해 주었다. 점심은 오후 심방을 하러 가는 차 속에서 햄버거 같은 것으로 간단히 때우고, 먼저 병원에 들렸고 다음에는 심신이 부자유하여 집에서 조리하는 사람들을 방문하여 목사의 도움이 필요한 사람들을 위로하곤 했다.

저녁에는, 그는 이사회, 특별 예배, 또는 응급 호출(진짜 비상인 경우는 드물지만)에 응하랴 바쁘게 보냈다. 한밤중에까지 잠자리에 들지 못하는 날도 종종 있었다. 대부분의 경우 그는 "이 모든 것이 하나님의 영광을 위한 것이지."라고 말하면서 계속 일해 나갔다. 그러나 밤늦게 전기 불들이 꺼지고 사방이 조용해지면, 월리 목사는 절망감이 자신을 엄습하는 것을 발견했다. 그는 교회에 대한 사랑을 잃고 있었다. 그는 과로에 지쳐 의욕을 상실한 상태에 있었던 것이다.

어느 날 밤 마라톤 목회를 한 후 아주 피곤한 상태에서, 월리 목사는 꿈을 꾸었다. 꿈속에서 그는 늙은 잿빛 노새가 되어 포장마차에 매어져 있었다. 그는 험한 길을 따라 마차를 힘들여 끌고 갔다. 마침내, 그는 길의 한 곳에 도달했는데 그 곳은 진흙탕이 너무도 깊어 아무리 마차를 움직이려고 해도 꼼짝도 하지 않았다.

그는 전혀 움직이지 않는 것이 좀 이상하다고 생각했다. 왜냐하면 마지막으로 보았을 때 교인들 모두가 마차 뒤에서 마차를 밀고 있었기 때문이었다. 더 이상 갈 수 없게 되자, 그는 뒤가 어떻게 되었는지를 알려고 뒤를 돌아다 봤다. 교인들 모두가 밀기를 그치고 포장마차에 타고서, 목사가 빨리 움직이지 못한다고 비난만 하고 있는 것이었다. 꿈은 거기서 끝나고 월리 목사는 잠에서 깨었다.

꿈은 흔히 그 꿈을 꾸는 사람의 일이나 직업, 취미나 목표, 그가 살고 있는 정치적, 사회적, 환경적 처지에 대한 집착이나 걱정을 보여주는 수가 많다. 그러니까 목사가 자기는 마차를 끌고 있는데 타고 있는 사람들은 불평만 한다는 꿈을 꿀 수 있다는 것은 쉽게 납득이 갈 수 있다. 많은 목사들이 도처에서 이런 딜레마에 빠져 있는 것이 보통이다.

월리 목사의 꿈은 끝이 없이 계속되는 일에서 오는 스트레스에서 기인한 것일 가능성이 많다. 그렇지만, 그렇다고 해서 꿈의 영향이 축소되는 것은 아니다. 그 반대로, 그것이 바로 하나의 꿈이었기 때문에, 그 목사가 자기의 뜻을 전달하기 위해서 단순히 이야기를 만들어냈을 때보다 그 메시지는 더욱 큰 효과를 발휘할 수 있을 것이다.

그는 주님께서 그에게 문제점을 꿈을 통해서 보여준 것이라고 생각하기 때문에, 그 자신은 더욱 확고한 신념으로 교인들 앞에 서서 진실을 말해 줄 수 있는 것이다. 그리고, 만약 그 꿈이 정말로 주님으로부터 온 것이라면, 목사가 하나님께서 그에게 꿈을 통하여 제공한 비유를 사용할 때 교인들은 성령의 확신을 느끼게 될 것이다.

월리 목사는 잠들었고, 하나님은 그에게 꿈속에서 힌트를 주었고, 그래서 이 힌트는 그의 문제를 푸는데 도움이 된 것이다.

새로운 직책

월리 목사는 꿈에서 깨어 주님에게 지혜를 달라고 기도했다. "어떻게 사람들을 마차에서 내리게 할 수 있나이까?" 그는 물었다. 주님은 그에게 에베소서를 보라고 지시했고, 그래서 윌리 목사는 낯익은 그 구절을 읽었더니 새삼스럽게 그 뜻이 살아나는 것이었다. "그가……목사……로 주셨으니……이는 성도를 온전케 하며 봉사의 일을 하게 하며……"(엡 4:12). 이 구절에서 그는 깨달았다. "나는 내 혼자 모든 일을 해서는 안되는구나. 나와 같이 일하도록 사람들을 무장시켜야(온전케 해야) 한다!"고 윌리 목사는 소리쳤다.

꿈은 그 목적을 달성했다. 그 꿈은 윌리 목사로 하여금 하나님의 말씀으로 인도했고, 그 말씀에서 그는 자신의 딜레마에 대한 해결책을 발견했다. 그는 이 일을 (꿈을 포함하여 자초지종을) 모두 교인들에게 얘기했다. 그리고 하나님께서 그에게 분명히 말씀으로 얘기했기 때문에, 교인들 중에는 비난 대신에 기쁨이 있었다. 그들은 목회에 참여할 수 있게 되어 신바람이 났다. 다시 말하면, 마차에서 내려서 각자 자신의 맡은 바를 하기 시작했다. 그래서 이제는 그 늙은 잿빛의 노새는 옛날과는 달랐다! 교회는 건강하게 되었고, 성장하여 사랑으로 충만했다.

고리타분한 늙은 사제

꿈속에서, 나는 아주 거대하고 당당한 사원밖에 서 있었다. 높이 솟은 그 누벽과 웅대한 아치는 장엄했지만 동시에 헷갈리는 것이었다. 문이 어디 있는지 아무도 몰랐던 것이다! 나의 불굴의 의지가 아니었더라면, 나는 그 안에 결코 들어갈 수 없었을 것이었다.

일단 사원 안으로 들어가 보니, 나는 더욱 곤혹스럽다는 것을 발견했다. 복도들은 어디로 통하는지 몰랐고, 문을 여니 벽이 되었고, 계단은 천정으로 올라가고 있는 등, 건축이 참으로 이상했다. 사원 안에서 어딘가를 가려면 위쪽으로 가는 기회만 포착해야 된다는 것을 나는 어쩌다가 알게 됐다. 아래쪽으로 가지 말고 항상 위쪽으로 가라.

계단이건 문턱이건 점점 높아지는 것만 따라갔다. 마침내 아주 널찍하고 호화로운 사무실 안으로 들어가게 됐다. 어마어마하고 금을 입힌 책상 뒤에는 고리타분하게 생긴 늙은 사제가 앉아 있었다. 그의 얼굴은 말린 자두처럼 쭈글쭈글했다. 그는 나를 쳐다보고는 내가 그를 빤히 보고 있는 것을 보고 퉁명스럽게 말했다. "어쩐 일로 왔어요?"

나는 이상하게도 대담해져서 그의 손을 잡으며 대답했다. "나를 따라오시오." 그는 의자에서 일어났고, 나는 그를 일층으로 데리고 내려가기 시작했다. 계단을 내려감에 따라 그 늙은 사제는 젊어지기 시작했다. 아래로 내려가면 갈수록 그는 더욱 젊어졌고 생기가 나기 시작했다. 그는 휘파람을 불기 시작하더니, 마침내는 예수님에 대한 그의 사랑을 큰 소리로 노래하기 시작했다.

일층에 도착하자 한 목소리가 이렇게 말하는 것이 들렸다. "행복의 비밀은 종의 신분에 있다. 당신이 겸손해져서 당신의 첫사랑으로 되돌아 와서 주 예수님을 기쁨으로 섬김으로써 당신의 젊음은 독수리처럼 새로워지리라." 꿈은 거기서 끝났다.

맨 아래층의 기독교

아무도 들어가는 길을 찾을 수 없는 교회, 일단 안으로 들어가도 혼란스럽게 하는 복도들, 위쪽으로만 올라가야 어딘가에 도달하는 것, 주님을 모르고 있는 사람보다도 더 비참한데도 사치에 빠져 있는 상황—이 꿈은 별도의 해석이 필요 없을 정도로 자명하다. 주님께서는 꼭대기에 있는 지도자들을 맨 아래층의 기독교로 내려오라고 부르고 계신 것이다. 행복의 비밀은 섬김에 있다.

이 꿈을 꾼 지 일주일이 안되어 나는 전국적으로 유명한 주요 교파의 한 지도자를 만났다. 우리가 함께 있는 동안 나는 그 꿈이 생각나서 그것을 그에게 얘기하고 싶은 충동을 강하게 느꼈다. 그는 공손한 태도로 다 들은 후에 대답했다. "당신은 내 얘기를 하고 있군요. 저는 바로 그 고리타분한 늙은 사제와 같았는데, 주님께서 저의 첫사랑으로 돌아오라고 저에게 이르셨습니다." 첫사랑이 구체적으로 무엇이냐고 물어보니까, 그는 대답했다. "다른 사람을 섬김으로써 주님을 섬기는 것—그것이 제가 목회를 시작한 초창기에 가장 사랑했던 것입니다."

친구여, 그렇게 하시라!

악마의 모자

어느 날 밤 나는 꿈속에서 아주 매력적인 여자가 내 앞에 서서 나를 유혹하면서 껴안으려 했다. 나는 그녀의 아름다움에 매료되어 결국 그 여자의 유혹에 빠져들고 말 것이란 생각에 고민했다. 그러나 어찌어찌 해서 그녀의 유혹을 이겨내고는, 성난 어조로 말했다. "안돼, 난 당신한테 가질 않을 거야!"

내가 이런 말을 하는 순간 그 여인은 문자 그대로 내 눈앞에서 사라졌다. 그 여인이 있던 자리에는 악마 자신이 서 있었다. 그는 할리우드 영화에서 잘 나오는 말쑥하고 멋있는 신사 같은 모양으로서 반짝거리는 눈을 갖고 있었다. 그는 나를 가장 멸시한다는 눈초리로 바라보고는 나에게 멸시에 찬 조소를 보내고 몸을 획 돌려서 떠나가 버렸다.

나는 그가 떠나서 기뻤다. 그가 떠날 때 그는 마루에 있는 층계로 내려가는 것 같았는데 거기에는 계단이 없었다. 그는 그저 마루를 뚫고 사라졌다. 그러나 그가 가버린 후 그의 모자가 남아 있었다. "원, 저런. 모자를 가지러 또 올 것 아닌가!" 이런 생각을 하는데 잠이 깼다.

솔로몬의 잠언은 유혹적인 여자의 포옹에 빠져드는 위험에 대해서 가르쳐 주고 있다. 이것이 물론 말 그대로의 의미를 갖고 있지만, 보다 넓은 의미로도 적용될 수 있다. 이 "여자"는 우리를 하나님에 대한 신앙으로부터 떼어내려고 유혹하는 세계이다. 잠언에는 두 여인, 창부와 정숙한 여자를 대조시키고 있다. 이 두 여자는 각각 세상과 교회를 상징한다.

나의 꿈속에서 주님은 나에게 속세의 유혹이 하나님의 종에게 얼마나 강한 것인가를 보여 주고 있는 것이다. 화장한 그녀의 매력에 나도 굴복할 뻔했다면, 성령이 없는 사람들에게는 그것이 얼마나 강하게 작용할 것이겠는가! "안돼! 하고 말하니까 나는 악마의 멸시를 불러 일으킨 것이다.

마루 위에 남은 모자에 대한 얘기를 하자. 그 장면을 골똘히 생각하고 있자, 성령이 말했다. "악마의 모자가 마루 위에 있는 것은 네가 거절했기 때문이다. 악마는 네가 그 모자를 쓰기를 바란다. 그럼으로써 네가 그의 사고 방식을 따르도록 하려는 것이다. 악마에게 결코 "네" 라고 하지 말아라. 악마의 모자를 마루 위에, 너의 발 밑에 그냥 놔두어라."

열광적인 반응

우리의 생활과 교회에서 사탄이 하나님의 역사를 방해하려고 취하는 여러 가지 방법을 설명함으로서 교인들에게 나의 메시지를 전했다. 설교가 끝날 무렵 위에서 말한 꿈을 얘기하고 물어 보았다. "교인들 중에 악마로 하여금 그 모자를 자기 머리에 씌우도록 할 분이 계십니까?"

물론 모두가 "아니오!"하고 큰소리로 말했다. 나는 약간 장난하고 싶은 심정이 되어서, "그런데 오늘 그 모자를 여기 갖고 나와 보았습니다," 라고 말하면서 교단 아래서 모자 하나를 꺼냈다. 사람들은 이에 응하여, "으악! 쉿! 사탄아 뒤로 물러가라!" (그 광경은 교회로서는 너무도 엄숙한 순간 중의 하나였다!)

나는 말했다. "이 모자에 대해서는 딱 한가지 일 밖에 할 것이 없는데, 그것은 밟아버리는 것입니다." 나는 그 모자를 강단 앞마루 위에 던지고는 말했다. "여러분이 살아가시는 삶의 현장에서 악마가 그 모자를 여러분의 머리 위에 씌우려고 한 적이 있다는 느낌이 드신다면, 오늘 여러분을 초대합니다. 일어나서 이 앞으로 나오셔서 저 악마의 모자를 짓밟으십시오!"

오랜 세월 목회 활동을 해오고 있는 나로서는 교인들로부터 그렇게 폭발적인 반응을 목격해 본 적이 없었다. 그들은 벌떡 일어나더니 문자 그대로 복도를 따라 우르르 달려 나왔다. 수백 명이 앞으로 밀치고 나와서 순번을 기다렸다가 악마의 모자를 밟았다. 그들이 밟기를 끝마쳤을 때는 모자는 열다섯 조각으로 갈기갈기 찢겨져 있었으며, 사람들은 정신적으로 온전했다!

당신의 비전은 무엇인가?

꿈속에서 나는 글자 Y가 내 앞에 매달려 있는 것을 보았다. 내가 보고 있노라니까, 그것은 여러분이 어렸을 적에 갖고 놀았을 고무새총과 같은 모양이었다. 그러자, 한 남자가 손으로 그 새총 모양의 밑동을 꼭 잡았는데, 주먹을 쥔 위에 그 모양이 V자 형태로 되었다. 그는 단단한 돌을 새총의 가죽주머니에 넣어서 두 고무줄을 뒤로 잡아당겨 뺨에 대고는 한 손을 그의 앞에 똑바로 뻗어서 새총을 쏠 자세를 취했다.

꿈속에서 나는 그 사람의 뒤에서 어깨 너머로 바라보고 있었다. 그가 새총을 쏘아 돌을 발사하자 돌은 방을 가로질러 화살처럼 똑바로 날아가더니 목표물을 너무도 강하게 맞추어 방 전체가 흔들릴 정도였다. 그러자 아주 희한한 일이 벌어졌다.

또 한 사람이 들어오더니 그 새총을 첫 번째 사람에게서 빼앗았다. 그는 새총을 이리저리 보더니 멸시하듯이 말했다. "아냐, 아냐, 아냐! 이건 모두 잘못되었어. 이건 너무 커!" 그리고는 그는 V자 모양의 새총을 찌그려 뜨려 작게 하여 아주 작은 틈새만 남게 했다. "이러면 훨씬 낫겠다," 라고 말하면서 그것을 쏠 채비를 했다. 그러나, 그는 그것을 너무나 작게 줄여서 어떤 돌도 작은 틈새를 통과할 수 없었다.

그는 몇 번 시도해 봤지만 안되니까 좌절하고 당황했다. 그것을 그전대로 되돌려 놓지 않고 두 번째 사람은 그 새총을 바닥에 던져 버리더니 방밖으로 발을 구르며 나가 버렸다. 그러자 세 번째 사람이 나타났다. 그는 어둑한 그림자 같은 모양을 하고 있었다. 새총을 주어 들더니, "이건 이렇게 해야 되," 하면서 그 새총의 틈새를 완전히 없애 버렸다. 그러니까 처음에는 Y자 같은 모양이 이제는 I자 모양으로 되었다.

꿈은 거기서 끝나고 나는 깨었다.

예수님에게 "예" 하라

성령은 나에게 말했다. "Y"은 "예"(yes)를 의미한다. 사람이 예수님에게 "네" 하면 주님은 그의 생명을 그의 힘찬 손으로 잡고 그 사람에게 환상, 즉 비전(vision)을 주신다. "V"자는 비전(vision)을 의미한다. 그리고서, 주님은 그의 단단한 말씀의 돌을 그 사람의 가슴속에 두고서, 그 사람을 끌어 당겨 주님의 얼굴을 보도록 하시고,

그리고 그의 일생의 사명을 감당하도록 파송하신다.

"네가 꿈에서 보았다시피, 그리스도로 인해 파송을 받은 사람은 어려움 가운데서도 믿음에 충실할 것이다. 그런 사람을 끝까지 견디어 낼 것이며, 그런 사람의 삶은 지속적인 영향을 미칠 것이다.

"그러나 다음에 나타나서 주님의 손으로부터 새총을 빼앗은 사람은 자신의 삶의 방식이 하나님의 삶의 방식보다 더 좋다고 생각하는 사람을 의미한다. 네가 보았다시피, 그러한 사람이 자력으로 갖고 있는 비전은 보잘 것 없고 효력이 없는 것이다. 그 사람은 자신을 아주 작고 무의미한 제한된 스케일로 축소시켜 버렸기 때문에, 마침내는 아무런 가치가 없는 헛된 삶을 보내고 말았다.

"어둑한 그림자 같은 사람은 악마이다. 그는 참회하지 않는 사람의 버려진 삶을 주워서 꼭 조여서 I자로 만들어 버렸다. 이는 비전이 너무나 작으면 자기 자신에만 초점을 맞춘 사람이 되고 만다는 것을 보여주고 있다."

하나님의 영광의 황금 구름

필자는 하늘 높이 아주 높은 곳에서 북아메리카를 내려다보는 꿈을 꾸었는데, 너무나 높이 올라가 있어서 사실상 북미대륙 전체를 다 볼 수 있었다. 기상도에서 볼 수 있는 것처럼, 고기압 전선이 북태평양에서 미국 쪽으로 움직이고 있었다. 그 거대한 전선이 천천히 미국으로 다가옴에 따라 그 구름이 황금색이고 찬란한 빛을 발하고 있음으로 나는 거기에서 눈을 떼지 못하고 있었다. 나는 하나님의 영광이 현시되고 있는 모습을 보고 있구나 생각하며 그것이 미국 위로 가까이 옴에 따라 경외로움을 느꼈다.

그 구름이 미국의 서북 단에 닿자 하나의 단어가 미국 전역을 가로질러 쓰여졌다. 그 글자는 "낙태"(Abortion)였다. 그 글자는 재

(灰)로 말들어져 있었으며, 마치 유골단지를 땅 위에 쏟아 부어서 만든 것 같았다. 다가오는 하나님의 영광의 구름이 더 이상 진행되지 않고 떨면서 멈추어 버리자, 나는 공포에 찬 고뇌의 마음으로 바라보았다. 영광이 더 이상 나타나지 않음을 깨달았다.

나는 고뇌의 심정으로 부르짖었다. "안됩니다! 돌아가지 마시옵소서, 오 하나님, 긍휼히 여겨주시옵소서! 우리 나라가 낙태주의자의 나라라는 것은 사실입니다! 우리는 우리 어린이를 낙태했을 뿐만이 아니라, 우리의 신앙, 우리의 사랑, 우리의 명예, 우리의 용기, 우리의 비전(환상), 그리고 우리의 유산까지도 버렸습니다. 오 주님, 우리를 제지시켜주옵소서, 주시겠다는 당신의 영광을 우리가 소멸시키지 않도록 인도하여 주옵소서! 오셔서 우리의 땅을 깨끗이 씻어 주시고, 우리들을 용서해 주시며, 우리 나라를 치유해 주시옵소서!"

꿈은 계속되었다. 미국 한복판의 땅에서 한 남자의 손이 올라오더니 미국 땅을 가로질러 영광의 구름 쪽으로 뻗치는 것을 나는 하늘에서 보았다. 그 손은 그 구름을 꼭 잡더니 미국의 한 가운데로 끌고 갔다. 그 순간, 황금빛이 온 나라에 가득했고 대각성이 전 대륙을 휩쓸었다. 꿈은 거기서 끝났고 나는 잠에서 깼다.

이 꿈의 영상이 오늘날까지도 내 가슴속에 생생하다. 스펄전의 말을 빌려, 이것이 단순히 "과열된 뇌에서 나오는 김"에 불과하다면, 용서하시라. 그러나, 그것이 만약 하늘로부터의 약속이라면 어떻게 되는가? 주님께서 정말로 미국을 성령으로 휩쓸어 우리를 용서하시고, 씻어 주시고, 치유해 주시고, 그리고 우리 땅을 그의 영광으로 충만 시켜 주신다면, 어떻게 되는 것인가?

약속 수호자들(Promise Keepers) 운동이 하나님의 임재하시는 순간을 포착하려고 땅으로부터 올라온 "사람의 손"일 수도 있지 않겠는가? 그럴 수도 있을 것 같았다. 이 운동은 분명히 하나님 앞에 참회하고, 서로 화해하며, 깨뜨린 약속을 다시 지키려고 하는 사람들의 거국적인 움직임을 반영하고 있다. 이 운동은 여러 해에 걸쳐 기도와 신실함으로 노력해왔던 많은 목회자들과 함께 힘을 합치면, 그 결과 하나님의 영광이 미국 전역과 전세계를 휩쓸게 될 수 있을 것이다!

이 양반아, 실제적이 됩시다!

"이 이야기는 우주선 엔터프라이즈 호의 우주여행 이야기입니다," 라고 인기 있는 텔레비전 프로는 시작하고 있는데, 물론 이는 하나의 공상적인 영화라는 것을 우리 모두는 다 알고 있다. 때때로 몽상가는 일반 사람들에게는 외계에서 온 사람처럼 보일 수도 있다. 사람들의 얼굴 표정에서 판단할 때, 나는 꿈을 증언하는 이야기를 이와 비슷하게 "이는 몽상가(꿈꾸는 자) 제임스 라일 목사의 우주여행 이야기입니다"라고 전제하고 말을 시작해야 할 때가 종종 있었다. 그렇다고 해서 내가 말하고 있는 내용이 꾸며낸 이야기라는 것은 아니다. 내가 얘기하는 꿈과 환상이 비현실적인 것(fantastic)이긴 하지만, 판타지(공상적 이야기)는 아니다.

필자가 중요시하는 것은, 사람들이 꿈(내가 얘기했던 것 같은 꿈) 이야기를 읽고, 처음에는 이것이 정말 진짜일까 하고 생각하다가, 다음에는 만일 그렇다고 하면 왜 자기들에게는 그런 꿈이 나타나지 않느냐는 것이다. 여러분이 생각하기보다는 더 많이 그러한 꿈이 있다는 것을 나는 믿고 있다.

실제적이 됩시다.

제 10 장

실제적이 됩시다

그 열성 있는 학생은 기회가 오면 제일 앞줄에 서기 위하여 학습장에 일찍 도착했다. 그는 단지 여동생에게 잘 해주려고 몇 달 전에 참가 신청을 했었지만, 훈련이 진행되는 동안 그 자신이 열광적으로 감염되어버렸다. 아, 아직 말 안했군요. 오늘이 바로 그들이 비행기에서 뛰어내릴 바로 그날이었다는 것을 말하지 안했군요. 그는 야심 있는 낙하산 강하 선수였다.

그 수업의 몇 주 동안 그들은 낙하산, FAA 규정 안내서, 고도계, 플랩, 보조 날개, 강하 지역, 케이블, 립코드(낙하산의 펼치는 줄), 그리고 안전에 대하여 이야기했다. 언제나 이야기는 안전문제로 귀착되었다. 어떤 특별한 날에도 수업 주제가 어떤 것이든, 언제나 안전성에 대한 활기찬 이야기로 토론을 마무리하곤 했다. 교사는 종종 "여러분이 첫 인상을 경험하기 위한 두 번째의 기회란 결코 갖지 못하는 법입니다—이 땅위에서 말입니다!"하고 얘기했다.

몇 달의 준비 기간 후에, 점프의 날이 마침내 왔다. 스티브는 34세였으나, 이 날은 마치도 10세의 소년인 것만 같았다. 그는 다음날 박람회에 갈 기대에 부푼 아이처럼, 밤새 잠 못 이루고 뒤척였다. 그리고 지금 그 순간이 왔다. 몇 분 후면 비행기가 그들을 태울 것이고, 그 다음은 스티브의 몫이다.

우리는 언제 낙하 점프를 하는가?

만약 교사가 단지 낙하 점프에 관해서만 이야기를 하고 실제로 뛰어내리지 않았다면, 스티브가 어떻게 느꼈을까 상상해 보라. 어떤 일이든지 단지 얘기하는 것으로만 만족할 사람은 거의 없다. 우리는 행동의 동물이다. 우리는 그 일을 실행하기를 원한다.

이 책의 대부분은 사람들(나 자신도 포함해서)이 자신의 삶에 중요한 영향을 끼친 꿈을 어떻게 꾸었었는지에 대해 몇 가지 감동적인 사례들을 들면서, 꿈과 환상에 대해서 이야기하는데 할애했다. 우리는 이 주제에 관해 성서적이고 역사적인 관점을 둘 다 조사했으며, 의심할 여지없이 많은 사람들의 마음을 성스러운 상상력의 새로운 차원에까지 이르도록 자극하였으리라. 굉장하다. 이제, 우리는 언제 점프하는가?

"나는 꿈꾸고 싶어요" "내가 어떻게 하면 되나요"라고 얘기하는 사람도 있을 것이다. 사실, 솔직히 말하면, 나는 꿈과 환상에 대해서는 많은 것을 말해 줄 수 있지만, 그러나 꿈꾸는 방법에 대해서는 말 할 수가 없다. 아무도 할 수가 없다. 꿈을 꾸는 경우를 생각해서 꿈꾸는 준비를 하도록 하는 지침 정도만을 해줄 수 있다. 거기에는 공식이 없다(다행한 일이다). 그러나 주님께서 당신에게 꿈을 통해 말씀하시려고 결정하시는 경우에 대비해서 주님을 향해 열린 마음을 갖는 것은 별문제이다.

꿈과 환상을 둘러싼 미스테리에 대해서는 간단한 대답이란 없다. 감리교의 창시자인 존 웨슬리는 "꿈이 무엇인가?"하는 질문을 던졌다. 그런 다음 그는 관찰력 있는 질문을 계속했다.

"누가 이것을 알지 못하겠는가?"하고 말하는 사람도 있을 것이다. 차라리 "누가 아는가?"하고 질문하지 안겠는가? 사실상 꿈보다 더 신비스러운 것이 어디 있는가? 꿈을 꾸어 본 경험이 없는 사람이 누구인가, 수천번 꿈꾸지 않은 사람이 누가 있는가? 그 꿈의 속성을 설명할 수 없는 것은 하늘을 움켜잡을 수 없는 것과 마찬가지이다.[99]

비록 꿈이란 그림자를 좇는 것처럼, 움켜잡기 어려운 것이지만, 그럼에도 불구하고 달리 정의하기 어려운 현상에 대해 어떤 의미의 정의를 내려주는 몇 가지 실제적인 지침들이 있다.

꿈꾸려는 사람들을 위한 여덟 가지 실천 단계들

실제적으로 말하자면, 하나님께서 꿈속에서 당신에게 말씀하시는 것을 대비해서 준비해야 할 몇 가지 일이 있다. 그러나 하나님께서 말씀하실 것이란 보장은 없다. 그것은 궁극적으로 하나님에게 달려 있다. 그럼에도 불구하고, 이런 단계를 따르면, 꿈을 꾸고 안 꾸고는 관계없이 개인적으로 많은 은혜를 받게 될 것이다. 그러므로, 다음과 같은 일들을 해 보자.

1. 당신의 마음을 주님에게 고정시켜라.

하나님께서는 예언자 예레미야에게 말씀하셨다. "네가 만일 돌아오면 내가 너를 다시 이끌어서 내 앞에 세울 것이며 네가 만일 천한 것에서 귀한 것을 취할 것 같으면 너는 내 입 같이 될 것이라"(렘 15:19). 그 목적은 외관상 진기하고 신성해 보이는 것을 위해서만 꿈을 꾸는 것이 아니다. 목표는 예수 그리스도와의 개인적인 관계를 통해 하나님을 알기 위한 것이다. 예수님은 꿈이 실현되는 것이다!

우리가 그분을 알려고 더욱 더 노력할 때, 그 분은 우리의 마음을 새롭게 하시고 우리의 영혼을 회복시키셔서 우리로 하여금 미천한 것으로부터 값진 것을 식별할 수 있도록 인도하신다. 그렇게 되면 이번에는 그분이 우리에게 말씀을 알려 주신 것처럼 그분의 말씀을 말할 수 있도록 우리에게 권능을 주신다.

"여호와의 친밀함이 경외하는 자에게 있음이여 그 언약을 저희에게 보이시리로다"(시 25:14). 이 특권이 은총으로 우리에게 주어진 것은 얼마나 황공한 일인가! 우리는 왕의 궁전 안에 서서 그분이 개인적으로 하시는 말씀을 들을 수 있을 지도 모른다. 예수께서 "내 양들은 내 음성을 안다"(요 10:27)고 하셨다. 그 말씀은 귀기울여 듣고 알아보는 것을 의미한다.

이것은 주님께서 우리에게 말씀하실 때 사용하시는 모든 수단에 다 적용된다―주일 아침 말씀의 설교에서부터 잠 못 이루는 밤에 꿈과 환상을 묵상할 때까지. 만약 우리 마음이 주님에게로 고정되어있으면, 그분이 우리에게 말씀하실 때 우리는 귀를 기울여 들을 수 있고 또 알아듣게 될 것이다.

2. 잘못된 태도를 회개하라.

이것은 우리의 직접적인 주제보다도 더 넓게 적용된다. 그러나 초점을 집중시키기 위해 그 의미를 특히 꿈과 환상의 문제로만 고정시키겠다. 당신이 주님으로부터 꿈을 받기 위해서는, 과거에 꿈같은 것을 경멸하는 태도를 가졌던 것을 우선 회개해야만 한다.

특별히 성경은 주님의 징계하심, 아버지 어머니의 부모로서의 권위, 어린이의 순수성, 그리고 영감을 받은 예언의 신비스러운 경이감을 경멸하면 안된다고 가르치고 있다.[108] 꿈과 환상은 예언의 은사의 경계선 안에 있다. 그래서 꿈과 환상을 경멸해서는 안된다.

바울이 그리스 사람들에게 사용한 "경멸한다"는 말은 "고려할 가치가 없는 것으로 생각하는 것. 주의해서 볼만한 품위가 없다고 생각하는 것. 두 번 생각할 것 없이 무시하는 것"을 의미한다.[101] 이것은 오늘날 꿈과 환상에 관한 많은 복음주의자들 사이에서 보는 일반적인 태도이다. 이러한 태도는 변해야 할 필요가 있다.

꿈과 환상에 반대하는 편견은 주님으로부터 은총을 받는 데에 실재상의 장애물이 될 수도 있다. 니사의 그레고리는 꿈을 "잠속에서 우리에게 일어나는 기이한 난센스"라고 불렀다. 그는 꿈을 꾸는 것은 "혼란스럽고 이치에 맞지 않는 망상들 가운데서 방황하는 것으로 이루어져 있다"고 가르쳤다. 그러나, 그는 성서의 증거와 체험에 의해, 어떤 꿈은 하나님으로부터 온다는 것이 입증되었다는 것을 인정하지 않을 수 없었다.

그는 다음과 같이 썼다. "어떤 사람들은 분명히 하나님과 영교를 가질 자격이 있다고 생각되어진다. 그래서 잠의 상상력이 자연적으로 모든 사람들에게 유사하고 동일한 방식으로 일어나는 반면에, 일부 사람들은, 모두는 아니고, 그들의 꿈을 통하여 더욱 하나님의 현시(顯示)에 참여하는 것이다.[102]

이 책을 읽음으로써, 여러분들이 이전에 생각했던 것보다도 꿈과 환상에 보다 큰 의가 있다는 것을 볼 수 있도록 하는데 도움이 되기를 기대한다. 여러분들은 기도 중에 주님에게 꿈과 환상이 지닌 가치를 인정하지 안했음을 인정하라.

한 농부가 농장을 떠나 과학을 공부하러 대학에 간 아들을 방문하러 갔다. 그가 도착했을 때 아들은 관례적으로 캠퍼스를 구경시켜주었는데, 과학 실험실에도 잠깐 들렀다. "아버지, 이것 좀 보세요"라고 아들이 말했다. 현미경을 들여다보던 아버지는 그의 앞에 놓인 광경에 놀라움으로 숨이 막혔다. "도대체 이게 뭐냐?" 하고 그가 묻자, 아들이 대답했다. "아버지, 그건 민들레랍니다."

그 농부는 다시 그 현미경을 통해 오랫동안 탐구하는 듯한 태도로 바라본 후에 잠시 침묵했다가 말했다. "하나님, 용서하시옵소서. 저는 수천 개의 민들레꽃을 밟고 다녔습니다."

3. 성경을 충실하게 연구하라.

성경은 하나님의 말씀이다. 그 말씀 안에 우리의 온 마음을 다 부어넣어야 한다. 그래야 우리의 생각, 의견, 의향, 기호, 그리고 결론이 성경의 뛰어난 계시에 의해 형성되고 인도되도록 해야 한다. 바울은 디모데에게 이렇게 가르쳤다. "너는 진리의 말씀을 옳게 분별하며 부끄러울 것이 없는 일꾼으로 인정된 자로 자신을 하나님 앞에 드리기를 힘써라"(딤후 2:15).

필자는 이것을 아무리 강조해도 충분하지 못하다. 꿈과 환상은 하나님께서 우리를 성서로부터 떼어놓으시기 위해 주신 것도 아니요, 성서에 무엇을 더하기 위해 주시는 것도 아니다. 꿈과 환상은 우리를 하나님의 말씀 속으로 더욱 깊이 이끌어감으로써 우리가 주님을 더욱 더 알고 사랑할 수 있도록 하기 위함이다. 성 베네딕트는 이렇게 썼다. "꿈을 열심히 연구하면 꿈에 대한 보다 적절한 지식을 얻게 되는데, 말하자면 연구하는 자체가 좋은 것이고, 그리고 성서 안에 있는 몇 가지 모호한 구절들을 조명하는 데 굉장한 도움이 된다.[103]

성서적 진실을 더욱 더 포괄적으로 파악하면 할수록, 주님께서 꿈이나 환상을 통해 말씀하실 때 여러분들은 더욱 잘 분별력을 가지게 될 것이다. 그리고, 여러분은 건전하고 양식 있는 해석에 더욱 정통하게 될 것이다.

4. 당신의 교회와 목사에게 의탁하라

주님께서 사적으로 우리에게 말씀하시는 말들을 공적으로 확인하는 곳은 교인들의 공동체 안에서이다. 바울은 "우리가 그리스도의 마음을 가졌느니라"고 말했다(고전 2:16). '우리'라는 작은 단어를 주목해 보라. 혼자 힘으로 당신은 그리스도의 마음을 가질 수 없고, 나도 마찬가지다. 우리가 그리스도의 마음을 갖는 것은 오직 우리가 함께 있을 때이다. 성서는 "우리는 부분적으로 알고, 부분적으로 예언하니"라고 말하고 있다(고전 13:9). (이 말은, 분명히, 사탄이 우리를 떼어놓으려고 고의적으로 작용하는 하나의 이유가 된다. 만일 우리가 우리의 모든 부분을 함께 뭉치면 사탄의 사악한 마음이 공포로 사로잡히게 될 것을 상상해 볼 수 있겠는가?)

주님은 교회 내에서 우리에게 서로간의 관계 안에서 식견, 지혜, 그리고 이해력을 주셨다. 서로에게 가르치고 설명하는 것이 우리의 의무이다. 슬프게도, 모든 사람이 그 규칙대로 움직이는 것은 아니다. 어떤 사람은 하나님과 내적인 연결 통로를 갖고 있다고 생각하고서 누구와도 상관할 필요가 없다고 생각한다.

몽상가들과 환상가들은(전부 다는 아니고) 그들의 기질상의 미숙함과 하나님으로부터 받았다는 최근의 말씀을 자신 있게 선언하는 것으로 평판이 나 있다. 목사나 교회 지도자를 통해서 주님의 참된 말씀에 귀를 기울이고, 듣고, 인식하기를 거부하는 사람을 만나게 되면 그것은 문제를 더 악화시키게 된다.

꿈을 꾸거나 환상을 보는 사람에게 이렇게 간청을 하고 싶다— 제발 당신의 목사님과 올바른 관계를 갖고, 주님께서 목사님을 사용하셔서 당신을 괴짜가 되지 않도록 하신다는 것을 믿으라. 당신이 받은 은사가 교회 안에서 필요한 것이다. 교만과 고집 때문에 사탄이 당신과 교회를 갈라놓도록 하지 마라. 겸손하라. 그러면 주님께서 당신을 들어올려 주실 것이다.

5. 믿음으로 구하라.

만약 하나님께서 꿈과 환상 가운데서 말씀하신다는 것을 믿는다면 그리고 하나님께서 당신에게 말씀 해 주시기를 열망하고 있다면 하나님께 그렇게 구하라. 예수님은 말씀하셨다. "구하라 그러면 너희에게 주실 것이요 찾으라 그러면 찾을 것이요 문을 두드리라 그러면 너희에게 열릴 것이니" 그리고 예수님은 분명히 말씀 하셨다. "너희 중에 아비 된 자로서 누가 아들이 생선을 달라 하면 생선 대신에 뱀을 주며 알을 달라 하면 전갈을 주겠느냐. 너희가 악할지라도 좋은 것을 자식에게 줄줄 알거든 하물며 너희 천주께서 구하는 자에게 성령을 주시지 않겠느냐?"(눅 11:9-13). 어쩌면 구했는데도 아무 일도 일어나지 않았을 수도 있다. 잘못된 동기를 가지고 잘 못 구한 것은 아닐까?

어떤 이는 꿈이 자신을 다른 사람들보다 더욱 영적으로 보이게 하기 때문에 꿈을 구한다. 어떤 이는 성화의 길로 가는 지름길을 추구하기 때문에 꿈을 청한다. 또 다른 이는 다른 사람이 모르는 것을 자신이 알 수 있도록 하나님께서 말씀해 주시기를 원한다. 그리고 다른 사람의 삶보다 높은 지배적 입장에 있기 위하여 꿈을 꾸기를 원하는 사람도 있다. 하나님은 이런 바램들은 수용하시지 않을 것이다. 그러나 사탄은 수용할 것이다. 마음을 올바르게 하라. 그렇지 않으면 꿈은 그릇된 것이 될 것이다!

6. 자면서도 민첩하라.

아가서에 나오는 연인은 "내가 잘지라도 마음은 깨었는데"라고 하였다. 우리가 잠자러 가더라도 마음은 깨어있을 수 있다. 마음의 눈으로 꿈을 볼 수 있다는 사실을 특별히 생각해 보면 얼마나 놀라운가. 노래하는 연인은 계속 말한다. "나의 사랑하는 자의 소리가 들리는구나. 문을 두드려 이르기를 나의 누이, 나의 사랑, 나의 비둘기, 나의 완전한 자야 문 열어다고. 내 머리에는 이슬이 내 머리털에는 밤이슬이 가득하였다 하는구나"(아 5:2).

주님의 음성을 잠자는 것 이상으로 사랑하여라. 문을 조금 열어두고서 네 마음속에 등불을 켜 두어라. 비록 잠 잘 때라도, 주님의 현존하심에 민감한 가치 체계를 개발하라. 때때로 우리가 세상을 향해 잠에 빠져 있을 때에, 하나님을 향해 가장 깨어있는 때가 있다.

예수님 자신이 말씀하셨다. "볼지어다 내가 문밖에 서서 두드리노니 누구든지 내 음성을 듣고 문을 열면 내가 그에게로 들어가 그로 더불어 먹고 그는 나로 더불어 먹으리라"(계 3:20). 수많은 밤, 그날의 내 마지막 기도는 이러했다. "주님, 이제 잠들려 합니다. 그러나 제 마음은 당신의 음성에 귀를 기울이며 깨어있습니다. 만일 당신의 뜻에 맞는 일이라면, 오셔서 저와 함께 저녁을 드시옵소서. 그리고 저는 주님과 함께 먹겠습니다. 아멘." 때때로 주님은 내게 오신다.

7. 깨어나서 그 꿈을 적어라.

필자는 한 밤중에 생생한 꿈을 꾸다가 깨어나서, 아침이 되어도 그 꿈을 확실하게 기억할 수 있을 것이라고 생각한 적이 얼마나 많았는지 다 헤아릴 수 없다. 그러나, 슬프도다. 나는 결코 기억을 못한다! 필자는 여기서 두 가지를 배웠다.

첫째, 만약 한밤중에 꿈을 꾸다가 깨면, 잠시 시간을 내어 그 꿈을 적어놓아라. "바빌론의 벨사살왕 원년에 다니엘이 그 침상에서 꿈을 꾸며 뇌 속으로 이상을 받고 그 꿈을 기록하며 그 일의 대략을 진술 하니라"(단 7:1).

침대맡에 종이와 펜을 놓고 적을 준비를 하라. 또한 전깃불을 쉽게 켤 수 있도록 준비하라. 이런 준비 행동을 해놓으면, 마음을 집중해서 꿈이라고 불리는 가공의 새를 잡기에 충분한 도움이 될 것이다.

둘째, 만일 그 꿈을 적어놓고 다시 잠이 든다면, 주님께서 더 많은 꿈을 주시는데 대비하라! 필자가 몇 일 밤 동안에 5개 이상의 각각 다른 꿈을 꾸었는데 각각의 꿈은 앞날에 도움이 되는 통찰력을 지니고 있는 것이었다.

8. 마음을 지혜로움에 맞추어라.

밤에 꿈을 적어놓고, 그것을 다음날 아침 일어나 침상에서 읽을 때 당신은 무엇을 하는가? 그것을 기도 중에 주님에게 가져가라. 성경을 들고, 그 꿈을 진리의 도구로서 분해해 보라. 가치 없는 것으로부터 값진 것을 분리해 내라. 하나님께 지혜와 만날 수 있게 해달라고 구하라!

솔로몬은 지혜를 분주한 길가에 서 있는 아름다운 여인으로 그렸다. 그녀는 이렇게 외친다. "사람들아 내가 너희를 부르며 내가 인자들에게 소리를 높이노라. 어리석은 자들아 너희는 명철할지니라. 미련한 자들아 너희는 마음이 밝을지니라. 너희는 들을지어다. 내가 가장 선한 것을 말하리라. 내 입술을 열어 정직을 내리라"(잠 8:4-6).

이것은 무의미한 초대가 아니다. 지혜는 그 영향력을 삶속에 받아들이는 사람에게 많은 것을 제공해 준다. 여기에 당신이 지혜를 추구한다면 얻을 수 있는 몇 가지 이익이 있다.

* 잠언, 비유, 오묘한 말을 이해한다 (잠 1:5-6)
* 하나님과의 개인적인 관계 (잠 2:5)
* 악으로부터의 분별, 보호, 해방 (잠 2:11)
* 행복과 평화로 가득찬 나날들 (잠 3:16-17)
* 공적인 안전과 사적인 안전 (잠 3:23-24)
* 조언, 능력, 권위, 정의 (잠 8:14-15)
* 부귀, 명예, 그리고 의로움 (잠 8:18-21)
* 주님으로부터의 생명과 은총 (잠 8:34-36)

이 목록을 훑어보면, 사람들이 지혜를 거부하리라는 생각이 안 든다. 그러나 사람들은 언제나 그렇게 한다.

꿈의 해석을 위한 힌트

한 번은 한 세미나 참석자가 신명기 18장 10, 11절의 "…복술자나 길흉을 말하는 자나 요술하는 자나…너의 중에 용납하지 말라"을 인용하면서 내게 물었다. "성서는 우리가 꿈을 해석하지 못하도록 하지 않습니까?" 나는 그 형제가 꿈에 대해 편견을 가지고 있으며, 그런 질문으로 나를 난감하게 하려고 하고 있음을 알았다.

"만일 우리가 당신의 주장을 적용한다면, 그러면 우리는 요셉과 다니엘이 바로와 느부갓네살의 꿈을 해석했을 때 그들 둘 다 하나님께 죄를 지었다고 말해야 할 것입니다."라고 나는 대답했다. 다음 질문에서, 다른 사람이 이렇게 물었다. "그러면 우리는 신명기의 그 구절을 어떻게 해석해야 합니까?"

이 가장 중요한 물음에 대하여, 나는 성 토마스 아퀴나스의 저서를 인용했다.

> 사람들이 보통 경험하는 것이 진짜가 아니라고 하는 것은 불합리하다. 구체적으로 말하자면, 때때로 꿈이 미래에 대한 어떤 지시를 포함하고 있다는 것은 모든 사람들의 경험이다. 성서에 보면 하나님께서 꿈을 통하여 인간에게 명령하신다. 그리고 우리는 요셉과 다니엘 같은 성인들이 꿈을 해석하는 것을 읽는다. 그러므로, 꿈에 의해 예언을 하는 것은 불법적인 것이 아니다.
>
> 그러나 신명기 18장 10절에는 그 반대의 내용이 써 있다. "…복술자나 길흉을 말하는 자나 요술하는 자나…너의 중에 용납하지 말라." 내가 앞에서도 말했듯이, 내 대답은, 잘못된 의견에 기초를 둔 예언은 미신이며 비합법적이라는 것이다. 결과적으로 사람은 꿈을 통하여, 미래의 예지 안에서 무엇이 진실인지를 심사숙고해야만 한다.

사람은 꿈의 원인이 때로 내적인 것인지 또는 때로 내적인 것인지를 관찰해야만 한다. 내적인 원인은 사람이 깨어있을 때 몰두하고 있는 일들이 될 것이다. 외적인 꿈의 원인은 때때로 하나님으로부터 오는데, 하나님은 천사들의 역할에 의해서 인간에게 무언가를 계시하신다. 그러나 때때로 잠자는 사람에게 어떤 영상이 나타나게 하는 것은 귀신들의 작용일 때도 있다.

따라서 만약 미래를 예견하는 데 꿈을 이용한다면, 그 꿈이 하나님의 계시로부터 오던지 아니면 자연적 원인으로부터 오던지 간에 그것은 비합법적 예언이 아니라고 말해야 한다.

그러나 만약 예언이 마귀에 의한 계시로부터 일어나는 것이라면 마귀는 공개적으로 복술(예언)을 하도록 불려왔거나, 암암리에 이런 복술은 그 범위를 넘어 확산해 나가도록 되어 있기 때문에, 그 예언은 불법적이고(비성서적이고) 미신적인 것이 될 것이다.[104]

다른 말로 하면, 아퀴나스가 주장하는 것은 모세의 계명은 잘못된 예언의 실천을 중단하기 위해 주어진 것이지, 하나님에게서 온 꿈에 대한 진정한 해석을 금지한 것은 아니다. 그러므로, 해석의 문제가 옳은 것이냐, 잘못된 것이냐 하는 것은 오로지 그 꿈이 하나님으로부터 오는 것인지, 아니면 사탄에게서 오는 것인 지의 기초 위에서만 판별이 가능하다.

꿈의 근원을 생각하라

실제적으로 말하면, 당신의 꿈의 의미를 올바르게 이해하는 첫 번째 단계는 그 근원을 생각해 보는 것이다. 왜 그 꿈을 꾸게 되었나 하는 이유는 그 꿈이 계시하고자 하는 것을 살펴보는 것만큼이나 중요한 일이다. 웨슬리는 꿈의 신비에 대해서 불확실하기는 하지만 그 원인의 일부를 자신 있게 제시했다.

우리는 꿈의 근원을 어느 정도 확실하게 알고 있다. 분명히, 어떤 꿈은 몸의 현재 상태로부터 일어나지만, 반면에 다른 꿈은 아마도 정신의 열중상태에 의해서 생겨난다. 우리가 성경에서 분명히 알게 되는 것은, 어떤 꿈은 천사의 작용에 의해 일어나고, 그 외의 다른 꿈은 의심할 여지없이 악한 천사의 힘에 의해서 일어난다.

하나님이 주신 지혜의 보물창고로부터 우리가 아는 것은, 어떤 특이한 경우에, 하나님 아버지께서 '밤에 꿈과 환상속에서' 자신을 인간의 영속에 나타내보이신다는 것이다. 그러나 어느 꿈이 자연에서 오는 것인지, 어느 꿈이 초자연적 영향으로 오는 것인지는 많은 경우에 있어서 분간하기가 힘든다.[105]

성 베네딕트는 웨슬리와 유사한 관점을 말하고 있다:

꿈에는 한가지 부류의 꿈만 있는 것도 아니고, 꿈의 해석도 한가지만 있는 것이 아니다. 그러므로, 모든 꿈의 원인은 같지 않기 때문에 꿈은 똑같은 바탕으로 인정하거나 거부해서는 안된다.

사실, 신성한 책들을 보면 많은 꿈들을 비웃으며 심지어는 비난하지만, 반면에 어떤 꿈은 찬양하고 높이 존경하고 있다. 대부분의 꿈은 사실무근하며, 적지 않은 꿈은 자연적인 원인으로부터 발생한다. 게다가, 어떤 꿈들은 교활하고 사악한 마귀에 의해서 사람들에게 던져진 것이다. 끝으로 어떤 꿈은 하나님의 감동에 의해 인간에게 주어진 것이다.[106]

오늘날 꿈의 일반적인 원인들

1. 음식물

비록 음식물은 유머의 주제로 종종 사용되기 때문에 믿을 것이 못 되는 것같이 보이기도 하지만, 우리가 먹는 음식물은 사실상 잠자는 동안에 마음에 영향을 줄 수 있데. 한 사람이 이상한 꿈을 꾼 후에 이렇게 물어왔다 "그 꿈이 하나님 때문이었을까요, 아니면 피자 때문이었을까요?"

우리의 몸은 복잡한 화학 구성물로 되어있다. 만일 우리가 몸의 조직 속에 비정상적인 형태로 작용하는 무엇인가를 집어넣는다면, 그것은 우리의 꿈속에 나타날 가능성이 있다. 한 작가는 이렇게 썼다. "나쁜 꿈이나 악몽 같은 것은 밤에 설탕을 먹거나 또는 알레르기를 일으키는 음식을 먹은 후에 저혈당증 환자들에게 자주 나타난다. 혈당이 정상수준을 유지할 때 좋은 꿈을 꾼다"라고 썼다.[107]

2. 활동

존 칼빈은 이렇게 썼다. "일부 세속 작가들도 아주 정확하게 꿈은 하나님의 사자와 관계가 있다고 생각한다. 그러나, 이 생각을 모든 꿈으로 확대하는 것은 어리석다. 사실 우리는 꿈이란 각기 다른 원인들 때문에 일어나는데, 예를 들어 우리의 일상적 생각으로부터 일어난다고 알고 있다.[108]

우리가 하루를 생활하면서 경험하는 일들은 정신을 활성화하여 꿈을 꾸게 하는데, 특히 그 사건들이 일상 생활의 정상적인 과정에서 나온 것이라면 더욱 그렇다. 예를 들어, 한 도시에 사는 사람이 관광 목장에서 말을 타고 소를 밧줄로 묶기도 하면서 하루를 보낸다고 하자. 그날 밤 그는 아마도 자신이 존 웨인이 되어 아파치요새로 대원들을 이끌고 가는 꿈을 꿀 지도 모른다.

그런 꿈을 꾼 사람에게 필자가 겸허하게 충고하는 바는, 그 꿈의 신비를 풀려고 심리학자에게 몇백 달러나 지불하지 말라는 것이다. 물론, 꿈속에서 그는 분홍색 발레 스커트를 입고 말(馬)에게 아주 이상할 정도로 정감 어린 행동을 하는 경우는 제외하고 말이다.

3. 기억

우리는 각자 필자가 "기억의 박물관"이라고 부르는 창고의 관리자들이다. 우리는 우리의 삶을 통하여 우리가 경험해 온 것에 대한 우리의 인식을 반영하는 다양한 그림들을 수집하고 있다. 우리는 하나하나의 그림을 틀에 넣어서 우리의 기억의 회랑에 걸어놓는다. 때때로 우리는 기억의 골목길을 따라 산책을 하기도 하고 그 그림들에 밀착시킨 감정을 돼새겨 본다.

때때로, 주님께서 몸소 우리 박물관으로 여행을 오실 것이다! 꿈 속에서 그 분은 우리의 복도를 걸으시면서 우리의 수집품들을 관람하실 것이다. 그 분의 목적은 항상 한 가지인데—우리를 온전하게 만드시는 일이다. 그 분의 평가를 필요로 하는 "그림"을 보시고, 그 분은 우리에게 이렇게 말씀하실 것이다. "저 기억은 완전히 잘못된 것이다."

"무슨 말씀이십니까?" 우리는 재빠르게 항의한다. "저것은 제게 일어났던 일입니다. 잘 기억하고 있는 걸요."

"물론 너는 기억하지. 그러나 문제는 저 그림 속에 네가 무엇인가를 잊어버리고 있단다."하고 주님께서 말씀하신다.

"무엇입니까?" 우리는 진지하게 묻는다.

"너는 나를 잊었다! 너에게 그런 일이 일어났을 때 나도 거기에 있었다. 나를 보지 못하였느냐? 이제, 이 그림을 바꾸어서 저 장면 속에 나를 포함시켜야 하지 않겠느냐?"

일단 우리가 우리의 그림을 최신의 것으로 새롭게 하고(말하자면) 그 그림을 주님의 관점에서 바라보면, 모든 것이 완전히 다르게 보인다. 그분의 존재가 우리의 기억의 박물관에 얼마나 놀라운 변화를 가져오는가. 그분이 만약 지속적으로 그렇게 하신다면, 우리는 대중들의 관람을 위해 문을 열어둘 것이다. 그러면 모두가 주님의 작품들을 관람할 수 있을 것이다! "와서 주님의 작품을 보십시오!"

주님께서 종종, 우리의 기억으로부터 일어나는 꿈을 사용하셔서 우리의 삶을 변화시키시는 데 영향을 주신다고 하더라도, 그런 꿈을 주님이 주시는 말씀이라고 부르는 것은 요점을 약간 과장하는 것이 될 것이다. 그 그림은 재 포장된 소중한 기억을 통한 주님의 작품이라고 하는 것이 더욱 정확할 것이다.

4. 감정

솔로몬은 "일이 많으면 꿈이 생기고 말이 많으면 우매자의 소리가 나타나느니라"(전 5:3)라고 하였다. 가슴이 근심으로 무겁고 강한 감정으로 가득차 있을 때, 그것이 좋은 것이든 나쁜 것이든, 마음은 그에 따라 자극을 받아 꿈을 꾸게 된다.

그레고리는 이렇게 말했다.

> 대부분 사람들의 꿈은 그들의 성격의 상태와 일치한다. 용감한 자의 환상과 겁쟁이의 환상은 서로 다른 종류의 것이다. 방종한 자의 꿈과 자제심이 강한 자의 꿈은 서로 다른 종류의 것이다. 자유하는 사람과 탐욕적인 사람은 서로 다른 환상에 젖어들게 된다. 이런 환상은 지식인에게는 형성되어지지 않지만, 덜 합리적인 성질의 사람에게 형성되어 지는데, 이런 사람은 그가 깨어있는 시간에 익숙해진 행동과 같은 일을 꿈속에서 형성하게 되는 것이다.[109]

5. 생리적인 원인들

한 숙녀가 일광욕하는 통속에서 잠이 들었는데 자신이 햇볕이 쨍쨍한 해변에 누워있는 꿈을 꾸었다(그 이유를 상상할 수 없다!). 한 남자는 그가 낭떠러지에서 떨어지고 있는 꿈을 꾸었는데 일어나 보니 침대에서 떨어진 것이었다. 한 어린 소년은 밤새 잠을 못 자고 뒤척이다가 침대 시트에 뒤엉켜버렸다. 그는 한 괴물 뱀이 자신을 한 입에 잡아먹는 꿈을 꾸었다.

이런 종류의 꿈은 일반적인 것이다. 그런 꿈은 우리의 마음과 신체가 통합되어 있음을 놀라울 정도로 증언해 주고 있는 것이다. 잠을 자고 있을 때에도, 우리 두뇌의 정보 과정은 의무를 수행 중에 있으며, 우리의 내부와 주변에서 일어나는 심리학적인 발전에 대해 우리에게 정보를 제공해 주고 있다.

6. 은밀한 죄

때때로 주님께서는, 너무 깊은 곳에 묻혀있어서 우리가 쉽게 볼 수 없는 우리 자신의 인격이나 삶의 어떤 영역들을 특별히 정결하게 하기 위해 꿈을 이용하시는 것이다. 필자가 퇴수회에 참석한 많은 청중들 앞에서 연설을 끝냈을 때, 참석한 자 중의 한 사람이 내게 와서 아주 생생한 꿈에 관한 증언을 했다. 그 꿈속에서, 그 남자는 자신이 감옥에 방문객으로 온 것을 보았다. 그가 서 있는 곳으로부터 감방 내부를 볼 수 있었다. 몇 명의 죄수들이 벌거벗은 채로 감옥 안을 어슬렁거리고 있었는데 저마다 자신을 성적으로 좋아하는 것이었다.

그것은 소름끼치는 장면이며, 너무나 혐오스럽고 충격적이어서 그 남자의 잠을 깨웠다. 그는 꿈에서 깼을 때 귓가에서 이런 말이 쟁쟁 울리고 있었다고 했다. "감옥으로 돌아가지 마라!" 그는 자신이 평생 습관적으로 해온 지나친 자위행위를 극복하도록 주님께서 도와주시는 데 이 꿈을 이용하신 것이라는 점에 나와 공감을 갖게 되었다.

어떤 사람은 필자가 이와 같은 것을 감히 인쇄물로 발표하는 것이 조금은 기분을 상하게 한다고 말할지 모른다. 그러나 지저분한 성적 습관과의 개인적인 투쟁에서 수치심과 서글픔으로 갈등을 겪고 있는 사람들이 많다. 이 형제의 꿈의 체험은, 그 꿈이 이 사람을 도와준 것과 마찬가지로, 주님께서 다른 사람들도 이런 문제를 극복할 수 있도록 돕는 데 이용될 수 있을 것이다.

7. 훈련용 필름

때때로 서로 관계가 없고, 터무니없는 영상과 생각의 흐름이 꿈속에서 나타나는 경험을 할 때가 있는데, 그 명료성과 상징성 때문에 뭔가 의미하는 것이 있을 것 같아 보일 수 있다. 그러나 아무리 노력한다고 해도, 유쾌한 해석을 찾을 수가 없을 것이다. 만일 당신이 그 문제에 계속 관심을 보이면 다른 사람들 눈에 아주 바보스럽게 보일 것이다.

칼빈은 이 점에 대해서 언급했다. "사실, 어떤 사람은 단 하나의 꿈을 꾸어도 깊이 생각해보지 않고는 못 견디는데, 이런 사람은 우스꽝스럽게 보인다." 필자의 제안은 그런 사람의 꿈을 단지 "훈련용 필름"으로 생각하라는 것이다. 그런 꿈은 잠든 동안에 당신의 통찰력과 분별력을 예리하게 유지시켜 주시는 하나님의 방법이라고 생각하라.

8. 사탄적인 꿈

거짓된 가르침, 불길한 예감, 공포와 악몽! 이런 유형의 꿈은 사탄의 왜곡됨을 반영하고 있기 때문에, 이런 꿈은 다른 사람들과 우리자신에게 다가오는 사탄의 의도에 대한 정보를 우리에게 제공한다. 한 부인은 남편이 끔찍하게 살해당하는 불안한 꿈으로 괴로움을 당하고, 한 어린이는 자신의 방에 귀신의 머리가 떠돌아다니는 꿈을 꾸고 고통을 받고, 그리고 한 사업가는 출장 중에 그의 집이 폭발하고 그의 가족이 비명에 횡사하는 꿈을 꾼다.

이런 각각의 사례들은 꿈꾸는 사람의 입장에서 마음의 평화를 회복하기 위하여 이런 일이 사실이 아니라는 것을 확인하는 어떤 의도적인 행동이 필요하다. 이와 같은 꿈은 우리의 마음을 공포와 실망으로 사로잡아 혼란으로 몰아넣는다. 당신이 불길한 생각으로 사로잡혀 있는 동안, 이 사악한 도둑은 그의 악마적인 장난을 치고는 좋아한다.

이런 사탄의 방해에 대한 최선의 방비책은 믿음에 확고히 서서 단호하게 예수 그리스도의 이름으로 "안돼!"하면서 사탄의 책략을 제거해야 하는 것이다.

마귀는 도둑 고양이 같다는 것을 명심하라. 현관의 등불이 켜 있고, 집주인이 "쉬이"하고 고양이를 내어쫓을 때, 그는 그곳에서 나갈 것이다! 또는 더욱 성서적인 어조로 말하자면, "마귀를 대적하라 그리하면 너희를 피하리라"(약 4:7).

9. 하나님으로부터 오는 꿈

이 책의 목석은 하나님께서 꿈을 통해 우리에게 말씀하신다는 것을 증명하는 것이다. 그리고 필자는 그것을 보여주기 위해 이 책의 많은 부분을 할애했다. 이 시점에서 그 요점을 더 이상 애써 밝힐 필요가 없다. 하나님께서 정말로 우리가 체험하는 꿈 중의 어떤 꿈을 꾸게 하신다고 말하는 것으로 충분하다.

꿈의 범주

당신이 꿀지도 모르는 꿈을 적절하게 평가하기 위하여, 먼저 그 꿈의 근원을 측정하라. 두 번째로 그 꿈의 범주에 대한 감각을 발전시켜만 한다.

데이비드 라일 제프리는 중세기 동안 발달된, 꿈에 대한 기독교적 견해를 학문적으로 평가하는 글을 썼다.

꿈의 다섯 부분의 분류는 우리의 참고 용어를 확립하는 데 도움을 주었다. '위숨(visum)' 혹은 환영(幻影)은 꿈꾸는 자가 유령을 상상하는 동안 자신이 깨어있다고 생각하는 것이며, '인솜니움(insomnium 졸리지 않음)' 혹은 악몽은 확실한 육체적 정신적 긴장감(스트레스)과 연관되어 있는데, 더 이상 해석할 필요가 없다.

그러나 불가사의한 '솜니움(somnium졸림)'은 이상한 모양을 감추고 있으며, 제공되는 정보의 진정한 의미를 모호하게 감추고 있기 때문에 그것을 이해하기 위해서는 해석이 필요하다. 더욱 단언적으로, 예언적인 '위시오(visio보는 것)'는 실현되는 꿈을 말하며, '오라쿨룸(oraculum말하는 것)'은 부모나 다른 존경받는 인물이 미래를 보여주고 조언을 해 주는 꿈이다.

어거스틴은 나아가서 이 마지막 범주인 오라쿨룸을 세분했는데, 위시오 코포라레(visio corporale육적인 비전)(자연 이미지들의 감각적 현실적 표현), 위시오 스피리투아레(visio spirituale영적인 비전)(감각적인 이미지들을 사용하여 영상(影像)을 형성하는 영적인 힘으로부터 초래되는), 그리고 위시오 인태렉투아레(visio intellectuale지적인 비전)(이미지의 매체 없이, 직접적으로 지성에 호소하는 신비로운 신적인 계시)로 세분하고 있다.

20세기에 이르러 근거 있는 꿈과 환상에 대한 다양한 분류가 하나의 분류로 축소되었는데, 일반적으로 "계시(revelation)"라고 불렀다. 어쨌든 계시적인 꿈은 거룩한 천사의 영향력과 마찬가지로 악한 존재에 의해 영향을 받는 것으로 보았다. 스피리투스 말루스(spiritus malus악령)는 마음이 어지러운 사울 왕의 경우처럼, 계시가 아니라 환상을 보여 준다. 그러므로 영을 분별하는 것이 꿈 해석에 중심적인 문제가 되고 있다.[110]

이들 범주로 분류된 참고 자료는 도움이 되지만, 그러나 그것을 실천적인 틀로 짜보자. 필자가 꿈을 해석하기 위해 접근할 때 묻는 기본적인 질문 몇 가지가 있다.

* 그것은 개인적인가—하나님께서 꿈꾸는 사람에게 주시는 말씀인가?
* 그것은 예언적인가—하나님께서 꿈꾸는 사람을 통해 주시는 말씀인가?
* 그것은 감상적(感傷的)인가—전혀 하나님께서 주시는 말씀이 아니다!
* 그것은 피자 때문인가—단지 조미료 많은 음식의 결과인가?
* 그것은 문자적인가—실제적이고 사실적인 어떤 것인가?
* 그것은 상징적인가—글자 그대로 해석될 수 없는 우화 같은 것인가?
* 그것은 미래학적인가—앞으로 일어나려고 하는 어떤 것인가?
* 그것은 회고적인 것인가—그것은 이미 일어났던 어떤 일인가?
* 그것은 계시적인 것인가—과서, 현재, 또는 미래의 일에 관한 통찰력인가?

이런 범주들은 종종 "혼합되고 서로 짝을 이룬다." 꿈은 개인적이며 상징적일 수 있고, 예언적이며 문자적일 수도 있고 등등. 요점은 "그 해석은 하나님께 속한 것이라는 점이다." 우리는 겸손해야만 한다. 그리고 하나님께서 이런 꿈과 환상에서 보여주시려고 하시는 것이 무엇인지 물어보아야 한다. 진실로, 그 꿈이 주님으로부터 오는 것이라면.

피해야할 네 가지 함정

꿈과 같은 정경에는 어떻게 해서든지 피해야만 할 깊은 함정들을 갖고 있다. 어떤 사람들은 위험한 깊은 구렁 속으로 떨어져서 다시는 그사람들에 대해서는 볼 수도 없고 들을 수도 없게 되어 버린다.

1. 자만심

바로가 요셉에게 그의 당황스러운 꿈을 해석해 달라고 청하였을 때 요셉은 이렇게 대답하였다. "이는 내게 있는 것이 아니라 하나님이 바로에게 평안한 대답을 하시리이다"(창 41:16). 이와 똑같은 정서가 몇 세기 후에 다니엘에 의해서도 울려 나왔다. "내게 이 은밀한 것을 나타내심은 내 지혜가 다른 인생보다 나은 것이 아니라 오직 그 해석을 왕에게 알려서 왕의 마음으로 생각하던 것을 왕으로 알게 하려 하심이니이다"(단 2:30).

두 가지 사례를 보면 겸손히 중요한 미덕이었다. 하나님께서는 교만한 자를 물리치시고 겸손한 자에게는 은총을 주신다. 꿈과 그 해석의 경우에도 교만이 있을 자리는 없다. 꿈은 하나님에게 속한 것이요, 그 해석과 성취도 마찬가지로 그 분의 몫이다. 마음이 순수한 자는 볼 것이고, 겸손한 마음은 이해할 것이다.

2. 무책임함

"내가 주님께서 주신 꿈을 꾸었는데, 여러분들에게 알려야 되겠습니다. 무슨 뜻인지는 전연 모르겠습니다. 저는 단지 메시지를 받아서 전달할 뿐입니다." 이런 식의 말은 일종의 가벼운 형태의 무책임함이라고 하겠다. 그러나 필자가 직접 목격한 형편없는 말보다는 괜찮은 편이다.

목사 한 분이 나에게 전화를 걸어 조언을 청하였다. 그의 교회에 다니는 한 젊은이가 자칭 예언자라고 선전하고 다녔는데, 그가 평생 중풍으로 고생하는 한 부인에게 이야기했다. "주님께서 꿈속에 나타나셔서 당신은 귀신이 들렸기에 당신의 몸이 뒤틀리고 고통을 받는 거라고 하셨소. 죄를 회개하시면 하나님께서 당신을 치유해 주실 것이오!"

그 부인은 망연자실해졌다. 목사는 그 무책임한 형제와 맞서는 일에 도움이 필요했기 때문에 나에게 전화한 것이었다. 우리는 이 상황을 바로 잡기 위해 서로 협력하여 일을 했다. 그 거만한 젊은이는 교회를 떠났는데 우리를 반대한다는 뜻으로 발에 있는 먼지까지 털어 버리는 시늉을 했다. 감사하게도, 우리는 그 자매에게 마음의 평화와 그리스도를 향한 결실있는 헌신을 하도록 회복시켜 줄 수 있었다.

3. 억측

"이 꿈의 의미는 내가 말한 그대로 입니다! 무엇보다도, 내가 바로 그 꿈을 꾼 사람이지 당신이 아니오!" 이것은 미숙한 몽상가들이 흔히 저지르는 일반적인 실수이다. 때때로 우리는 꿈을 꾸고 또한 해석을 하게 되는 것은 사실이다—그러나 항상 그렇지는 않다. 하나님께서는 우리가 다른 사람과 좋은 관계를 갖기를 원하시며, 그 해석을 우리가 추구하고자 하는 관계 속에 감싸도록 하실 것이다. "우리는 일부분만 예언을 한다"는 것을 기억하라.

4. 불안

꿈과 환상은 왔다가 가는 것이다. 그러므로 중요한 것은 꿈에 너무 사로 잡혀서 꿈을 꾸지 않으면 불안해하는 일이 없도록 하는 것이다. 때때로 필자는 하룻밤동안 여덟 번의 별개의 꿈을 꾸기도 했다. 그러나 오랜 시간동안 전혀 꿈을 꾸지 않은 때도 있었다—혹은 꾸었더라도 전혀 생각이 나지 않는 것이다. 이것은 정상이며, 불안해 할 필요는 없다. 하나님께서 꿈을 통하여 당신에게 말씀하시기를 원하신다면—그렇게 하실 것이다.

바울은 말했다. "아무것도 염려하지 말고 다만 모든 일에 기도와 간구로, 너희 구할 것을 감사함으로 하나님께 아뢰라. 그리하면 모든 지각에 뛰어난 하나님의 평강이 그리스도 예수 안에서 너희 마음과 생각을 지키시리라"(빌 4:6-7). 꿈과 환상은 왔다가 또 가는 것이지만, 주님의 말씀은 영원히 살아 있다는 것을 기억하라. 꿈을 꾸지 않는다고 초조해 하지 말라. 성경으로 돌아가라. 그러면, 하나님께서 당신에게 매일 말씀해 주실 것이다.

여기에 꿈과 그 해석에 대한 몇 가지 예가 있다. 몇 가지 예를 이미 이 책 전반을 통해 제시했으니까 이 시점에서 필요한 두 가지 사례만 들겠다.

레이첼의 계시

열네살 난 내 딸 레이첼이 어느 날 밤 꿈을 꾸었는데 그녀가 아주 정말 같지 않는 장소—교회 건물에서 엄마(벨린다)와 함께 차안에 타고 있었다. 그들이 차를 몰고 이리저리 돌아 다니는데 레이첼은 벨린다가 앞을 보고 있지 않고 차의 움직이는 바퀴 위에 놓여 있는 책을 읽고 있다는 것을 발견했다.

레이첼이 앞을 보았더니 차 앞으로 엄청나게 큰 돼지 한 마리가 달려오는 것을 보았다. 벨린다는 그 돼지를 보지 못하고 돼지를 치었으나 차는 아무런 손상도 없이 멀쩡했다. 그러나 그 돼지의 흔적은 없었다. 그때, 기이하게도 벨린다는 "벽이 지금 무너질 거야" 하고 말했다.

그 꿈은 그 때 장면이 바뀌었다. 레이첼은 우리 교회 건물의 청소년실에 있었다. 그녀는 커다란 비단뱀이 분수식의 물 마시는 샘을 물어뜯고 있고, 몇 마리의 작은 방울뱀들이 똬리를 틀고는 마루바닥을 쉬쉬 소리를 내며 돌아다니는 것을 보았다. 그녀는 재빨리 달려 나와서 우리 교회의 관리인에게 그 뱀 얘기를 전했다. 그는 레이첼과 함께 돌아와서 그 뱀들을 몰아 내려고 하였다. 그들이 방에 다시 들어왔을 때 커다란 곰 한 마리가 모든 뱀들을 죽이고 있는 것을 보았다. 그 꿈은 여기서 끝났다.

도대체 그것은 무엇을 의미하는가?

내가 꿈의 해석에 관해 발견한 놀라운 점은 그 해석은 일반적으로 다소 즉흥적이라는 것이다. 마치 외국에 가 있는데 갑자기 누군가가 자기 나랏말을 하는 것을 듣는 것과 같이, 이해하려고 노력하지 않아도 그 말의 뜻을 그저 안다는 것이다.

내가 발견한 두 번째 것은 해석을 억지로 하거나 해석을 꾸며낼 필요는 없다는 것이다. 꿈은 보통 너무나 간단하거나 분명해서 쉽게 그 꿈의 의미를 이해한다. 그러면 레이첼의 꿈에는 어떤 의미가 있는 것인가? 그렇다. 분명 의미가 있다고 나는 믿는다.

내 아내 벨린다는 차에 특별 번호 판, GRACE2U를 달고 다닌다. 꿈속에서 그녀는 우리 교회의 목회를 상징한다—예수 그리스도의 은총을 우리의 공동체와 우리 밖의 세계에까지 가져오는 목회이다. 이것은 우리 교회의 추진 동기이다. 그것이 우리 자동차의 추진력이라고 확대 해석해서는 안된다. 그것이 우리가 일을 하는 이유이다.

벨린다는 앞을 보고 있지 않았다(즉 내일을 생각하고 있지 않았다는 얘기다). 그러나 움직이는 바퀴 위에 놓인 책을 읽고 있었다. 이것은 시각에 의해서가 아니라 신앙에 의지해 걷는 것을 상징한다(우리의 삶을 조절하는 하나님의 말씀에 인도됨을 말한다).

레이첼은 보다 나은 내일을 갈망하는 젊은이의 마음을 대표한다. 그녀는 차 앞에 달려드는 거대한 돼지를 본 사람이다. 이것은 우리 삶을 위해 하나님의 목적을 성취하지 못하도록 하는 잠재적인 장애물을 나타낸다. 즉 우리의 전진을 중단시키려고 하는 불결한 일들을 의미하며, 또한 하나님께서 우리 삶을 위해 준비해 놓으신 운명을 외면하게 만들려고 노력하는 혼란스러운 소동을 의미한다.

어떤 사람이라도 동물을 보면 자연적으로 브레이크를 밟게 되었을 것이지만, 벨린다는 그것을 보지 못하고 그 위를 지나가 버렸다. 이 것은 우리의 눈이 예수님을 향해 고정하고서, 그리고 우리를 그토록 쉽게 올가미에 사로잡히게 만든 모든 죄의 짐을 벗어 놓은 것을 의 미한다. 벨린다의 자동차의 힘은 교회에 아무런 손상도 주지 않고, 그 돼지를 밀어붙일 만큼 충분했다.

돼지를 밀어붙이고 앞질러 가자마자 벽이 무너졌는데 이것은 우리가 혼란에서 벗어나자 하나님이 원하시는 데로 살지 못하게 하려는 모든 장애와 제한을 제거해 버리는 것을 의미한다.

장면이 바뀌는 그 자체가 또한 교훈적이다. 그 메시지는 분명하다. 큰 혼란이 우리를 하나님의 목적으로부터 떼어놓는 일을 하지 못하게 한다면, 오늘날의 젊은이로부터 우리를 갈라놓는 벽이 무너지는 것을 보게 될 것이다. 나는 청소년실이 상징하는 것이 바로 그것이라고 믿는다.

비단뱀은 교회의 생명력을 질식시키려는 사악한 영을 상징한다. 그러나, 그 비단뱀은 물 마시는 분수 샘을 죄지 못하고, 단지 물어뜯고만 있었다. 비단뱀은 아무런 악영향도 끼치지 못하고 있었다. 오히려 이 사악한 영 자체가 하나님의 말씀에 의해 죄임을 당하고 있었다. 그 물 마시는 분수 샘은 하나님의 말씀을 설교함으로써 생명수를 제공하는 교회의 목사와 지도자들을 상징한다. 마귀는 생명수의 공급을 차단하기 위하여, 신랄한 위협과 비난으로 지도자들을 공격한다. 마귀가 성공한다면, 교회는 정체되고 열의가 식게 될 것이다.

따리를 틀은 방울뱀들이 우리가 걷는 길을 따라 쉬쉬 소리를 내고 있는 것은 마귀들이 숨어서 하는 일들을 나타낸다. 마귀는 독을 우리의 발과 다리에 주입하여, 우리의 힘을 파괴하고 신앙의 걸음을 무력하게 만들려고 수작을 부리고 있다.

관리인은 성령의 사역을 의미한다. 성령은 교회의 관리인으로 왔다. 그는 청소를 하고, 모든 전기불이 잘 작동하는지를 점검하고, 모든 설비로 사용할 수 있도록 준비해 놓는다. 그는 모든 문을 여는 열쇠를 갖고 있으며, 분실물-발견 창고를 감독한다.

레이첼이 관리인을 데려오기 위해 달려왔을 때, 그녀는 끈질긴 중재의 행동을 상징한다. 그녀가 성령과 함께 기도를 하고 돌아왔을 때, 곰 한 마리가 뱀들을 죽이고 있었다. 그 곰은 주님의 말씀을 확산시켜 주는 하나님의 권능을 상징하는데, 그 권능은 엘리사가 예언을 했을 때, 암곰이 숲에서 나와서 엘리사가 한 말을 성취시켜 주었을 때와 같은 것이다(왕하 2:23-25).

그래서 뭐가 어떻다는 것인가?

이제 이 모든 것을 살펴보았으니, 한 가지 질문을 해야 하겠다. ―그래서 뭐가 어떻다는 것인가? 그래 내 딸이 이상한 꿈을 꾸었고, 나는 그 꿈을 솜씨 좋게 해석하여, 주님, 교회, 그리고 기독교인으로서의 우리의 걸음걸이에 대한 것들을 상징하는 것처럼 보인다는 식으로 흥미로운 의미로 해석하였다. ―그게 어떻다는 것인가?

필자가 이 책을 통해 이런 식의 태도를 변화시키고 싶은 것이다. 많은 사람들은 그런 꿈 이야기를 듣고, 그 꿈의 의미가 무엇이던 간에 그 꿈의 의미를 찾는 것은 완전히 어리석은 일이라고 생각한다. 바로 그런 종류의 생각은 주님께서 우리를 위해 주시고자 하시는 많은 놀라운 은혜를 우리에게서 빼앗아 가는 생각이다.

우리가 그러한 꿈을 주님의 은혜로 받아들인다면 그 꿈은 우리에게 다양한 구속적(救贖的)인 목적을 성취할 것이다. 첫째로, 그 꿈은 내 딸의 마음을 자극하여 주님을 향한 사랑과 경이로움으로 가득차게 했으며, 내 딸을 더욱 주님께로 이끌어 주님의 말씀을 깊이 받아들이게 하였다. 또한, 그 꿈은 딸의 엄마와 나에게도 주님에 대해

딸과 함께 얘기를 나누는 특별한 시간을 갖게 하는 황금 같은 기회를 주었다. 나아가서 우리 가족간의 유대와 딸의 개인적인 신앙을 더욱 강화시켰다. 레이첼은 하나님께서 자신에게 그 꿈을 보여주셨다고 생각하여 얼마나 감동했던가.

두 번째로, 그 꿈은 우리 교회가 목사와 젊은이들 그리고 공동체에 대한 목회활동을 위해 기도를 드릴 수 있는 특별한 통찰력을 주고 있다. 세 번째로, 그 꿈은 교회 안에 불결한 것에서 야기된 혼란과 장애물이 있다는 것을 우리에게 경고해 주며, 삶의 원천인 하나님 말씀을 설교하는데 방해하는 원수들의 악마적인 공격에 경계태세를 갖추도록 해준다. 끝으로, 그 꿈은 바울이 말하기를 예언은 덕을 세우며, 훈계하며, 위안을 준다고 한 말을 이루어주었다.

적의 전선 후방에서

나는 일개 분대의 군인들이, 연대에서 이탈되어, 적의 전선 후방에서 엄청난 집중 공격을 받고 적에게 포로가 되는 꿈을 꾸었다. 내가 포로된 군인들을 따라가 보았는데, 그들은 잿더미가 된 도시 안에서 보초도 없이 방치되어 있었다. 그들은 쇠사슬에 묶여있지도 않았고, 다른 어떤 방법으로도 구속되어 있지도 않았다. 그들의 다리는 부러져 있었으나, 그 버림받은 도시에서 자유롭게 돌아다니고 있었다.

이들 군인들은 자신들을 체포한 적들이 분명히 무관심하게 대하는 태도에 어리둥절한 모양이었다. 그런데, 왜 그런지 그 이유를 분명히 알게 되었다. 아군측에서는 이들이 전투 중에 전사한 것으로 보도된 것이다. 아무도 그들이 포로가 되어 생존하고 있다는 사실을 몰랐다. 그래서 어느 누구도 그들을 찾으려고 하지 않았던 것이다. 구조대가 올 리가 없었다. 그들은 적의 전선 후방에 방치된 것이었다. 그 순간, 극도의 절망상태가 그 군인들에게 엄습해 왔다. 꿈은 거기서 끝났다.

내가 이 특별한 꿈을 생각해 보았을 때, 나는 이 꿈이 분열과 분쟁으로 인해 교회에서 분리된 많은 사람들의 상태를 보여주는 그림이라고 느꼈다. 동료들로부터 고립된 상태에서, 마귀는 그들을 맹렬히 공격하여, 그들을 포로로 잡혀있게 한 것이다.

그들의 신앙은 절름발이 신세가 되고, 그들은 잿더미 속에 버려졌다. (쇠약해진 정신 상태를 의미할 수 있다). 지금, 이 포로들은 적의 전선 뒤를 배회하면서 아무도 그들을 찾아 주님의 품으로 다시 데려다 주려고 하는 사람은 아무도 없다고 생각하는 것 같다.

적의 전선이란 무엇인가?

적의 거짓말이 악마의 유일한 전선으로, 이 전선 후방에 그리스도인을 포로로 잡아 놓는 것이다. 사탄의 가장 효과적인 거짓말 몇 가지를 열거해 보겠다.

* 목사는 너에게 관심이 없다.
* 교회의 어느 누구도 너에게 무슨 일이 일어났는지 모르며, 게다가 그들은 네 삶에 어떤 일이 일어나는지 관심이 없다.
* 너는 혼자이다.
* 하나님은 너를 버리셨다.
* 성서는 사실이 아니다; 그것은 효과가 없다; 그것은 모두 거짓말이다.
* 교회는 위선자들로 가득차 있다.
* 그들이 원하는 것은 오직 너의 돈뿐이다.
* 그들은 서로 사랑하지도 않는다. 무엇이 그들이 널 사랑할 거라고 생각하게 하느냐?

위의 내용들은 포로들을 잡아 두기 위해 사용하는 적들의 거짓말

전선의 일부이다. 하나님은 비범한 용기로 충만한 소수의 숭고한 특공대를 찾고 계신다. 그 특공대는 진리의 검으로 적의 전선을 뚫고 들어가서, 불구가 되어 잿더미 속에 잡혀 있는 사람들을 구원할 사람들이다. 자원자는 없는가?

아마 당신도 그 적의 전선 뒤에 있는 사람들중 아는 사람이 있을지도 모른다. 그들을 위해 기도하자. "하나님께서 그들을 회개하게 하시고 진리를 알도록 인도하여 주시옵소서. 그리고 그들이 깨어 정신을 차리고, 그들을 사로잡아 마귀의 뜻을 따르게 하는 마귀의 올무에서 벗어나게 인도하시옵소서"(딤후 2:25-26). 하나님께서 그 기도에 응답하실 것이다.

좋다. 이제 독자들의 차례다! 비행기에서 뛰어내릴 시간이다! 이 장(章)에서 보여준 원리들을 적용하여 다음의 꿈을 해석해 보라.

세 개의 접시

나는 꿈속에서 내 앞에 빈 접시 세 개가 있는 것을 보았다. 첫 번째 접시는 "구원"이란 표가 붙어 있었다. 두 번째 것은 "가르침"이었고, 세 번째 것에는 "박해"가 붙어 있었다. 그 때 주님의 손이 나타나서 항아리를 들어서 첫 번째 그릇에 물을 부으셨다. 물은 칙칙하고 불쾌하였다. 주님은 누더기 천을 집어서 그것으로 구원의 그릇의 물에 적셨다가, 그 천의 물을 옆에 있는 가르침의 그릇 속으로 짜서 넣으셨다.

두 번째 그릇의 물은 좀 더 깨끗했다. 그러나 여전히 흐리고 회색 빛이었다. 그때 주님께서 똑 같은 천을 집어서 그 물에 한 번 더 적셨다가, 이번에는 그 물을 세 번째 박해의 그릇 속으로 짜서 넣었다. 이 세 번째 그릇에서는 물이 수정처럼 깨끗하고 아주 맑았다. 그 꿈은 여기서 끝났다.

질문

* 이 꿈은 주님에게서 온 것인가?
* 이것은 어떤 종류의 꿈인가?
* 세 개의 빈 접시는 무엇을 의미하는가?
* 그 항아리는 무엇을 상징하는가?
* 그 더러운 물은 무엇을 나타내는가?
* 주님께서는 넝마 천을 왜 더러운 물을 적시는 데 사용했는가?
* 그 천은 무엇을 상징하는가?
* 그 천을 다음 그릇에 집어넣을 때마다 물이 왜 깨끗해지는가?
* 그 이야기의 교훈은 무엇인가?

뛰어내려라, 공수 병사여! 그리고 그대가 안전히 착륙했는지 알려다오.[111]

밤이 깊었으니 나는 자러가야겠다.

제 11 장
이제 나는 잠을 자야겠다

내가 할 수 있는 일은 아무것도 없었다. 유럽풍의 대 저택 현관 홀의 밝은 조명아래 혼자 서 있었는데 내 두 손은 두 개의 수정항아리 안에 들어가 달라붙어 있었는데, 마치도 내가 바보 같았다. 그 두 항아리를 부딪혀서 깨뜨려버릴까 생각했지만 그런 과정에서 손이 찢어질까봐 두려웠다. 손을 항아리에서 빼내려고 해 보았지만 소용없었다. 항아리 가장자리가 너무 작아서 내 손목에 너무 꼭 달라붙어 있었다.

나는 당황과 좌절감에 빠졌다. 가장 이상했던 것은 손이 어떻게 항아리 안에 들어갔는지, 그런 이상한 처지에서 내가 무엇을 하고 있는 것인지조차 모른다는 것이다. 무엇을 해야할 지도 모르면서 나는 그저 거기에 서 있었다—아주 당황했고 몹시 화도 났다.

주변을 둘러보니 구형 직립 세탁기가 보였다. 위 부분에 옷의 물기를 압축시켜 짜내기 위한 나무로 된 롤러가 있는 그런 종류의 세탁기 말이다.

그 성의 고전적인 형태에는 어울리지 않는 것 같았다. 호기심이 생겨서 자세히 보려고 가까이에 다가갔다.

내가 세탁기 옆에 서자, 내 손이 저절로 물 속에 잠기는 것 같았다. 반사적으로 내 손을 빼내기도 전에, 세탁기의 교반기가 엄청난 속도로 돌기 시작했다 - 너무나 격렬하게 회전해서 세탁기가 산산조각 날 것처럼 진동했다. 나는 분명히 항아리가 깨어져서 그 파편들로 인해 손이 상처가 날 거라고 생각했다.

그러나, 내 손은 다친 데 하나 없이 세탁기 물 밖으로 쑥 빠져 나왔다. 세탁기의 요동 때문에 내 손이 수정 항아리로부터 자유롭게 빠져 나온 것이었다. "참 이상하구나." 나는 혼자 생각에 잠겼다. 그 기괴한 경험이 아직 끝나지 않았음을 그때 나는 알지 못했다.

모든 것이 괜찮다는 것을 확인하기 위하여, 나는 재빨리 내 손을 살펴보았다. 내 피부는 가죽처럼 질기게 느껴졌지만, 그러나, 아직도 고기 살처럼 부드러웠다. "강하나 부드럽고, 부드러우나 아직 강하고." 그것은 그때 내 마음에 떠오른 생각이었다.

그런 생각을 하고 있는데, 거대한 보라색 커튼이 갑자기 내 머리 위로 떨어졌다! 나는 그 무게에 눌려 마루바닥에 쓰러졌다. 그리고 마치 누군가가 나에게 장난을 하고 있다고 생각해서 불쑥 말을 했다. "여기서 뭐 하는 거야?" "이게 도대체 무슨 일이야?"

내가 그 음성을 들은 것은 그때였다. 그 음성은 달리기를 하다가도 깜짝 놀라 멈추게 되고, 머리카락을 곤두서게 하는 그런 목소리였다.

그 음성은 위에서 들려왔으며, 틀림없이 권위에 찬 음성이었다. 그 음성은 단지 "이것은 스가랴의 망토이다!"라고 말했다. 나의 흥분은 갑자기 가라앉고 놀라움과 경외감으로 충만했다. 나는 조용히 서서 그 다음에 무슨 일이 일어날 지 기다리고 있었다.

똑, 똑! 거기 누구 있어요?

세 번의 천둥소리 같은 문 두드리는 소리가 내 왼쪽에 있는 높이 솟은 성문에서 들려와 그 넓은 방 전체에 메아리 쳤다. 그 목소리는 다시 말했다. 이번에는 내 이름을 불으면서 말했다. "제임스야, 주님이시다!" 나는 그 때 예수님께서 성문밖에 서 계신다는 것을 깨달았다.

나는 몸을 돌려 큰문으로 걸어갔다. 그러나 옆방으로부터 한 남자가 현관 홀로 들어와서 가로막았다. 그는 불안해하고 아주 다급해했다. 나를 한 번 보더니, 그는 말했다. "그 바보 같은 망토를 벗고 이 작업복으로 갈아입으시오! 나는 당장 이 칭얼대는 어린애들을 돌봐줄 사람이 필요해요!" 그의 다급한 느낌에 끌려, 나는 그가 왔던 옆방을 들여다보았다. 그곳은 소년 소녀들로 가득 찬 교회의 강단이었다. 그들은 장난감을 가지고 놀고 있었으며, 책에 있는 그림을 색칠하기도 하고, 작은 석고상들을 만들고 있었다. 그 장면은 혼란스러웠고 무심함으로 가득했다. 그 남자가 그렇게 당황해 하는 것은 놀랄 일이 아니었다.

그러나 나는 주님께서 기다리고 계신 것을 알았다. 그래서 그 죄책감에 빠진 남자에게 점잖게 사과를 하고 계속 문으로 걸어갔다. 내 마음은 흥분과 두려움; 영광스러운 환희와 거룩한 두려움이 이상하게 뒤섞였다. 나는 거대한 보라색 망토를 내 어깨에 꼭 붙들고 천천히 문을 열려고 다가갔다. 나는 주님을 직접 대면해서 만나게 될 것이라고 생각하면서 말이다. 내가 문손잡이를 막 잡았을 때, 나는 깨어났고 여태 꿈을 꾸고 있었다는 것을 깨달았다!

꿈을 마저 꾸려고 다시 잠을 청해본 적이 있는가? 그렇게는 마음대로 되지 않는 법. 내가 너무나도 원한 것은, 내가 눈을 감고, "그 문을 열어라!" 그러면 나는 주님을 뵐 수 있다는 소망이었다. 그러나, 나는 다시 잠들 수가 없었다.

거의 새벽 세시 경이었다. 나는 침대에 잠시 누워서 방금 꾼 꿈을 생각해 보았다. 잊어버리기에는 너무나 황홀했으며, 없었던 것으로 하기에는 너무나 생생했다. 나는 조용히 일어나서 서재로 들어가 스가랴서를 읽었다. 나는 꿈속에서 "이것은 스가랴의 망토이다"하는 그 목소리가 무엇을 의미하는지 이해하기 위해서 그렇게 하는 것이 좋을 것이라고 생각했다.

스가랴서를 읽어보면, 그가 꿈꾸는 선지자였다는 사실을 즉시 알게 된다. 그 용어의 가장 참된 의미로, 그는 예견자였다. 그의 책은 여덟 가지의 분명한 환상이 주님의 천사에 의해 그에게 나타나는 것으로 시작한다.

"스가랴의 망토", 그것이 어떤 의미를 지닌 것이라면, 꿈과 환상 같은 것들과 상관이 있다고 해도 틀린 말은 아닐 것이다. 이것은 얼마나 자주 그리고 분명하게 하나님께서 스가랴에게 꿈과 환상을 통해 말씀하셨는지를 살펴보면 이해할 만한 결론이다.

하나님께서는 오늘날에도 이런 방식으로 말씀하실 것이라는 것인가? 어떤 사람이 말한 것처럼, 우리가 세상에 대해 잠들어 있을 때보다 더욱 더 하나님을 향해 깨어있는 때는 없다. 내 꿈이, 그 꿈이 이상하긴 하지만, 주님께서 우리에게 주시는 메시지를 담고 있다는 것이 가능한 일인가? 다시 말하면, 내 꿈이 그분의 거룩한 말씀의 진리를 설명해 주시는 신성한 통찰력을 담고 있다는 사실이 가능한 일인가? 한 번 살펴보자.

주님을 기다려라

그 성(城)의 현관 홀은 주님을 기다리는 장소를 상징한다. 내 손은 봉사를 상징하지만, 그 손은 항아리 안에 있었다. 이것은 하나님께서 목회를 위해 우리를 보호하시고 준비시키기 위해 우리를 따로 떼어놓으시는 것을 보여준다. 그래서 목회 과정에서 종종 혼자 있게 되어 때로는 아주 바보처럼 느껴지기도 한다.

당신의 손은 원하는 대로 자유롭게 쓸 수 없으며, 다른 사람들이 힘 안 드리고 할 수 있는 일을 당신을 아무것도 할 수 없게 되어 있다. "다른 사람들은 해도 좋은데 당신은 해선 안된다." 왜? 왜냐하면 주님께서 당신을 그분 자신의 소유로 점찍어 놓으셨기 때문이다. 그분께서 당신을 그분 자신을 위해 따로 설정해 놓으셨기 때문이다. 성경은 말하다. "사람이 젊었을 때에 멍에를 메는 것이 좋으니 혼자 앉아서 잠잠할 것은 주께서 그것을 메우셨음이라"(애 3:27-28).

사람들은 그 항아리를 깨뜨려 자유를 찾으려 할 것이지만, 그렇게 하면 손을 다치게 될 것이고, 그리고 아마도 그분의 부르심을 거부하는 가능성도 있을 것이다. 우리는 젊고 참을성 없는 사람들이 주님의 멍에 아래서 얼마나 숱한 반란을 일으키고, 그분을 섬기는 일에 쓸모 없는 존재가 되어버린 것을 보아 왔는가?

현관 홀에서 사람이 할 수 있는 일은 많지 않다―그저 기다려야 한다. 그러나, 이 말은 당신이 수동적이라는 것을 의미하지는 않는다. 하나님께서는 이 시간을 이용하셔서 당신을 가르치시고, 올바르게 하시고, 성숙시키셔서 그분에게로 더욱 가까이 하게 하시는 것이다. 다윗은 이렇게 기도했다. "주의 도를 내게 보이시고 주의 길을 내게 가르치소서. 주의 진리로 나를 지도하시고 교훈하소서. 주는 내 구원의 하나님이시니 내가 종일 주를 바라나이다(wait)"(시 25:4-5). 기다린다는 말은 "함께 묶는다는 의미이다"[112] 하나님께서는 그 성의 현관 홀에서 첫 신뢰의 만남 동안 당신의 마음을 그분 자신에게로 묶으시고, 그리고 그분의 마음을 당신에게로 묶으신다. 그 묶음은 결코 깨뜨려지지 않은 결속이다.

그러므로, 무한한 기다림의 시간을 이상하다고 생각하거나, 빨리 포기해버리려고 하지 마라. 왜냐하면, 그 보상은 영원하기 때문이다. 이를 위하여 이사야는 이렇게 증언을 했다. "그러나 오직 여호와를 앙망하는 자는 새 힘을 얻으리니 독수리의 날개 치며 올라감 같을 것이요 달음박질하여도 곤비치 아니하겠고 걸어가도 피곤치 아니하리로다"(사 40-31). 영광스러운 변화가 그 현관 홀에서 일어나고 있었다. 당신은 그리스도안에, 그리고 그리스도는 당신 안에—그 교환된 삶—그것은 효과적인 삶과 결실 있는 예배를 위한 열쇠이다.

영혼을 정화하는 힘

윗 부분에 롤러가 달려있는 구형 직립 세탁기는 하나님께서 우리로 하여금 주님을 섬기는데 사용하시는 시간적인 과정을 상징한다. 그 과정은 두 부분으로 되어있다. 먼저, "항복"(surrender)이다—두 손이 물 속에 들어가야만 한다. 그 다음에는 "휘젓는 것"(stirring)이다—성령은 정화하시는 권능으로 우리의 삶속에서 역사하시어야만 한다. 흔들어 버릴 수 있는 것은 모두 흔들어서, 그래서 하나님의 흔들림 없는 것들만 남게 하도록 해야한다(히 12:27-29).

당신이 사는 지방의 잡화점에 가면 많은 항아리에 표가 붙어있다. 거기에는 "사용하기 전에 잘 흔드십시오"라고 쓰여있다. 주님께서 어쩌면 그분의 모든 종들에게 다 그런 표를 붙여놓으셨을 거라고 생각되어진다! 욥은 많은 사람들을 대신해서, "내가 평안하더니 그가 나를 꺾으시며"라고 하였다(욥 16:12).

어떤 사람은 주님께서 왜 그런 일을 하시는지 의아하게 생각할 수도 있다. 그 목적은 하나님의 흔드심에도 살아남음으로써 우리가 시련과 고난의 사소한 유혹을 이겨낼 수 있게 하려는 것이다(눅 6:47-49). 주님께서 우리를 흔드시는 것은 우리의 나약함을 보여주심으로써 우리를 겸손하게 만드시려는 것이며, 그것은 또한 영혼을 정화하게 하시는 하나님의 사랑의 능력 안에서 우리를 경고케 하려는 것이다. 그렇게 해서 우리는 부드러워지는 반면 강해지는 것이다. 그것이 내 꿈의 수수께끼이다. "강하지만 부드럽게, 부드러우나 여전히 강하게."

　세탁기 위의 나무로 된 롤러는 우리가 주님의 신실한 종이 되기 위해 뚫고 나가야만 하는 압력을 증거해 준다. 당신은 최고 탈수기 안에 들어가 본적이 있는가? 탈수기는 우리가 우리의 개성의 우리 안에 갖고 다니는 모든 이기적인 야심과 숨겨진 문제들을 뒤틀어서 짜버리는 것이다. 우리는 얼룩이나 주름살 없이 될 것이다—세탁기는 이 일을 가장 편의를 봐주는 방법으로 해줄 것이다!

하나님이 선택하시는 사람

하나님이 사람을 단련시키고
감동시키고, 숙련시키기를 원할 때;
하나님이 가장 숭고한 역할을 하는
사람을 만드시길 원할 때
그분이 온 마음을 다해
온 세상이 다 놀라워할 만큼
그토록 위대하고 용감한 사람을 창조하기 갈망할 때
그분의 방법을 바라보라, 그분의 길을 바라보라!
그분이 거룩하게 선택하시는 사람을
얼마나 가차없이 완성시키시는지!
얼마나 그를 망치질을 하여 상처를 주는지!
그리고 엄청난 타격을 가하여
시련에 찬 흙덩이로 바꾸어 놓는지
하나님만이 이해하리……
그의 괴로움 당한 마음이 눈물 짓는다
　그리고 애원하는 두 손을 높이 든다!
하나님은 굽히시나 결코 꺾지 않으시네
　사람이 선할 때 그분은 맡아주시고,
　그분이 선택하는 사람을 쓰시기 위해

> 온갖 목적을 위해 그를 녹여 버리나니,
> 모든 행동으로 그를 이끄시어
> 그분의 영광을 시험해 보시네!
> 하나님은 그분이 무엇을 하시는지 아시리!
> - 익명 -

사도 바울은 그것을 이런 식으로 요약하였다. "오직 하나님께 옳게 여기심을 입어 복음을 위탁받았으니 우리가 이와 같이 말함은 사람을 기쁘게 하려함이 아니요 오직 우리 마음을 감찰하시는 하나님을 기쁘시게 하려함이라"(살전 2:4). 다른 말로 하면—하나님께서는 우리를 시험하시고, 그런 다음 우리를 믿으시고, 그리고서 우리에게 복음을 맡기신다는 것이다!

하나님의 음성을 듣기 위한 다섯 개의 열쇠

내 꿈속에서 말씀하셨던 그 음성은 예수님의 약속과 일치하고 있다. "진리의 성령이 오시면 그가 너희를 모든 진리 가운데로 인도하시리니 그가 스스로 말하지 않고 오직 들은 것을 말하시며 장래 일을 너희에게 알리시리라. 그가 내 영광을 나타내시리니 내 것을 가지고 너희에게 알리시겠음이라"(요 16:13-14).

하나님의 음성을 듣는다는 것은 성스러운 자의 유산이요, 구원받은 자의 보상이며, 거듭난 자의 상속권이다. 예수께서 말씀하셨다, "내 양은 내 음성을 들으며 나는 그들을 알며 그들은 나를 따르느니라. 내가 그들에게 영생을 주노니 영원히 멸망하지 아니할 것이요 또 그들을 내 손에서 빼앗을 자가 없느니라"(요 10:27-28).

기독교인으로서 우리는 하나님 아버지의 음성을 듣지 못하는 곳에

버려진 고아들이 아니다. 하나님께서는 매일, 개인적으로 실제로 우리에게 말씀하신다.[113] 아마도 이런 점에서 가장 유명한 약속은 예수님께서 사랑하는 요한을 통해 하신 말씀이다. "볼지어다 내가 문 밖에 서서 두드리노니 누구든지 내 음성을 듣고 문을 열면 내가 그에게 들어가 그와 더불어 먹고 그는 나와 더불어 먹으리라"(계 3:20).

하나님의 음성을 들을 수 있도록 마음의 문을 열 수 있는 다섯 가지 실천적인 열쇠들을 알려주겠다. 그 열쇠들은 예언자 하박국의 말씀가운데서 찾을 수 있다. 그는 말했다. "나는 내 파수하는 곳에 서며 성루에 서리라 그가 내게 무엇이라 말씀하실는지 기다리고 바라보며 나의 질문에 대하여 어떻게 대답하실는지 보리라."

그때 주님께서 대답하셨다. "너는 이 묵시를 기록하여 판에 명백히 새기되 달려가면서도 읽을 수 있게 하라. 이 묵시는 정한 때가 있나니 그 종말이 속히 이르겠고 결코 거짓되지 아니하리라 비록 더딜지라도 기다리라 지체되지 않고 정녕 응하리라"(합 2:1-3). 하나님의 응답에서 알 수 있는 다섯 가지 열쇠는 다음과 같다.

1. 주님을 특정한 기도 장소에서 규칙적으로 만나라.
"나는 내 초소에 서 있을 것이다."

2. 주님께서 꿈과 환상에서 당신에게 말씀하시기를 기다려라.
"나는 보기 위하여 지켜볼 것이다."

3. 주님의 말씀을 들어라.
"그분이 내게 말씀하실 것이다."

4. 하나님께서 말씀하시는 것들의 일지를 적어라.
"환상을 기록하라."

5. 하나님께서 응답을 주실 때까지 기다려라.
"그 응답은 분명히 이루어 질 것이다."

당신의 기도가 무의미하지 않을 것이다. 당신의 시간이 헛되이 소모되지 않을 것이다. "약속을 지키시는 위대한 분"의 약속을 신뢰해야만 한다 - "누구든지 내게 들으며 날마다 내 문 곁에서 기다리며 문설주 옆에서 기다리는 자는 복이 있나니, 대저 나를 얻는 자는 생명을 얻고 여호와께 은총을 얻을 것임이니라"(잠 8:34-35).

수단과 사명

"스가랴의 망토"는 하나님께서 예언자에게 말씀하시는 수단(꿈과 환상)을 의미하는 것 뿐 아니라, 하나님께서 스가랴를 보내 이루시고자 하시는 사명을 의미한다—그것은 추방 이후시대의 유대인들이 무너진 여호와의 성전을 다시 세우도록 격려하는 것이었다.

"유다사람의 장로들이 선지자 학개와 잇도의 손자 스가랴의 권면함으로 인하여 전 건축할 일이 형통한지라 이스라엘 하나님의 명령에 따라 건축하였다"(스 6:14).

이 말씀은 오늘날 우리에게도 큰 의미가 있다. 우리가 설득력 있게 주장할 수 있는 것은, 유대인들이 하나님의 언약을 깨고 바빌론의 포로로 추방되었던 것처럼, 오늘날의 교회도 역시 이와 유사하게 우리의 숭고한 부르심으로부터 이탈하여 혼란과 사로잡힘의 세월을 오래 끌어오면서 수치를 당해왔다는 것이다.

예수께서는 우리가 세상의 빛이라고 말씀하셨다. 그러나 우리의 역사는 그렇게 빛난 것이 아니다. 사실 교회가 그 힘과 영향력을 가장 크게 견지했다고 생각되는 역사의 기간은, 아이러니컬하게도 암흑시대라고 부르는 기간이었다.

최근에 서구 교회는, 보다 시각적이고 열변적인 특사들(역자 주: 스켄달을 일으킨 목사들을 말함)이 전락하여 두드러진 악평을 받게 됨에 따라, 우리의 진실성에 있어 심각한 위기를 겪어왔다. 그들이 기독교계 전체를 대표하지 않는다는 것은 다 아는 사실이다―우리는 그 사실을 알고 있지만 그러나 세상은 그런 것을 구별하지 않는다. 우리는 각자 우리 형제들의 죄를 분담하고 있다. 부끄러움의 일부가 우리 위에 떨어지고 있다.

우리들의 문제는 존즈타운의 인민사원(People's Temple od Jonestown: 미국의 짐 존즈(Jim Jones)가 이끈 사교단체. 잘못된 종말관 때문에 100여명이 집단 자살함으로 끝남)과 와코의 다윗 파 (the Branch Davidians of Waco: 사교 단체)와 같은 기괴한 종파들의 이루 말할 수 없는 공포를 자아내는 기괴한 사교들로 인해 더욱 복잡해졌다. 그 집단들은 주님의 이름으로 광기 어린 행동을 나타내었다. 그러한 불법적인 행동으로 인하여 아주 건전한 행동을 하는 사람들도 악평을 받게 되었다. 참된 선지자들이 거짓 예언자와 동일하게 평가되고 있고, 잇사갈(Issachar야곱의 아들, 창 30:14-18)의 두 눈은 발람(Balaam, 물질을 탐하여 타락한 예언자, 민 22장-24장과 신 23:4-5 참조)의 범죄를 보지 못하고 있다.

태아를 죽이는 의사들, 동성연애자와 여권주창자들과의 증오에 찬 논쟁, 다른 종파들간의 화해시킬 수 없는 증오심, 소위 기독교 연구기관(역자 주: 이단 사이비 척결 연구기관) 이라고 불리는 혐오스럽고 독선적이고 오만에 찬 단체들이 다른 기독교인들을 비방하는 일 등등, 우리가 얼마나 절망적으로 도움을 필요로 하는 지 알 수 있을 것이다.

옛날의 유대인들처럼, 오늘날의 우리도 신앙의 벽을 다시 세우려고 노력할 때 적대자들에 의해 조롱을 받고 있다. 우리가 우리의 공동체를 희망과 사랑으로 재건하려고 할 때 우리는 그들의 조롱을 받게 된다. 우리가 그들에게 예수님의 이름으로 죄를 용서해 주려 할 때 그들은 우리를 거부하면서 코방귀를 뀌고 있다. 왜냐하면 그들은 우리 스스로 용서의 길로 걷고 있지 않는다고 보기 때문이다.

지난날처럼, 오늘날도 폐허더미는 엄청나고, 우리가 가진 자원은 얼마 되지 않는다. 하나님으로부터의 꿈과 환상을 가지고 한발 앞으로 나가기 위해서는 학개와 스가랴가 필요하다. 믿음의 길을 지키라는 그들 선지자들의 성령의 기름부음 받은 말씀으로 우리가 감동을 받을 때, 우리는 전락의 폐허더미로부터 회복할 것이다.

이 사명은 한 사람이 다루기 힘든 것이다.

꿈속에서 내게 덮여진 망토는 거대하고 아주 무거운 것이었다. 그것은 혼자 힘으로 다루기에 벅찬 것이었다. 바울은 "그런 일을 하는데 누가 충분한 자격이 있겠습니까?" 하고 묻고는, 그는 답하기를 "우리의 충분한 자격은 하나님에게서부터 옵니다." 라고 했다. 성경은 이렇게 말하고 있다. "우리가 무슨 일이든지 우리에게서 난 것 같이 생각하여 스스로 만족할 것이 아니니 우리의 만족은 하나님께로서 났느니라"(고후 2:16; 3:5-6).

"스가랴의 망토"는 많은 사람들이 입고 다녀야 한다. 그것은 한 사람의 남자나 여자를 위한 것도 아니고, 오히려 주님을 섬기는 모든 사람들, 즉 젊은이와 노인, 남자와 여자, 묶인 자와 자유 하는 자들 모두를 위한 것이다. 개인적으로, 필자가 분명히 말하고 싶은 것은, 하나님께서 나를 부르시어 "마지막날에 예언자 스가랴"가 되라고 하셨다고는 결코 믿는 것은 아니다. 나는 하나님께서 이 세대 사람들을 부르시어 성령의 권능을 받아서, 희망이 필요한 절망적인 세계에 감동적인 영감으로 살아 계신 하나님의 말씀을 전하라고 하신다는 것을 믿고 있다.

이 말씀에 응하는 사람들에게 이런 조언을 해 주고 싶다. 피상적인 활동을 하는 옆방에서 나와 분명하게 방향을 잡아 나아가라. 어떤 이들은 교회 안에서 어린이 같은 게임을 하며, 다른 사람이 그려준 그림을 색칠하고, 그들의 집을 장식할 석고상을 만드는데 시간을 보내고 있다. 필자는 이러한 것을 정직하게 말해줌으로써 친절을 다하고 싶다. 여러분들은, 주님을 향한 초점을 잃어버리고, 교회를 사실상 어린이를 위한 유치원쯤으로 바꾸어버린 불안한 사람들의 얼뜬 열성 때문에 마음 산란해 하지 마라.

다급해 하는 사람들의 횡포는, 많은 숭고한 부르심을 받은 사람들을, 몰락까지는 아니더라도, 지연시키고 있다. 당신의 망토를 버리고 다른 사람의 열성적인 활동의 작업복으로 갈아입지 말아라. 왜냐하면 그 일은 유익하지 않기 때문이다. 보라색 망토를 꼭 껴입고 계속 주님을 향해 앞으로 전진하라!

보라색

나는 그 망토가 보라색이었다는 사실을 생각해 보았다. 때때로 색상은 꿈과 환상의 의미를 푸는데 중요한 열쇠가 된다. 제임스 섹스턴은 이렇게 썼다.

성서 안에서 색상의 암시는 일반적인 상징적 중요성을 갖고 있다. 색깔의 상징은 계시문학의 저자들에게는 다양한 진실을 감추어진 언어로 표현하기 위한 적절한 도구가 되었다. 그들의 글을 보면 하얀 색은 정복이나 승리를 나타내고, 검은 색은 굶주림과 역병을 나타내고, 빨간 색은 전쟁의 유혈을 나타내고, 어슴푸레한 색은 죽음을 상징하고, 보라색은 왕권을 나타내는 것임을 알게 된다.

비록 성서 안에 있는 대부분의 색상 인용은 묘사적인 성격을 지닌 것이지만, 색상의 상징적 사용의 가능성은 성서를 연구하는 학생의 입장에서 주의 깊은 연구를 필요로 한다. 오직 주의 깊은 연구에 의해서만이 학생들은 그 작가의 의도를 식별할 수 있고 성서의 내용을 올바르게 해석할 수 있다. 색상의 이미지의 사용이 성서 문학 작가의 으뜸 관심사는 아니지만, 그것은 그들의 저술 목적에 하나의 보조자 역할을 하는 것으로 입증되었다.[114]

보라색이 왕권을 상징할 수도 있고, 그리고 그 망토가 그 망토를 입고 있는 사람처럼 기름부음을 나타내는 것이라고 이해한다면,[115] 스가랴의 보라색 망토는 우리의 선각자들보다도 더 숭고한 형태로 꿈과 환상을 보도록 하기 위해 이 시대 사람들에게 주님께서 주시는 영적인 축복을 나타내는 것일 수도 있겠다.

이것은 분명히 하나님의 특별한 의지와 관련이 있다. "말세에 내가 내 영을 모든 육체에 부어 주리니 너희의 자녀들은 예언할 것이요 너희의 젊은이들은 환상을 보고 너희의 늙은이들은 꿈을 꾸리라. 그 때에 내가 내 영을 내 남종과 여종들에게 부어 주리니 저희가 예언할 것이요"(행 2:17-18).

나아가서, 과거에 순례의 길을 걸었던 최초의 사람들보다 끝날에 가까운 우리가 모든 미덕에서 그들을 능가하게 되리라는 것은 예수 그리스도의 영원한 영광에 가장 적합한 것이다. 그래서 예언자들은 이렇게 말한다. "이전의 나중 영광이 이전 영광보다 크리라"(학 2:9). 진실로, 그것은 우리 주님의 말씀이 아니었던가. "그대는 지금까지 좋은 포도주를 두었도다"(요 2:10). 그러므로, 주님의 재림이 더욱 가까워짐에 따라 우리의 환상이 더욱 분명해지리라는 것은 일리가 있는 말일 것이다.

영적인 환상으로 가는 다섯 가지 실천적인 단계

주님께서는 이렇게 말씀하신다. "너희 먼데 있는 자들아 나의 행한 것을 들어라. 너희 가까이 있는 자들아 나의 권능을 알라. 시온의 죄인들이 두려워하며 경건치 아니한 자들이 떨며 이르기를 우리 중에 누가 삼키는 불과 함께 거하겠으며 우리 중에 누가 영영히 타는 것과 함께 거하리오?"

"오직 의롭게 행하는 자, 정직히 말하는 자, 토색한 재물을 가증히 여기는 자, 손을 흔들어 뇌물을 받지 아니하는 자, 귀를 막아 피흘리려는 꾀를 듣지 아니하는 자, 눈을 감아 악을 보지 아니하는 자, 그는 높은 곳에 거하리니 견고한 바위가 그 보장이 되며 그 양식은 공급되고 그 물은 끊치지 아니하리라 하셨느니라. 너의 눈은 그 영광 중의 왕을 보며 광활한 땅을 목도하리라"(사 33:13-17).

위의 성서 구절을 보면, 예언자 이사야는 우리 눈이 "영광중의 왕을 볼 수 있기"전에 대처해야만 할 다섯 가지 중요한 문제들을 열거하고 있다. 그것들은 다음과 같다.

1. 죄의 자각: "시온의 죄인들이 두려워하며"
2. 하나님을 향한 회개: "삼키는 불과 함께 거하는"
3. 복종에의 충실: "오직 의롭게 행하는 자"
4. 진리의 고백: "정직히 말하는 자"
5. 삶의 청결함: "정직하지 않은 이득을 거부하고, 폭력으로부터 귀를 돌리며 악에 대해 눈을 감는"

한 단계 더 나아가기 위해, 위의 다섯 단계를 부지런히 따라감으로써 주님을 따라가는 사람은 의심할 여지없이 그들 자신들이 다음과 같은 위치에 있게 됨을 알게 될 것이다.

* 천국에 앉아 있다: "그는 높은 곳에 거할 것이다."
* 그리스도안에서 안전하다: "견고한 바위가 그의 피난처가 되며."
* 하나님 말씀과 성령의 권능을 공급받는다: "그 양식은 공급되고, 그 물은 끊치지 아니하리라."

이제, 이 모든 것들을 함께 종합하고 그리고 모든 은총 후에 추구되는 최고의 것, 즉 환상을 더하라. 그러면 우리는 예수 그리스도의 환상과 천국의 영광을 보게 될 것이다. "너의 눈은 그 영광 중의 왕을 보며, 광활한 땅을 목도하리라!"

너의 눈이 왕을 보리라.

옛날의 희랍 사람들은 사도들에게 나아가서 이렇게 말했다, "선생이여 우리가 예수를 뵈옵고자 하나이다"(요 12:21). 이것은 의에 주리고 목마른 자들에 의해 전 시대를 통해 메아리쳐 온 요청이다. "오, 하나님, 제게 예수님의 환상을 보게 해 주시옵소서!" 우리의 기도는 귀머거리의 귀에는 들리지 않는다. 주님께서는 당신 자신을 우리 각자에게 알리시기를 원하신다. 그러나 우리는 볼 수 있는 눈으로 보아야만 한다.

예수께서 말씀하셨다. "나의 계명을 지키는 자라야 나를 사랑하는 자니 나를 사랑하는 자는 내 아버지께 사랑을 받을 것이요 나도 그를 사랑하여 그에게 나를 나타내리라"(요 14:21). 순종은 우리의 눈을 열어서 왕이신 주님을 볼 수 있게 한다. 이사야의 예언은 눈을 감아 예상되는 악을 보지 않는 사람들이 영광중의 왕을 볼 것이라는 점을 우리에게 얘기해준다.

하나님께서는 우리 각자에게 소위 내가 말하는 "환상의 갈망"(vision hunger)을 주셨는데, 이것은 하나님으로부터의 계시의 갈망, 즉 시각적인 영혼의 자극을 위한 내적 필요성을 말한다. 우리는 너무나 자주 향연의 식탁에 다가가서 "잡다한 음식"을 게걸스럽게 먹고, 우리의 눈을 이 세상의 환상들로 가득 채우며, 그 반면에 천상으로부터의 환상을 원하는 우리의 갈망을 망쳐버리고 있다. 필자는 "당신의 눈과 언약을 세우라"고 권하고 싶다(욥 31:1). 주님을 찾는 일을 멀리하게 하는 모든 것으로부터 돌아서라. 주님은 당신의 굶주림을 채워주시고 그리고 당신의 모든 목마름을 가시게 해 주실 것이다.

주님께서 문 앞에 계시다

내 꿈속에서 천둥소리와 같은 노크소리가 문에서 난 것은 주님께서 돌아오실 날이 가까웠다는 것을 의미해 준다. "심판주가 문밖에 서 계시니라!"(약 5:9). 내가 문을 열기 전에 잠에서 깨어났다는 사실은 많은 것을 말해준다. "자다가 깰 때가 벌써 되었으니 이는 이제 우리의 구원이 처음 믿을 때보다 가까웠음이라. 밤이 깊고 낮이 가까웠으니 그러므로 우리가 어둠의 일을 벗고 빛의 갑옷을 입자"(롬 13:11-12).

그리스도인들이 깨어나서 하나님 아버지가 주신 사명을 시작할 때다. 예수님께서 오셔서 잃은 자를 찾아 구원하시기를 원하신다. 그 주님은 우리를 부르셔서 추수 때 그 분의 동역자가 되라고 하신다. 우리의 손은 예배를 위해 준비되어 있고, 우리는 그분의 강력한 말씀의 솔기 없는 망토를 입고 있다. 그러면 그 이유는 무엇인가? 그것은 우리가 어둠 속에 있는 사람들에게 빛이 될 것이며 죽어 가는 사람들에게 생명을 주리라는 것이다.

이제 일어나서 빛을 발할 시간이다. 순간을 잡아라. 예수님을 위해 궐기하라. 부끄러움 없는 사람들과 형제애로 뭉쳐라. 담대하라. 강해져라. 하나님이 우리와 함께 하신다! 세상을 달려가며, 모든 사람들에게 예수 그리스도의 좋은 소식을 전하 - 꿈은 사실로 이루어지리라! 주님의 뛰어난 위대성을 전하여라. 주님을 거리에서 찬양하고, 그분의 말씀을 지붕 위에서 외쳐라. 이렇게 함으로써 당신은 불굴의 믿음으로 서게 되리라. "누구든지 주의 이름을 부르는 자는 구원을 받으리라!"(행 2:21 참조).

결론

편자는 하나님께서 이 마지막 날에 꿈과 환상으로 성경에 대한 심오한 통찰력을 갖게 될 사람들을 불러일으키시고 계신다고 믿는다. 이 사람들은 개인적으로 신실하고 신성한 말씀 연구에 대해 부단하게 헌신하기 때문에 계시의 불길을 새로이 당겨 붙일 것이다. 하나님의 거룩한 말씀의 신성함은 영원할 것이다. 왜냐하면, 그 구속하는 힘과 시대를 초월한 영원한 타당성은 하나님의 군집한 선견자들의 군대에 의해서 이 눈먼 세상에 충분히 증거 되어 그 영향을 미치게 될 것이기 때문이다.

그들은 믿음, 환상, 그리고 용기 있는 동정심을 지닌 사람들이다. 그래서 이들은 주님께서 귓속말로 속삭이신 것을 지붕 위에서 큰 소리로 선포할 사람들이다. 그들은 빛을 사람들 앞에 빛이게 할 사람들이다. 의로움에 깨어있으면서 죄를 짓지 않을 사람들이다. 확고한 결심으로 주님을 향해 걸어갈 사람들이며, 더 이상 세상적인 기쁨에 매료되지 않을 사람들이다. 그들의 눈길을 이끌어온 보다 달고 보다 더 오묘한 것, 다시 말하면 왕과 그 분의 왕국에 대한 것을 공개적으로 고백하는 사람들이다.

사랑하는 독자들이여, 아마 당신도 그들 중의 한 분일 것이다. 그렇다면, 이 마지막 기도를 드림으로써, 이 기도가 당신 자신의 기도가 되기를 바라면서 이 책을 끝맺고자 한다.

오, 꿈의 하나님

오, 꿈의 하나님께서 우리의 꿈속에 들어오셔서
당신의 은총으로 우리를 깨워 주소서.
당신의 얼굴을 바라볼 때
우리의 영은 경배하고, 우리의 혼은 유지됩니다.
우리가 꿈을 꾸는 동안
한치의 사악함도 우리의 가슴을 범하지 못하게 하시고
당신의 사랑이 덧입혀주는 환상은
우리에게 더욱 달콤한 주제를 전해 주소서.
당신의 아들의 위대한 이름에 주어진 영광이
세세토록 더해지리,
꿈과 환상의 놀라운 선물을 주시니
지상의 명예가 홍수처럼 넘치리.
그리고, 달콤한 환상 속에서 보는 우리는
당신이 어떤 모양으로 아시던
예수의 발앞에 사람으로 절하리--
그 뿐은 우리의 꿈이 진실로 이루어지는 것! [116]

각 주

시작하는 말

1. D. D. Whedon, Commentary on the New Testament, Acts-Romans (Salem, Ohio: Schmul Publishers, Rare Reprint Specialists, 1979), p. 34.
2. Matthew Henry, Acts to Revelation, vol, 6 of Matthew Henry's Commentary on the Whole Bible (New York: Fleming H. Revell Company, 1986), p. 20.
3. Simon J. Kistemaker, Exposition of the Acts of the Apostles (Grand Rapids, Mich.: Baker Book House, 1900), p. 89.
4. John Peter Lange, The Gospel According to John (New York: Charles Scribner's Sons, 1884), p. 48.
5. Ibid.
6. Everett Ferguson 편집, Encyclopedia of Early Christianity, (Garland Publisgers Inc., 1992), pp. 280-281.
7. Morton T. Kelsey, God, Dreams and Revelation (Minneapolis, Minn.: Augusburg Fortress Publishers, 1991), p. 7 (이탤릭 추가).

제1장 한밤중의 목수 집

1. J. M. Lower ed., The Zondervan Pictorial Encyclopedia of the Bible (Grand Rapids, Mich.: Zondervan Publishing House, 1975), vol. 2, p. 890.
2. James Hastings, A Dictionary of Christ and the Gospels (New York: T & T Clark, 1906), vol. 1, p. 494.
3. 외경; 집회서 34:2.

4. William Wordsworth, "Intimations of Immortality (불멸의 암시)," an ode from Recollections of Early Childhood(「어린 시절의 회상」중의 송가) (1807), 스탠저 4.
5. Alfred Edersheim, The Life and Times of Jesus the Messiah (McLean, Va.: MacDonald Publishing Co., 1883), book 2, p. 155.
6. The Confessions of St. Augustine, vol. 1 of Nicene and Post-Nicene Fathers (Peabody, Maine: Hendrickson Publishers, 1994), Letter 9.2.
7. Charles Spurgeon, Metrpopitan Tabernacle Pulpit (Carlisle, Pa.: The Banner of Truth, 1991), vol. 14, sermon '806.
8. Morton T. Kelsey, God, Dreams and Revelation (Minneapolis, Minn.: Augsburg Fortress Publishers, 1991), p. 17.
9. Charles Spurgeon, Metropolitan Tabernacle Pulpit (Carlisle, Pa.: The Banner of Truth, 1991), vol. 14, sermon '806.
10. James Hastings, A Dictionary of Christ and the Gospels (New York: T & T Clark, 1906), vol. 1, pp. 496-497.
11. Carl Mederas의 증언은 다음 주소로 연락하면 테이프를 보내드림: Boulder Valley Vinyard, 7845 Lookout Road, Longmont, CO 80503. Carl Menderas의 " The Mission to the Muslims"를 주문하실 것.
12. Bill Bright, The Adventure of a Lifetime, Strategy for Evangelism Conference, Campus Crusade for Christ International, Green Lake, Wisconsin, 1967.
13. 확고한 믿음의 사람은 Richard Halverson 목사로서, 그는 주님의 충실한 일꾼으로 오랜 세월동안 봉사해왔다. 최근 그는 14년 동안 미국 상원의회 체프린으로 일해왔다.
14. 이것은 1995년 1월에 Bill Bright 박사와의 대담을 테이프에 수록한 것임.
15. Bill Bright 박사는 이 사실을 그의 저서 The Coming Revival (Orlando, Fla.: New Life Publication, 1995), p. 29.에서도 말하고 있다.

16. Walter G. Clippinger, The International Standard Bible Encyclopedia (Grand Rapids, Mic.: Wm. B. Eerdman's Publishing Co., 1939)〈 vol. 2, p. 875.
17. John Farrar, Biblical and Theological Dictionary (1889), p. 195.
18. James Hastings, ed., A Dictionary of the Bible (New York: Charles Scribner's Sons, 1908), vol. 1, p. 622. F. B. Jevons의 꿈에 대한 논문을 볼 것.
19. Henry Wadsworth Longfellow, A Psalm of Life (1839), 스탠자 1.
20. Cyclopedia of Biblical Literature, 3rd ed. (Edinburgh, Scotland: Adam and Charles Block, 1862), vol. 1, p. 699.

제 2 장 왜 꿈과 환상에 관심을 갖는가?

21. 이 이야기는 실화로서, 미국 Florida 주의 Melbourne에 본부를 둔 Dimensions in Christian Living의 회장인 Jack Taylor가 한 이야기 이다.
22. 창 15:1; 삿 6:23; 단 10:12-19; 눅 2:10, 5:10; 행 27:24; 계 1:17 참조.
23. Jack Taylor, The Hallelujah factor (Nashville, Tenn.: Broadman Press, 1983). 좋은 내용의 책임으로 읽도록 권유하고 싶다.
24. Ante-Nicene Fathers (Peabody, Maine: Hendrickson Publishers, 1994), vol. 8, pp. 459-467.
25. Paul Lee Tan, ed., Encychlopedia of 7700 Illustrations (Rockville, Md.: Assurance Publishers, 1979), article 4775.

제3장 몽상과 기타 부질없는 상상

26. Nicene and Post-Nicene Fathers (Peabody, Maine: Hendrickson Publishers, 1994), vol. 2, 2nd series, p. 251.
27. Charles Spurgeon, The Treasury of David (Peabody, Maine: Hendrickson Publishers, 1988), vol. 2, p. 178.
28. James Strong, The New Strong's Exhaustive Concordance of the Bible (Nashville, Tenn.: Thomas Nelson Publishers, 1984), 낱말 "machazeh", #4235, 환상(a vision). 원래 어원은 "chazah"부터 왔음; 눈여겨 보다, 정신적으로 인지하다, (즐거움으로) 명상하다; 특별히 …의 환상을 보다: --바라보다, 보다, 예언하다, 제고하다, 보다.
29. James Strong, The New Strong's Exhaustive Concordance of the Bible (Nashville, Tenn.: Thomas Nelson Publishers, 1984), 낱말 "tardemah" #8639: 혼수 상태, 혹은 황홀경 의 상태 (비몽사몽간의). "radam"으로부터 #7290: 원래 어원; 기절시키다, 즉 지각을 잃게 하다 (잠자거나 혹은 죽거나):--빨리 잠들다, 깊은 잠 속에 잠기다, 죽은 것 같은 수면에 빠지다, 그러한 잠.
30. James Strong, The New Strong's Exhaustive Concordance of the Bible (Nashville, Tenn.: Thomas Nelson Publishers, 1984), 낱말 "chalam" #2492, 단단히 묶다.
31. From Morton T. Kelsey, Dreams: The Dark Speech of the Spirit, A. J. Gordon이 How christ Came to Church: The Pastor's Dream (Garden City, NY: Doubleday & Co., 1968), pp. 187-189에서 인용했는 것처럼.
32. 이 이야기를 읽어 보기를 충심으로 추천하는 바이다. 창세기 42-50장에 있는 이 이야기는 우리의 마음을 감격으로 채울 것이며, 그리고 우리에게 깊은 감동을 주는 한편의 드라마이다.

제5장 모든 것을 보시는 눈

33. James Strong, The New Strong's Exhaustive Concordance of the Bible (Nashville, Tenn., Thomas Nelson Publishers, 1984), 낱말 "dabar" #1696, 배열하는 것, 말하는 것, 대답하다, 지명하다, 명령하다, 의사 소통하다, 선언하다, 주다, 이름하다, 약속하다, 선언하다, 가르치다, 말하다, 생각하다.
34. 사무엘(삼상 9:11); 제사장 사독(삼하 15:27); 삭(삼하 24:11); 헤만(대상 25:5); 잇도(대하 9:29); 하나니(대하 16:7); 아삽(대하 29:30); 여두둔(대하 35:15); 아모스(암 7:12).
35. "Introduction to Isaiah" in The Spirit-Filled Life Bible (Nashville, Tenn.: Thomas Nelson Publishers, 1991), p959.
36. S. Sidlow Baxter, Expore the Book (Grand Rapids, Mich.: Zondervan Publishing House, 1960, vol. 4, p13.
37. S. Sidlow Baxter, Expore the Book (Grand Rapids, Mich.: Zondervan Publishing House, 1960, vol. 4, p. 129.
38. 예증을 위해, Leadership Magazine, Spring 1993, vol. 14, p. 48. 참조.
39. "여호와의 말씀의 경고(警告)"라는 말은 하나님으로부터의 말씀을 전달하기 위하여 적어도 15회나 사용되었다. 이 말을 사용한 곳은 호 8:10, 나 1:1, 스 9:1; 12:1 그리고 말 1:1 이다. 이사야는 이 말을 경고하는 예언을 할 때 사용했다: 바벨론(13:1), 모압(15:1), 다메섹(17:1), 애굽(19:1), 해변 광야(21:1), 두마(21:11), 이상(異像) 골짜기(22:1), 두로(23:1), 그리고 남방 짐승(30:6)에 경고했다. 예레미야는 거짓 선지자들이 자신들의 거짓 이상(異像)을 참되다 하기 위해 하나님의 말씀을 망령되이 사용하지 말 것을 경고 함(렘 23:33-38). "burden"(경고警告) 라는 말은 "환상, 예언, 지껄임" 등을 의미한다 (Strong's #4853). 이 자료는 Quickverse for Windows Version 3.od, ⓒ 1992-1994, Rankin & Parson Technology, Inc.)에서 얻었음.

제6장 왕들의 고백

40. 여기, 우리 나라를 대신해서, 이런 질문을 해야 한다: "오늘날 바벨론의 왕궁에 다니엘은 없는가?" 오, 분명히, 우리의 지도자들의 귀를 간질일 많은 "영적인 고문들"이 있다. 그러나 왕궁에 하나님의 선지자 한 사람이라도 있는가? 그 집안에 치유할 의사 한 사람이라도 있는가? 분명히 없다. 하나님께서는 자비를 우리에게 베푸셔서, 거룩한 모양은 있으나 그 권능은 거부하는 우리를 용서해 주시옵소서. 주님, 우리 나라의 지도자들이, 이렇게 필요한 때에 우리를 함께 불러 협의할 이유가 없다고 말하는 그러한 좁은 생각과 수동적인 정신을 가진데 대해 용서하여 주시옵소서. 교회로부터 우리 나라를 위한 예언의 망토를 벗겨버리고, 대통령들을 예수 그리스도로부터 멀리하게 하여, 오히려 손금 읽는 자와 점성가들의 거실로 찾아들게 하는 우리를 용서하여 주시옵소서! 하나님, 우리에게 회개가 일어나고 당신의 성령으로 새롭게 되도록 역사 하시어, 우리가 다니엘처럼 지혜와 권능으로 이 시대의 모든 마법사들 보다 훨씬 뛰어나게 인도하시옵소서. 주님, 다시 역사 하여 주시옵소서.

41. S. sidlow Boxter, Explore the Book(Grand Rapids, Mich: Zondervan Publishing House, 1060), vol. 4. 79.

42. "여호수아가 눈을 들어본즉"에서 "본다"(looked)는 "환상을 본다"(to see a vision)라는 뜻이다. "Ra'ah"--원래 어원은; 문자적으로나 상징적으로 보는 것. 그 용도는 자신을 충고하는 것, 나타나는 것, 바로 보는 것, 취급하는 것, 환상을 보는 것 등을 포함한다. James Strong, The New Strong's Exhaustive Concordance of the Bible (Nashville, Tenn.: Thomass Nelson Publishers, 1984)를 참조.

43. George Gilfillan, "The Bards of the Bible," Charles Spurgeon, The Treasury of David: On the Psalms (Pasadena, Tex.: Pilgrim Publications, 1983), vol. 7, pp. 230-231에서 용한 것과 같은 것.

44. Charles Spurgeon, The Treasury of David: On the Psalms (Pasadena, Tex.: Pilgrim Publications, 1983), vol. 7, "Psalm 139"의 제하에 있음. p. 228.

45. 다윗의 생전에 각 선지자들은 특별한 역할을 했다. 그 역할은 다음과 같다. 갓의 예언적인 역할: 사울의 박해로부터 다윗을 인도해냄(삼상 22:1-5); 다윗에게 3가지 심판의 선택권을 줌(삼하 24:11-19). 나단의 예언적인 역할: 다윗의 집이 영원히 서리라(삼하 7:1-17); 다윗의 밧세바와의 범죄를 힐책 당함(삼하 12:1-7); 솔로몬을 왕위에 앉히다(왕상 1:11-14). 사독의 예언적 역할: 압살롬이 반역할 때 다윗을 위로함(삼하 15:27-28); 솔로몬이 왕으로 기름부음을 받을 때 참석(왕상 1:39).
46. Ralph L. Woods and Herbert Greenhouse, The New World of Dreams (New York: MacMillan Publishing Co., 1974), p. 41.
47. Ralph L. Woods, The World of Dreams (New York: Random House, 1947), p. 362.
48. The Concise Columbia Encyclopedia (Microsoft Bookshelf CD, 1994, licensed from Columbia University Press, ⓒ 1989, 1991. 낱말 "Constantine."
49. 갈라리우스(Galarius)황제가 지독한 질병으로 죽음의 문턱에서 하나님 앞에 회개하고 박해받은 기독교에 대한 관용의 칙령을 내렸다. 이 칙령은 교회에 대한 로마 정부의 변화의 최초의 성과이다. Ante-Nicene Fathers (Peabody, Maine: Hendrickson Publishers, 1994), vol. 7, p. 314. 참조.
50. Morton T. Kelsey, Dreams: The Dark Speech of the Spirit (Garden City, New York: Doubleday & Co., Inc., 1968), p. 123.
51. Mark Rutland 박사가 "The Middle Ages"란 제목으로 Florida 주의 Orlando에 있는 Calvary Assembly 교회의 장년 성경 공부에서 행한 설교에서 인용함.
52. Nicene and Post-Nicene Fathers (Peabody, Maine: Hendrickson Publishers, Inc., 1994), vol. 10, 2nd series, pp. 440-455.
53. Maymie Krythe, All About Christmas (New York:Harper & Brothers, 1954)으로부터 번안 번역함.
54. Ralph Woods, The World of Dreams (New York: Random House, 1947), pp. 83-86.
55. Ibid. (같은 책)

제7장 오래간만에 보여주신 꿈과 환상

56. Thomas Paine, "The Age of Reason," as quoted in Ralph Woods, The World of Dreams (New York: Random House, 1947), p. 160.
57. Ante-Nicene Fathers (Peabody, Maine: Hendrickson Publishers, 1994), vol. 7, p. 73.
58. 다음은 바울이 체험한 다양한 꿈과 환상에 관한 성경 구절임: 행 7:56-8:1; 9:1-16; 14:19; 16:9-10; 18:9-11; 22:18; 27:22-25; 고후 12:1-4; 갈 1:11-12; 엡 3:1-5; 딤후 4:16-18.
59. James Strong, The New Strong's Exhaustive Concordnace of the Bible (Nashville, Tenn: Thomas Nelson Publishers, 1984), 낱말 ' 602.
60. W. E. Vine, Merrill F. Unger and William White, Vine's Expository Dictionary of Biblical Words (Nashville, Tenn.: Thomas Nelson Publishers, 1984), 낱말 "contend."
61. W. E. Vine, Merrill F. Unger and William White, Vine's Expository Dictionary of Biblical Words (Nashville, Tenn.: Thomas Nelson Publishers, 1984), 낱말 "amaze" and "trnace," p. 148.

제8장 꿈과 환상의 2천년

62. Ante-Nicene Fathers (Peabody, Maine: Hendrickson Publishers, 1994), vol. 1, p. 39 (저자 이탤릭).
63. Ante-Nicene Fathers (Peabody, Maine: Hendrickson Publishers, 1994), vol. 1, p. 127.
64. Ibid., p. 130.
65. Ibid., 131.
66. Ibid., p. 40.
67. Ibid., p. 41.
68. Ibid., p. 42.
69. Ibid., vol. 3, p. 224.

70. Ante-Nicene Fathers (Peabody, Maine: Hendrickson Publishers, 1994), vol. 3, p. 225.
71. The Confessions fo St. Augustine, vol. 1 of Nicene and Post-Nicene Fathers (Peabody, Maine: Hendrickson Publishers, 1994), 2nd series, vol. 6, pp. 35-36.
72. Ibid., vol. 2. p. V
73. Ibid., vol. 1, pp. 504-505.
74. Ibid., Letter 159.9.
75. Ibid., Letter 150.3, 4.
76. Ibid., Letter 159.5.
77. R. P. C. Hanson, The Life and Writings of the Historical Saint Patrick (New York: Seabury Press, 1983), p. 86, Confession 17.
78. Ibid., p. 92, Confession 21.
79. Ibid., p. 92, Confession 23.
80. Fulton J. Sheen, The World Book Encyclopedia (Chicago, Ill.: World Book Publishers, 1969), vol. 15, p. 174.
81. R. P. C. Hanson, The Life and Writings of the Historical Saint Patrick (New York: Seabury Press, 1983), p. 86, Confession 19.
82. Ibid., Confession 20.
83. Ibid., Confession 24.
84. Ibid., Confession 25.
85. Ibid., Confession 29.
86. Ibid., Confession 45.
87. Earle E. Cairns, Christianity Through the Centuries (Grand Rapids, Mich: Academic Books, 1981), p. 237.
88. Ibid.
89. Great Books of the Western World, vol. 19 of Encyclopedia Britannica (Chicago, Ill.: William Benton Publisher, 1952), p. 5, Thomas Aquinas를 볼 것.
90. Harold E. B. Speight, The Author's Apology for His Book From the Life and Writings of John Bunyan (New York: Harper & Bros., 1928), p. 98.

91. 번연이 첫 출판한 책의 속표지는 다음과 같다. "이 세상에서 앞으로 올 세계로 가는 순례자의 여정: 꿈을 꾼 모습으로 전달 됨. 초조한 태도, 위험한 여정과 바라던 나라에 안전한 도착. '저자는 비유를 사용함'(호 12:10), 존 번연."
92. John Newton, An Autobiography (Chicago, Ill.: Moody Press, 1983), pp. 27-30.
93. Keith Green이 쓴(1982) Last Day's Ministries를 위한 The Wise Tracks 복음 책자. 그는 구세군의 William Booth 대장이 쓴 "Who Cares?"를 현대 영어로 번역했음.
94. Richard Collier, The General Next to God (London, England: Fontana/Collins, 1965).
95. Charles Spurgeon, Metropolitan Tabernacle Pulpit (Carlisle, Pa.: The Banner of Truth, 1991), vol. 14, pp. 217-228.
96. 1995년 Colorado 주의 Glen Erie에서 개최된 Concert of Prayer for the Promise Keeper's National Pastors' Summit에서 David Bryant가 읽음.

제9장: 꿈은 계속된다

97. James Ryle, Hippo in the Garden (Lake Mary, Fla.: Creation House, 1993), p. 12.
98. W. B. Yeats, "Hewishes for the Cloths of Heaven", from The Collected Poems of W. B. Yeats(New York: MacMillan Publishers, 1956)

제10장: 실제적이 됩시다

99. John Weslley, Ralph Woods, The World of Dreams (New York: Random House, 1947), p. 157. "The Resemblance Between Dream and Life,"에서 인용한 것과 같음.
100. 히 12:5; 잠 23:22; 마 18:10; 살전 5:20을 참조할 것.

101. W. E. Vine, Merrill F. Unger and William White, Vine's Expository Dictionary of Biblical Words (Nashville, Tenn.: Thomas Nelson Publishers, 1984), 낱말 "despise."
"Exoutheneo"는 중시하지 않는다, 아무것도 아닌 것으로 취급하다, 경멸하여 취급하다 라는 뜻이다.
102. Ante-Nicene Fathers (Peabody, Maine: Hendrickson Publishers, 1994), vol. 5, pp. 400-402.
103. De Magia--Concerning the Investigation of Dreams, book 2 가운데 Benedict Pererius.
104. Thomas Aquinas, "Is Divination Unlawful?" Holt Graham이 번역한 Ralph L. Woods, The World of Dreams (New York: Random House, 1947), p. 143에서 인용 함.
105. John Wesley, "The Resemblance Between Dream and Life," Ralph L. Woods, The World of Dreams (New York: Random House, 1947), p. 157에서 인용 함.
106. De Magia--Concerning the Investigation of Dreams, book 2 가운데 Benedict Pererius.
107. Elizabeth and Dr. Elton Baker, The UNmedical Book (Drelwood Publications), p. 68. 이 작은 자료는 The UNmedical Book라는 제목을 거부하는 사람이 쓴 책에서 인용한 것임을 주시해야 한다.
108. John Calvin, "The Operation of a Divine Agency in Dreams," (Thomas Myers 번역). Ralph Woods, The World of Dreams (New York: Random House, 1947), p. 149에서 인용 함.
109. Ante-Nicene Fathers (Peabody, Maine: Hendrickson Publishers, 1994), vold 5, pp. 400-402.
110. David Lyle Jeffery, ed., A Dictionary of Biblical Tradition in English Literature, Dreams and Visions (Grand Rapids, Mich.: Wm. B. Eerdmans Publishing Company, 1992), pp. 213-216.

111. 만일 독자가 원하시면, 해석한 결과를 저자인 저에게 다음 주소로 보내주세요.
 Boulder Valley Vineyard, 7845 Lookout Road, Longmont, CO 80503.

제 11 장 이제 나는 잠을 자야겠다

112. James Strong, The New Strong's Exhaustive Concordance of the Bible (Nashville, Tenn.: Thomas Nelson Publishers, 1984, 낱말 "qavah" ' 6960; 원래 어원; 함께 묶는다(아마도 꼬아서), 즉 모으다; (비유) 기대하는 것:--참을성 있게 모으다(함께), 보다, 기다리다, 수종들다wait (for, on, upon).
113. 본인의 첫 저서인 The Hippo in the Garden (Lake Mary, FL: Creation House, 1993)을 읽으시라고 권유하고 싶다. 이 책은 오늘날에 하나님의 음성을 듣는 성서적이고 실제적인 안내서이다.
114. James Sexton, "Colors," Holman Bible Dictionary for Windows, Version 1.0d (Parson Technology, 1994) 가운데 논문.
115. 예를 들면, 엘리야가 엘리사에게 그의 두루마기를 주었을 때를 볼 것(왕상 19:19, 왕하 2:14).
116. James Ryle, "O God of Dreams" 판권 (1995).

■ 역자 예영수 박사 ■

- 경북대학교 문리대 (B. A. 영문학)
- 미국 Whitworth College 수학
- 미국 University of Oregon 대학원 (M.A., A.D., Ph. D.)
- 경북대학교 대학원 교육학 박사과정 수료
- 장로회 신학대학교 신대원 (M. Div.)
- 효성여자대학교, 계명대학교, 경북대학교, 교수
- 미국 University of Oregon, Whitworth College 교수
- University of Maryland 극동분교 교수
- 한국외국어대학교 사범대학장
- 한신대학교 대학원장 및 외국어교육연구소장
- 전국기독교대학교 대학원장협의회장
- 하나님의 성회 신대원 강의
- University of Washington 교환교수
- 현 한신대학교 교수
  장로회신학대학교 신대원 강의

■ 주요 저서 및 역서
- 영미희곡 사상사 -문학과 철학의 만남-
- 구미문학작품의 현대적 이해
- 영미문학 개론 외 다수
- 마사다 (역서)
- 한국신학자들이 본 마귀론 이해(공저)
- 역사의식과 영미희곡
- 성령의 권능이 임할 때 (역서)
- 사랑만이 기적을 만든다 (역서)
- 성령을 소멸하는 자 (역서)
- 구약성서와 신약성서 - 그 관계와 신·구약 중간기 문헌-(역서)

■ 논문
미국 주류교회의 쇠퇴와 카리스마적 교회의 성장
미국문학에 나타난 메시아 상
현대 미국 극작품에 나타난 인간상
Shakespeare의 사극과 정치의식
인간의 실존과 부조리극
미국문학에 나타난 Plato의 영향
Shaw의 초인과 Hegel의 변증법 외 60여편

하나님의 음성인 꿈과 환상을 믿는다

- 저　　자　제임스 라일
- 역　　자　예영수

2판 1쇄 인쇄일　2008년 12월 15일
2판 1쇄 발행일　2008년 12월 22일

- 발 행 처　도서출판 예루살렘
- 발 행 인　주현숙
- 등록번호　제16-75호
- 등록일자　1980. 5. 24
- 주　　소　서울 강남구 논현동 107-38 남광빌딩
- 대표전화　(02)545-0040, 546-8332, 514-5978(영업부)
- 팩　　스　(02)545-8493
- 홈페이지　www.jerusalempub.com
- E-mail　jerubook@naver.com

- 기　　획　정용한
- 편　　집　김대훈
- 영　　업　오승한

값 12,000원
ISBN 978-89-7210-484-1 03230